종합 논술 기출100選

대입·편입 LEET 논술에 꼭 나오는 핵심 문제/지문 100選

종합 논술
기출 100選

필리아 논구술 연구소 엮음

무엇을 배우고 공부하든 텍스트를 읽고 그 내용을 파악해서 중요한 것과 그렇지 않은 것을 구분한 뒤 그중에 중요한 것을 간추려 정리하고 외우는 것이 모든 공부의 기본이다. 특히, 새로운 내용을 이해하기 위해서 자신이 알지 못하던 것을 이해하는 과정에서 가장 중요한 것이 독해력이다. 독해력은 다른 누군가가 대신할 수 없는 필수 과정으로 배우는 사람 스스로가 열심히 연습하고 익혀야 비로소 자신의 지식으로 습득된다. 그런데 많은 경우, 독해과정을 누군가가 대신 해준다. 효율적이라는 이유로 다른 사람이 정리한 내용을 외우기만 해서 시험을 준비하는 경우가 허다하다. 스스로 읽고 깨닫는 과정이 생략된 지식은 오래가지 못할 뿐 아니라 지식이 확장되지도 못한다. 그래서 대부분의 수험생들은 시험을 보고나서 얼마 지나면 열심히 외웠던 것들을 쉽게 잊고 만다. 그러다가 새로운 지식이 필요한 상황이 닥치면 예의 참고서와 전문가의 요약본을 찾아 나서게 된다.

미디어의 발전은 인간에게 편의를 제공하고, 의견과 지식이 교류하는 결정적인 계기가 되었다. 스마트폰에 모든 것이 담긴 현세대의 미디어가 그렇고, 모든 인간에게 자유와 평등을 깨우치게 했던 책도 미디어다. 미디어를 어떻게 사용하는가가 문제이지, 미디어 자체를 두고 옳고 그름을 따지는 것은 의미가 없다. 미디어는 인간의 활동을 돕는 수단이지 인간을 대신하는 것이 아니다. 미디어는 인간의 '어떤' 활동을 돕기 위한 수단으로써 기능할 때 효율성과 혁신성을 인정받을 수 있을 것이다.

인간은 미디어를 통해 시간과 장소의 한계를 극복하여 정보를 교환하고, 의견을 전할 수 있게 되었다. 이는 미디어가 가진 물리적 특성이자 미디어가 진보하는 방향이라고 할 수 있다. 하지만 우리가 짚어보아야 하는 것은 미디어 자체가 아니다. 우리가 미디어를 통해서 '무엇을' 하고자 하는가가 더 중요하다. 우리는 미디어를 통해서 얻은 지식과 정보를 자신의 관점에서 받아들이고, 해석한다. 그러기 위해서는 그것이 무엇이든 '읽고 생각하는 능력'이 전제되어야 한다.

논술은 이러한 인간의 행위를 요약한 과정이다. 논술을 대입 등의 시험에만 필요한 글쓰기로 생각해서는 안 된다. 논술은 우리가 생활 속에서 만날 수 있는 수많은 문제의 답을 찾는 문제 해결 방법이다. 말하자면 논술이란, 어떤 문제에 대한 자기 생각을 논리적으로 서술하여 다른 사람의 생각과 태도를 바꾸려는 것을 말한다. 그리고 이 과정이 확장되면 다른 사람 뿐 아니라 세상을 바꾸려는 것도 논술이 될 수 있다.

논술에서 볼 수 있는 글(제시문)은 대부분 이러한 목적에서 쓴 글들이다. 우리가 알고 있는 사상가들은 모두가 자신의 생각을 논리적으로 피력하여 다른 사람들과 세상을 바꾸려고 한 사람들이다. 그렇다고 논술을 사상가들의 전유물이라고 할 수는 없다. 사회가 정보화 사회, 지식 기반 사회로 진입하면서 비판적인 정보 수용과 생산은 더 이상 일부 지식인만의 영역이 아니다. 정보의 호수에서 올바른 정보를 가리고 추려내는 비판적 능력은 정보의 소비자이자 생산자인 현대인에게 요구되는 필수 능력이다. 또한 권위주의가 사라지고 민주주의가 확산, 성숙되는 사회에서 다른 사람을 설득하는 능력은 필수가 된다. 합리적 설득을 통한 사회 참여는 교육에서 논술의 중요성이 강조되어야 할 이유이다.

이 책은 그동안 대학에서 출제했던 대학별 고사(논술고사)의 제시문을 분석하여 최다 빈출 주제별로 정리한 글모음이다. 주로 수험생들(대입/편입/LEET)에게 1차적인 도움이 되기 위해서 기획된 책이지만 논술적인 사고력을 키우기 위한 교육용 교재로도 활용할 수 있다.

논술을 잘 하기 위해서 무엇보다 필요한 능력은 독해력이다. 특히, 시험으로 마주

서 문

하는 논술에서는 독해력이 가장 중요하다. 잘 읽으면 잘 쓸 수 있다. 다른 사람의 의견을 정확하게 읽어내고 요약할 수 있으면, 정확한 평가와 비판도 가능하며, 자신의 대안도 제시할 수 있다.

많은 논술 교재들이 불필요한 강의식 해설을 해놓은 경우가 많은데, 해설보다는 독자 스스로 원전의 일부라도 읽고 스스로 정리하는 연습을 하는 것이 논술에 도움이 된다.

본서의 구성은 소주제별로 실제 기출 제시문들을 분류하고, 각 장마다 하나의 논제를 붙여서 실제로 논술 답안을 작성하도록 하였다. 여기에서 논제의 기본 유형을 몇 가지 알려두고 그에 따라 책을 활용하는 방법을 간단히 소개하고자 한다.

1. 요약하기

먼저 독자들은 책을 읽을 때, 각 장의 주제를 염두에 두고, 주제에 대한 각 제시문의 입장을 요약, 정리하면서 읽는 연습을 해야 한다. 사상가들의 특징을 정리한 참고서만 접했던 독자들은 처음에 제시문의 주장을 요약하기 힘들 것이다. 요약하기는 논술의 기본이자 핵심이다.

이 책에서 요약하기는 다음을 참고한다.

① 글의 핵심어를 파악한다.
  - 핵심어는 글의 전체적인 내용을 포괄하면서도 핵심적인 내용을 표현할 수 있

어야 한다.

② 핵심어의 무엇에 대해 논하고 있는지 두 단어(이상)으로 확장시킨다.

  - 글의 핵심 내용을 핵심어를 중심으로 표현한다.

   ex) 핵심어 : 이혼 ⇒ 핵심내용 : 이혼의 양면성

③ 글의 핵심 내용을 필자의 의도에 유의하여 문장으로 표현한다.

  - 이 책에서는 각 장의 주제를 파악하여 제시문에서 주제에 대한 필자의 주장을 찾는다.

④ 핵심 문장에 대한 근거나 부가 설명 문장을 추가한다.

※요약하기 유의 사항

  ① 제시문과 동떨어진 자신의 견해가 드러나거나 필자의 의도가 왜곡되면 좋지 않은 요약문이 된다.

  ② 불필요한 부분이 포함되어 있을 경우 효과적인 논지쓰기가 되지 못한다. 따라서 중요하지 않은 부분은 과감히 삭제해야한다.(특히 중복과 예시)

  ③ 제시문의 표현을 그대로 옮길 경우 감점의 대상이 된다.

2. 비교하기

비교하기는 요약하기를 바탕으로 같은 주제에 대해 필자들의 견해를 비교 요약하는 것이다.

이 책에서 비교하기 연습은 다음을 참고한다.

① 두 글의 공통핵심어를 파악한다.

  - 공통핵심어는 서로 다른 글을 연결하는 키포인트다. 이 책에서는 각 장의 주제와 연관하여 파악할 수 있다. 즉, 각 장의 주제에 대해 필자들의 견해가 어떻게 다른지 파악하는 것이다.

② 둘 이상의 제시문이 무엇을 기준으로 차이를 보이는지 비교기준을 설정한다.

  ex) 개인과 사회 : 개인과 사회 중에 어떤 것을 우선시 하는 지에서 차이를 보인다.

③ 각 제시문의 공통핵심어에 대한 필자의 주장을 명료하게 제시한다.

④ 핵심 주장에 대한 근거나 부가 설명 문장을 추가한다. 이때 근거나 부가문이 없으면 공통핵심어를 잘못 파악한 것이니 다시 찾아본다.

3. 비판하기

비판하기는 비교하기의 연장으로 볼 수 있다. 대개의 논술 시험은 수험생의 의견을 묻기 보다는 두 개의 다른 주장이 담긴 제시문을 제시하고, 그 중에 하나를 선택하여 다른 관점을 비판하는 문제를 선호한다. 수험생 각자의 의견을 일일이 평가하는 것은 객관성에 문제가 될 수 있기 때문이다. 따라서 독자들은 비교하기와 마찬가지로 두 주장이 어떤 공통핵심어에 대한 것인지, 그리고 각각의 주장이 어떻게 다른지를 파악하는 비교하기 단계를 거쳐야 올바른 비판이 이루어질 수 있다.

비판하기는 다음을 참고하고, 이 책에서 비판하기는 각 장의 마지막 문제에서 다루는 경우가 있으니 직접 비판하기를 작성해보기를 권한다.

① 비판의 주체와 대상을 정확히 파악해야 한다.

예를 들어 '[가]의 관점에서 [나]의 주장을 비판하시오'라는 논제는 [가]의 관점과 [나]의 주장 사이의 대립관계를 분석하는 것이 중요하다. 비판하고자 하는 대상인 [나]에서 [가]의 견해와 상반되는 주장을 먼저 제시한다.

② 이를 통해 [나]의 주장 -> [나]의 주장 비판 -> [가]의 견해가 타당함으로 답안을 논리적으로, 순차적으로 작성할 수 있다.

③ 비판다운 비판을 해야 한다.

비판이라고 해서 상대방의 주장, 근거 모두를 '비판'하려고 하지 말고 상대방 주장이 가지는 긍정적인 측면를 과감하게 인정할 수 있어야 한다. 그러나 이러한 서술은 양비론 혹은 양시론이 될 수 있다. 따라서 상대방의 주장에 대해 인정할 부분은 인정하고 자신이 선택한 주장이 더 가치가 있음을 증명해 나가거나 상대방 주장이 가지는 한계를 밝혀야 한다. 즉 재반박 과정도 포함되어야 한다. 왜냐하면 논술에서 다루는 주장은 나름 타당성을 가지는 경우가 많기 때문이다.

※비판하기 유의 사항

① 비판 또는 옹호할 대상이 무엇인지 정확하게 파악한다.

② 비판이나 옹호하는 자신의 입장을 일관되고 통일되도록 유지해야 한다.

③ 자신의 입장에 대해 예상되는 반론을 고려해야 한다.

이 책은 각 장마다 시작에 위의 유형을 어떻게 적용할 것인지 가이드라인을 추가해 두었다. 독자들은 각 제시문을 읽기 전에 가이드에서 제시한 것을 찾아가면서 읽기 바란다.

　이상의 요약하기, 비교하기, 비판하기는 논술에서 가장 기본적인 독해와 글쓰기 기초 연습이다. 이를 제대로 반복해서 숙달하면 어떤 제시문이 등장하더라도 논술에서 무엇을 찾아서 읽고 논술할 것인지 알 수 있게 된다. 논술은 전통적인 공부법을 바탕으로 하기 때문에 독서와 사색이 기본이 된다. 따라서 스스로 읽고 정리하는 습관을 들이지 않으면 효과를 거둘 수 없다. 이 책은 논술의 기초를 스스로 공부하도록 하는 자습서 형식으로 구성되어 있다. 제시문에 대한 자세한 설명이나 특정한 답안을 유도하는 필자의 주관적인 생각을 되도록 배제하여 독자 스스로 책을 재구성할 수 있기를 바란다.

　끝으로 이 책은 논술의 끝이 아니라 시작이다. 이 책에 실린 제시문들은 모두 대학입시에 실제로 출제된 글들이다. 논술을 준비하기 위해서 다량의 독서를 하는 것이 중요하지만, 뒤늦게 논술을 시작하는 이가 필독서를 모두 읽기는 쉬운 일이 아니다. 그래서 이 책은 논술 출제자들이 엄선하여 추린 글들을 모아서 논술에서 주로 쟁점이 되고 있는 주제별로 분류하여 논술의 쟁점을 알려주기 위한 안내서로 구성되어 있다. 또한 선택한 글들은 주로 저자의 원문을 그대로 싣는 것을 원칙으로 삼았다. 하지만 저자가 평생에 걸쳐 연구한 결과를 몇 줄의 글로 이해하는 것은 불가능하다. 따라서 독자들은 이 책에 실린 글의 출처를 따로 찾아보거나 관련된 참고자료를 활용하여 조금 더 깊은 독서로 확장하는 자세가 필요하다. 이것이 이 책이 논술의 시작인 이유이다. 제목만 알고 있거나 이름만 알고 있던 책이나 저자의 글을 조금이나마 읽어보고, 그것이 왜 아직까지 중요한 것으로 인식되고 있는지를 알아가는 과정이 논술의 시작이기 때문이다. 재차 강조하자면 논술은 스스로 이르지 못하면 자신의 것이 될 수 없다. 누군가 정리해 놓은 자료를 단순 암기하는 것으로는 논술을 할 수 없다.

스스로 읽고 알아내고 정리하여 요약하는 훈련을 통해 독자들이 논술에서 얻고자 하는 바를 이루길 바란다. 건투를 빈다.

2021년 8월

필리아논구술연구소 대표 김경성

contents

contents

03

역사는 객관적 사실인가

객관적인 역사 서술은 가능한가

· 58

contents

인간은 합리적 인가

합리적 이성에 대한 믿음,
경제적 합리성, 비합리적
행위

· 138

contents

contents

contents

인간은
무엇을 어떻게 아는가

인식과 해석/자연과학적 인식과 인문사회학적 인식

진리를 인식할 수 있는가의 문제는 철학과 과학에서 끊임없이 연구되고 있는 질문이다.

이 책의 첫 장은 인문학적 인식과 자연과학적 인식에 기반한 다양한 사상가들의 주장이 담겨있다. 논술에서 중요한 쟁점은 어느 하나가 언제나 옳다고 할 수 없다는 것이다. 따라서 독자들은 다양한 필자들의 주장과 그 근거를 독해하면서 주장의 핵심을 파악하는 것이 중요하다.

이 장의 주제는 '인간과 지식'이다.

먼저, a에서 독자들은 유명한 '동굴의 비유'를 통해 '참된 진리에 이를 수 있는가'에 대한 플라톤의 주장을 찾고, 동굴의 비유가 말하고자 하는 바를 정확하게 설명할 수 있어야 한다.

b와 c는 관념론의 대표인 데카르트와 경험론의 대표 학자 흄이 인간의 인식이 어디에서 비롯된다고 주장하는지, 차이에 주목하면서 독해해야 한다. 그리고 각각의 주장에 대한 근거를 찾아 요약, 비교하기를 연습해 보자.

d에서는 지식을 보편적인 것과 특수한 것으로 구분하고 있는데, 인간의 지식이 동물의 지식과 어떻게 다른지, 그리고 인간의 지식은 어떤 의미를 지니는지 생각해보자.

e에서는 사실판단과 가치판단이 어떻게 구분되는지를, f에서는 인과관계와 상관관계가 어떻게 다른지를 정확하게 구분하여 요약하는 것이 필요하다.

g-1,2,3은 모두 과학자의 인식을 다루고 있는데, g-1,2에서 과학적 지식에서 요구되는 것이 무엇인지 밝히고, g-3에서 과학적 지식이 사회와 어떤 관계를 맺고 있는가에 주목해서 살펴보기 바란다.

h-1,2는 모두 인과관계에 대한 주장을 담고 있는데, 각각의 주장과 근거가 다르다. 독자는 두 글을 읽고 각각의 주장과 근거를 정확하게 요약하는 연습을 해보자.

h-3에서 요구하는 지식인의 태도가 무엇인지, 지배계층과 지식인의 관계를 중심으로 살펴보도록 하자.

인간은 무엇을 어떻게 아는가
인식과 해석/자연과학적 인식과 인문사회학적 인식

--- a ---

"그럼 이번에는 우리의 본성이 교육받았을 때와 교육받지 않을 때의 차이를 비교해보기 위해 다음과 같이 상상해보게. 여기 지하 동굴이 하나 있고 그 안에 사람들이 살고 있다고 생각해보게. 동굴의 입구는 길고 동굴 자체만큼 넓으며 빛을 향해 열려 있네. 그들은 어릴 때부터 다리와 목이 쇠사슬에 묶여 있었기에 언제나 같은 곳에 머물러 있으며, 쇠사슬 때문에 고개를 돌릴 수 없어 앞쪽밖에 볼 수 없네. 그들의 뒤편 저 멀리 뒤쪽으로부터는 불빛이 그들을 비추고 있으며, 불과 수감자들 사이에는 위쪽으로 길이 나 있고, 그 길을 따라서는 나지막한 담이 쌓여 있네. 그 담은 인형극 연출자들이 인형극을 보여주기 위해 자기들 앞에다 세우는 무대와도 비슷하네."(중략)

"그렇다면 이것도 상상하도록 하게. 사람들은 그 담을 따라 담 위로 각종 도구들과 입상들과 돌이나 나무로 만든 동물들의 형상들과 인공물을 운반하고 있는데, 그들 중에서 더러는 말을 하고 더러는 침묵을 지키고 있네."(중략)

"그런데 만약 그들이 말을 주고받을 수 있다면, 그들은 자기들이 본 그림자들이 실재라고 믿지 않을까?"(중략)

"그렇다면 어떻게 해야 그들이 쇠사슬에서 해방되고 어리석음에서 치유될 수 있는지 고찰해보게. 그리고 그들이 자연스러운 상태로 돌아갈 수 있도록 다음과 같은 일이 그들에게 일어날 수 있는지도 고찰해보게. 그들 가운데 누가 쇠사슬에서 풀려나 갑자기 일어서서 고개를 돌리고 몸을 움직이며 불빛을 쳐다보도록 강요받는다면, 그는 고통받을 것이며 광채에 눈이 부셔서 여태까지 보아온 그림자들의 실물들을 바라볼 수가 없을 걸세. 만약 어떤 사람이 그에게 그가 지금까지 보아온 것들은 하찮은 것들에 불과하지만 지금은 실재에 더 가깝고 실재성이 더 많은 사물들을 향하고 있으므로 더 올바르게 볼 수 있을 것이라고 말하면서 지나가는 것을 일일이 가리키며 저게 뭐냐고 묻고 일일이 대답하도록 강요한다면, 그는 뭐라고 말할까? 그는 당황해하지 않을까? 그리고 전에 보았던 것들이 지금 자기에게 지시된 것들보다 더 진실한 것이라고 생각하지 않을까?"(중략)

"(중략)이제 이 비유 전체를 앞서 말한 것과 결부시켜보게. 시각을 통해 나타나는 세계를 감옥의 거처에 비기고, 그 안의 불빛은 태양의 힘에 비겨보라는 말일세. 그리고 위쪽으로 올라가서 위쪽에 있는 사물들을 관찰하는 것은 지성에 의해 알 수 있는 세계로 혼이 비약하는 것에 견주게. 그렇게만 한다면 자네가 듣고 싶어 했던 내 의견을 제대로 이해하게 될 걸세. 하지만 내 의견이 진실인지 아닌지는 신만이 알고 계시네. 아무튼 내 의견은 지성에 의해 알 수 있는 세계에서도 선의 이데아는 마지막으로, 또한 노력을 해야만 겨우 볼 수 있다는 것이네. 그러나 일단 본 이상에는, 그것이 모든 사람을 위해 온갖 올바른 것과 아름다운 것의 원인이 되며, 가시적인 세계에서는 빛과 빛의 주인을 낳고 지성에 의해 알 수 있는 세계에서는 스스로 주인이 되어 진리와 지성을 창조한다는 결론을 내리지 않으면 안 된다는 것이네."

플라톤, 『국가 제7권』

— b —

우리가 회의할 수 있는 모든 것을 그런 식으로 물리치며, 또 그 모든 것이 허위이기도 하다고 생각하는 동안에는, 신(神)도 하늘도 땅도 없으며, 또 우리는 육체를 가지고 있지 않다고 생각해 내는 것은 쉬운 일이다. 그러나 그 모든 것들의 진리성을 회의하는 동안에 그와 같이 우리 자신이 존재하지 않는다고 상상할 수는 없다. 왜냐하면 생각하는 자가 동시에 그가 생각하고 있는 모습대로 진정 존재하지 않는다고 상정함에는 모순이 간직되고 있으므로, 모든 괴상한 가정들을 동원한다 해도, '나는 생각한다. 고로 존재한다'라는 결론이 진리라고 믿지 않을 수 없기 때문이다. 따라서 그 명제는 체계적인 방법으로 철학하는 자에게 나타나는 최초의 또 가장 확실한 것이 된다.(중략)

그래서 이것은 정신의 본질을 인식하는 데 우리가 취할 수 있는 최선의 방식으로 보이고, 또 정신은 육체와 전적으로 구분되는 한 실체로 보인다. 왜냐하면 우리의 사유를 떠나서는 진정으로 존재하거나 현존하는 것이라고는 아무것도 없다고 생각하는 우리 자신은 도대체 무엇인가를 고찰함에 있어, 우리는 존재하기 위해서 연장(延長)이나 형태를 가질 필요가 없으며, 또 어떤 공간 속에 있을 필요가 없으며, 또 육체에 귀속시킬 수 있는 다른 어떤 것도 필요 없음을, 그리하여 우리는 오직 사유임을 명확하게 인식하기 때문이다.

데카르트, 『철학의 원리』

---

c

모든 실제적 관념들마다 그 관념을 불러 일으키는 어떤 하나의 인상이 있는 것은 틀림없다. 그러나 자아 또는 인격은 하나의 인상이 아니며, 우리의 여러 인상들과 관념들이 그와 같은 인상에 관계하는 것으로 가정된다. 어떤 인상이 자아 관념을 불러 일으킨다면, 그 인상은 우리 삶의 모든 과정을 통하여 동일함을 지속해야 한다. 자아는 그와 같은 방식에 따라 존재한다고 가정되기 때문이다. 그러나 항상적이고 변하지 않는 인상은 없다. 고통과 쾌락, 슬픔과 기쁨, 정념과 감각은 잇따라 일어나며 모두가 동시에 존재하지 않는다. 그러므로 이 인상들 가운데 어떤 것에서도, 또는 다른 어떤 것에서도 자아의 관념은 유래할 수 없다. 따라서 그와 같은 관념은 없다.(중략)

나로 말할 것 같으면, 내가 이른바 나 자신이라는 것의 심층에 들어갔을 때, 나는 언제나 특수한 지각들, 즉 뜨거움, 차가움, 빛 또는 그림자, 사랑 또는 증오, 고통 또는 쾌락 등과 만나게 된다. 나는 지각 없이는 나 자신을 잠시도 포착할 수 없다. 지각 없이는 어떤 것도 관찰할 수 없다. 깊은 잠에 빠졌을 때처럼 나의 지각이 모두 없어진다면, 나의 신체가 죽은 뒤 생각할 수도, 볼 수도, 느낄 수도, 사랑할 수도, 미워할 수도 없다면, 나는 완전히 사라질 것이다.

흄, 『오성에 관하여』

─────────────────── d ───────────────────

원시인들은 자기들이 어디에 있는지 알고 있었다. 비록 그들이 아는 장소에 특정의 거리 이름, 이를테면 '웨스트 4번가'라거나 '다운타운'이라는 이름을 붙여주지 않았을지라도 그들은 자연의 특이한 표식을 인식하거나 자신의 기억을 활용함으로써 언제라도 자기가 어디에 있는지를 잘 알 수 있었다. 또한 그들은 자기 아닌 다른 존재가 있음을 알았을 뿐 아니라, 그런 존재를 가리키는 기호나 표시도 창안했을 것으로 보인다. 그들은 이러한 종류의 지식을 특수한 환경에서 무수히 많은 경험을 통해 얻었을 것으로 보인다. 가령 저 나무에는 다람쥐 둥지가 있고, 저녁이면 이 샘으로 호랑이가 물을 마시러 오기 때문에 물을 길으려면 아침에 일찍 오는 편이 더 안전하며, 저 개울에 있는 돌은 화살촉으로 쓰기에 안성맞춤임을 알았을 것이다. 그런 지식이 그들의 정신과 기억의 대부분을 차지하였을 것이다.

동물의 경우에도 그 정신과 기억을 대부분 차지하고 있는 것이 바로 그런 종류의 지식이다. 동물은 자기가 어디에 있는지를 안다. 또한 동물은 길을 잃지 않으려고 노력하기도 한다. 혼자 낯선 지역을 지나서 집까지 찾아왔다는 동물에 관한 이야기는 그런 점을 잘 말해 준다. 내가 키우는 검둥개도 자신의 환경에 관해 많은 것을 알고 있다. 어떤 사람과 차를 타는 것이 안전한지, 사슴이 잘 나타나는 지역은 어디인지를 알고 있으며, 심지어 아침식사 후에는 잼과 버터를 바른 빵 한두 조각이 간식으로 나온다는 것까지도 잘 알고 있다. 우리 고양이 역시 특수한 것에 관한 지식들을 상당수 머릿속에 간직하고 있으며 우리 집 마당에 있는 새들이며, 밤에 마당을 가로지르는 여우들이며, 헛간에 사는 쥐들도 자신들의 주위 환경에 관해 상당히 많은 것들을 알고 있으리라고 나는 확신한다. 아마도 쥐든 고양이든 개든 그 녀석들이 알고 있는 것들은 모두 특수한 것이리라.

하지만 우리 사람은 알지만 동물은 모르는 또 다른 종류의 것들이 있다. 우리는 태양이 아침에 뜨고 하늘을 가로질러 저녁에 진다는 것을 안다. 우리는 태양이 매일 그렇다는 것을, 심지어 구름이 가로막더라도, 이 세계가 존재하는 한에는 항상 그럴 것임을 안다. 우리는 모든 생물이 태어나고, 또한 언젠가는 죽는다는 것을 알고 있다. 이러한 지식은 특정한 시간이나 장소에 한정하여 적용되는 지식이 아니다. 한 마디로 우리는 사물의 원인을 알고 있다. 적어도 일부 사물에 대해서는 말이다. 이러한 지식은 어느 시간이든지 어디에서든지 적용되는 불변의 지식이다.

이런 지식, 그리고 이와 유사한 다른 지식은 보편적 지식의 일부분이다. 이런 지식을 서술할 때 우리가 사용하는 언어는 특수한 것에 관한 지식을 드러낼 때 사용하는 언어와는 다르다.

(a) 저 나무 아래에는 다람쥐 둥지가 있다.

(b) 모든 살아 있는 것들은 태어나고 또한 죽는다.

그 무게와 그 아름다움이란 차원에서 이 두 가지 진술은 얼마나 서로 다른가! (a)의 진술은 평상시에는 아무런 의미도 없지만, 혹시나 우리가 배고픈 경우라면 의외로 중요하게 될 수도 있다. 하지만 이 진술이 성립하려면 특정한 환경이 필요하다. 반면 (b)의 진술은 그 어떤 시간이나 어느 장소에서도 장엄한 진실이다.

찰스 밴 도렌, 『지식의 역사』

---
e

개인의 가치판단이 학문적 주장에 영향을 미치는 것은 분명하다. 그로 인해 끊임없이 혼동이 야기되었으며, 심지어 사실들 간의 간단한 인과관계를 확정하는 것에 이르기까지 과학적 주장에 다양한 해석들이 개입되기에 이르렀다.(중략)

우리가 해결해야 할 현실 문제에 대한 규범적 가치의 공감대를 만드는 것은 결코 경험적 학문의 과제가 될 수 없다. 그것은 이루어질 수 없을 뿐 아니라 전혀 무의미하다. 경험적 분석에 근거해서 특정한 문화적 가치를 바람직한 규범으로 도출하는 일은 불가능하다. 문화적 가치의 내용에 대해 무조건적으로 타당한 윤리적 의무를 부여할 수 있는 것은 오직 종교뿐이다.(중략)

지식의 나무를 먹고 자란 시대에 사는 우리는 세상에 대한 분석 결과로부터 세상의 의미에 대해 아무 것도 배울 수 없는 운명이다. 우리는 경험적 지식이 점점 늘어난다고 해서 인생과 세상만사에 대한 보편적인 가치판단이 등장할 것으로 보지 않는다. 우리가 분명히 인정해야 할 점은, 인생과 세상만사에 대한 보편타당한 견해가 경험적 지식이 축적된 결과가 절대 아니라는 것이다.(중략)

경험적 지식과 가치판단을 구별할 수 있는 능력, 그리고 사실에 근거한 진실만을 추구하는 과학적 의무의 이행이 바로 우리가 행해야 할 것이다.

막스 베버, 『사회과학 연구에서의 가치중립성』

---

f

예전에 어떤 사람이 담배를 피우는 학생은 그렇지 않은 학생보다 대학에서의 성적이 나쁘지 않을까 하는 문제를 열심히 조사한 적이 있었다. 조사결과는 그렇다는 것으로 판명되었다. 이 조사결과는 많은 사람들을 기쁘게 하였으니, 그 이후에도 이 결과는 계속해서 매우 중요시되어 왔다. 따라서 좋은 성적을 얻으려면 결국에는 담배를 끊어야 되는 결론으로 이끄는 것 같은데, 좀 더 나아가 흡연은 사람의 지능을 저하시킨다는 결론까지 가더라도 큰 무리는 없을 것 같이 보인다.(중략)

한편, 책을 멀리하면서 사람 만나는 것을 더 즐기는 학생이 담배를 더 많이 피울 수도 있지 않은가? 또는 누군가 이전에 입증한 외향적 성격과 성적불량 사이의 상관관계에 그 실마리가 있는 것은 아닌가? 이 둘 사이의 상관관계는 성적과 지능 사이의 상관관계보다 더 밀접하다고 했었다. 어쩌면 외향적인 사람이 내향적인 사람보다 담배를 더 많이 피울지도 모른다.

대럴 허프, 『새빨간 거짓말, 통계』

---

g-1

옛날에는 바람이란 바람의 신 아이올로스의 날숨이며 바람이 그의 기분이나 다른 신들의 명령에 따라 달라진다고 보는 생각이 합리적이었다. 당시 사람들의 관념과 자연

이해에 부합하는 일관성 있는 해석이라는 의미에서 합리적이었다는 말이다. 하지만 공기가 물질 분자들로 이루어져 있고 압력 차이가 온도와 관련되어 있음이 밝혀지자, 즉 공기가 어떻게 그리고 왜 움직이는지에 관한 반증(反證) 가능한 모형이 제시되자 바람은 이제 과학의 영역이 되었다.

과학은 설명하기 어려운 자연의 경험을 체계화한다. 의식적으로, 그리고 필요한 경우 정량적으로 관찰하고 그 결과를 주의 깊게 기록한다. 여러 세대를 거치면서 축적된 경험을 두터운 기록에 포함시킨다. 초자연 현상에 대한 과학적 이해를 위하여 의식적으로 가설을 세우고, 이성적 검토를 통해 이 가설과 기존에 알려진 지식과의 관련성에 대해 탐구한다. 이렇게 과학은 세계를 체계화하고 그러면서 '과학적 이해'는 발전한다. 이 발전이 신화의 어렴풋함에서 우리를 자유롭게 해 줌은 물론이고, 우리가 세상을 인식하는 방식도 풍부하게 해 준다.

하지만 과학이 의심할 수 없는 사실들만의 집합은 아니다. 오히려 자연에 관해 질문하는 과정이다. 자연은 인간의 인식 범주보다 훨씬 더 넓기에 자연 속의 모든 것에 관한 과학적 설명은 아직 완성되지 않았다. 어느 특정 시기에서 보자면 틀린 '과학적 추론'도 많다. 하지만 과학에서 틀린 추론은 결국에는 승리하지 못한다. 자연 현상이 늘 결정권자로서 대기하고 있기 때문이다.

과학은 그릇된 생각을 교정하는 발걸음을 재촉하기 위한 여러 기법들을 개발해 냈다. 이 중에서 가장 두드러진 것은 회의주의(懷疑主義)다. 우리는 늘 회의적이며 그 추론이 옳은지 확인하고 싶어 한다. 이 회의주의 덕분에 많은 성급한 추론들이 수정된다. 공식·비공식적 수단을 통한 지속적인 검토는 다른 지역의 자연 현상 등과 비교하며 진행되는데, 이렇게 한다면 모순을 찾아내서 제거할 기회가 더 많아진다. 회의주의라는 이 고도의 활동은 현 시대의 과학 지식을 교정하며 발전시키는 데 핵심 역할을 한다.

데이비크 헬펀트, 『생각한다면 과학자처럼』

g-2

과학은 이 세상의 어떤 부분에 대한 믿을 만한 지식을 추구하고, 그런 지식을 이용해서 사회를 발전시키는 데에 크게 기여하였다. 과학의 핵심은 자연은 물론 자연에 대한 인간의 간섭을 주의 깊게 관찰하는 것이라고 할 수 있다. 티리언 퍼플의 색깔이 어떤 분자에서 비롯된 것이고, 어떻게 그 분자를 변형시켜서 더 밝은 자주색이나 파란색을 얻을 수 있을까를 알아내려는 노력이 바로 그런 관찰에 해당한다.

과학자들의 세계는 모든 복잡성이 분해되어 단순화된 세계이다. 이것을 수학화라고 할 수도 있겠지만 나는 분석이라고 생각한다. 과학자는 흔히 발견이나 창조의 과정에서 자신만의 연구 세계를 명확하게 정의한다. 그 한정된 세계 안에서는 자신의 결과가 흥미롭고 놀라운 것이며, 모든 것이 분석 가능하다. 그런 세계에서는 언제나 답이 존재한다. 로열 퍼플 염료 분자의 구조를 밝힐 수도 있고, 동물원에 갇힌 팬더가 번식을 잘 하지 못하는 이유도 알아낼 수 있다. 과학자들은 하나의 관찰 또는 현상에 기여하는 요인이 여러 가지가 있을 수 있다는 점을 인정하지만, 그것이 아무리 복잡하다고 하더라도 재능 있고 잘 훈련된 과학자라면 분리해서 분석할 수 있다고 믿는다.

로얼드 호프만, 『같기도 하고 아니 같기도 하고』

---

g-3

제도적 통제에 대한 도전이 심각하지 않을 경우 그 사회 체제 속에서 구현된 지식의 권위에는 힘이 실린다. 그러나 그 사회 체제가 공격을 받아 산산조각이 날 경우 지식과 그 정통성에 관한 문제의식이 전면에 등장한다. 그런 환경에서는 올바른 지식이란 무엇인가에 대한 회의가 일어난다. 왜냐하면 현존하는 지식 체계가 더 이상 만족스러울 수 없기 때문이다. 올바른 지식이란 무엇이며, 누가 그 진실성을 보증할 수 있는가? 누가 어떤 조건에서 지식을 획득할 수 있으며, 사람들이 동일한 것을 믿게끔 하려면 어떤 수단을 사용해야 하는가? 사회 체제가 공유된 신념에 의존한다면 올바른 생각에 관한 기준은 무엇이며 그에 대한 동의는 확보할 수 있는가? 이러한 문제에 대한 논쟁은 지금까지도 지속되고 있다.

지식에 대한 이러한 문제가 특별한 가치와 절박함을 지니게 된 까닭은, 오랫동안 확립되어온 사회 체제의 권위가 훼손당했기 때문이다. 현존하는 기술은 지식을 확보하기에 적당하지 못하다는 결론이 내려졌고, 새로운 절차와 방법이 면밀하게 연구되기 시작했다. 신념을 확보하기 위한 올바른 방법론을 획득하고 이를 확산시킴으로써 사회의 질서가 바로 설 수 있음을 고려할 때, 이러한 논쟁은 대단히 중요했다. 근대 초기 유럽의 사회 체제는 지속적으로 위기를 겪었는데, 그로 인하여 지식을 대하는 태도가 크게 바뀌었다. 예컨대 자연에 대한 지식은 사회 질서와 밀접하게 연관되었는데, 이는 자연이라는 대상을 '신이 쓴 책'으로 간주하는 성향에서 비롯되었다. 말하자면 자연이라는 책은 올바른 신념과 행동을 이끌어낼 수 있도록 읽고 해석되어만 했다. 자연이라는 책을 부적절하게 읽거나 곡해할 경우 올바른 생각과 행동의 기준이 언제든지 뒤집힐 수 있다고 간주되었던 것이다.

스티븐 셰이핀, 『과학혁명』

— h-1 —

최고의 탁월한 이성과 반성 능력을 지니고 있는 사람이 어느날 갑자기 이 세상에 던져졌다고 상상해 보자. 그는 어떤 일들이 연달아 발생하는 것을 직접 관찰하게 된다. 그렇지만 그 이상의 어떤 것도 발견해낼 수 없을 것이다. 그는 이성적으로 추론해서 원인과 결과의 관념에 도달할 수는 없을 것이다. 왜냐하면 모든 자연의 작용을 이끌어가는 특별한 힘은 감각에 의해서는 결코 포착되지 않기 때문이다. 또한 한 사건이 다른 사건에 앞서서 일어났다고 해서 앞의 사건이 원인이고 뒤의 사건은 결과라고 결론짓는 것도 합당하지 않다. 그 두 사건의 결합은 임의적이고 우연적일 수 있다. 뒤의 사건이 일어나는 것을 보고 앞의 사건이 실제로 일어났다고 추론할 만한 근거가 없을 수도 있다. 요컨대 앞에 예로 든 그 사람이 계속 경험을 쌓아나가지 않는다면, 그는 어떠한 사태에 관해 추측할 수도 추론할 수도 없을 것이며, 그의 기억이나 감각에 직접 주어진 것을 넘어선 그 어떤 것에 대해서도 결코 확신할 수 없을 것이다.

이제 앞에서 말한 그 사람이 이 세상에서 좀 더 경험을 쌓고 오래 살아서 유사한 대상들 혹은 사건들이 연달아 일어나고 있음을 관찰했다고 상상해 보자. 이 경험으로부터 그가 얻게 되는 바는 무엇인가? 그는 한 대상이 드러나는 것을 보고 그것의 원인이 되는 다른 대상의 존재를 즉각 추리한다. 그러나 그가 경험을 총동원한다고 해도 그는 한 대상이 다른 대상을 산출하는 비밀스러운 힘에 대한 관념이나 지식은 전혀 가질 수 없다. 또한 어떠한 논리적 과정을 통해서도 원인이 되는 대상을 추리해내지 못할 것이다. 그럼에도 그는 고집스럽게 두 대상이 원인과 결과의 관계로 결합되어 있는 것처럼 생각한다. 그리고 비록 자신의 이해력이 이렇게 추리하는 데 아무런 역할을 하지 않는다는 것을 누군가 그에게 확신시켜주더라도, 그는 동일한 사고 과정을 계속해나갈 것이다. 그에게는 이런 결론을 내리게 하는 어떤 다른 원리가 있다.

흄, 『인간의 이해력에 관한 탐구』

---

h-2

페타바이트* 시대에는 정보가 단순히 3, 4차원의 분류 체계를 넘어서서 차원이 무의미해지는 통계의 영역에 들어선다. 과거에는 데이터의 총체를 가시화할 수 있다는 통념에 사로잡혀 있었다면, 이제는 그러한 통념의 속박에서 벗어나는 완전히 다른 접근 방식이 가능해졌다. 구글(Google)의 창업 이념은 "이 웹 페이지가 다른 웹 페이지보다 왜 더 좋은지 모른다."는 것이다. 통계 수치가 그렇다고 한다면 그것으로 충분하며, 의미론적이거나 인과론적인 분석은 필요 없다. 그렇기 때문에 광고나 웹 페이지의 내용에 대한 아무런 사전지식이나 가정을 하지 않고도 광고와 웹 페이지의 내용을 짝지어 줄 수 있다. 구글의 연구개발 책임자는 "모든 모델은 틀렸다. 그리고 점점 그것 없이도 성공할 수 있게 된다."고 말했다.

이와 같은 사고가 광고계에 끼치는 영향도 크지만, 정말로 큰 변화는 과학계에서 일어나고 있다. 과학적인 방법이라는 것은 실험가능한 가설의 토대 위에 세워진다. 이런 모델은 대체적으로 과학자 자신의 상상 속에서 가시화된 체계이다. 그리고 과학자는 실험을 통해서 이런 이론적인 모델들을 확인하거나 부정한다. 이것이 바로 과학이 수백 년 동안 수행되어 온 방식이다.

과학자들은 상관관계를 인과관계와 동일시하지 않도록 훈련받는다. 단순히 X와 Y의 상관관계만을 토대로 그 어떠한 결론도 내려서는 안 된다고 생각한다. 대신 둘 사이를 연결시키는 근본적인 원리를 이해하려고 한다. 그리고 일단 모델이 형성되면 조금 더 확신을 갖고 데이터 군(群)들을 연결시킬 수 있게 된다. 그들에게 모델 없는 데이터는 무의미한 잡음일 뿐이다. 그러나 페타바이트 시대에 엄청난 데이터 앞에서는 '가설→모델→실험'과 같은 과학적인 접근은 구시대의 것이 된다. 페타바이트는 우리로 하여금 상관관계로도 충분하다고 말할 수 있게 해주며 우리는 더 이상 모델을 찾지 않아도 된다. 어떤 결과가 나올 것인가에 대한 가설 없이도 데이터 분석이 가능하다. 시시각각으로 빨라지고 커지고 있는 컴퓨터 클러스터 (cluster)에 데이터를 입력시키면 과학이 지금까지 발견하지 못한 패턴을 통계 알고리듬(algorithm)이 발견해낸다.

  * 1 Petabyte = 1,000,000,000 Megabyte

크리스 앤더슨, 『이론의 종말』

———————————————— h-3 ————————————————

모든 전문 기술자는 보편적 기술과, 그것을 특정 계층을 위해 사용하고자 하는 지배자의 이데올로기 사이에서 내적으로 영원한 투쟁을 하는 존재라는 점에서 '잠재적 지식인'이라 할 수 있다. 그러나 전문 기술자가 실제로 '지식인화' 하는 것은 그렇게 단순한 결정에 의해서가 아니다. 그것은 결국 내부의 갈등을 제거할 만한 경험을 갖고 있는가에 달린 문제이다. 이런 변화를 완성시켜 주는 요인들의 총체는 사회적 차원에 포함되는 것이다.

그 한 예로 지배 계층이 전문 기술자, 특히 학생들에게 약속하는 생활수준을 들 수 있다. 저임금은 그들을 크게 의존적으로 만들 수 있다. 그러나 그것은 또한 전문 기술자로 하여금 자신의 사회적 위치를 적나라하게 알게 함으로써 오히려 저항적으로 만

들 수도 있다. 지배 계층은 그 사회의 학생들에게 약속했던 자리를 누구에게나 줄 수
는 없다. 적당한 일자리를 얻지 못한 사람들은 지배 계층이 약속했던 생활수준 이하로
떨어지게 되고, 그들은 자연히 덜 혜택 받은 사회 계층과 연대 의식을 느끼게 된다. 이
러한 실업 상태, 혹은 봉급 수준이 낮으며 명예롭지 못한 직업으로 전락하게 되는 것
은 경쟁 사회에서는 불가피한 현상이다.

지배 계급이 학문을 희생시켜 가면서까지 자기 이데올로기의 영향력을 확대하려
하면 할수록 사회 내부의 긴장은 증가되어 오히려 기술자를 지식인으로 만드는 데 큰
역할을 한다. 그러므로 지식인이란, 자기의 내부와 사회 안에서, 또 실용적인 진리 탐
구와 지배자의 이데올로기 사이의 대립을 의식하는 사람이다. 모순된 사회의 산물인
지식인은 그 사회의 모순을 내면화한 까닭에 바로 그 모순된 사회의 증인이며, 따라서
그는 역사의 산물이다.

사르트르, 『지식인을 위한 변명』

(1)과 (2)의 변증법적 모순에 대한 차이를 요약하고, (2)의 관점에서 (1)의 관점을 비판하시오.

(1) 근대적인 의미에서 변증법은 어떤 것이 정립, 반정립, 종합이라는 3요소로 특징지을 수 있는 방법으로 전개된다고 주장하는 이론이다. 먼저 정립이라 할 수 있는 어떤 관념이나 이론 또는 운동이 존재한다. 그러한 정립은, 이 세상의 거의 대부분의 사물과 마찬가지로, 아마도 한정된 가치밖에 없으며 또 여러 약점이 있을 것이므로 종종 대립물을 산출할 것이다. 이 대립되는 관념이나 운동은 처음의 것, 즉 정립에 반대되는 것이므로 반정립이라고 한다. 정립과 반정립의 투쟁은 어떤 해결에 이를 때까지 계속되는데, 이 해결은 정립과 반정립 각각의 가치를 인정하고 그 모든 장점을 보존함으로써, 또한 양자에게 제약을 가하고 있는 모든 약점을 제거하려고 노력함으로써 정립과 반정립을 초월한다. 제3의 단계인 이 해결을 종합이라고 한다. 일단 이것이 이루어지면, 그 종합은 또다시 변증법 3요소의 1단계가 될 수 있다. 즉 변증법적 과정을 통해 도달한 특수한 종합이 일면적이고 만족스럽지 못한 것으로 드러나면, 그 종합은 다시 정립으로서 새로운 반정립을 낳는 것이다.

이러한 변증법적 관점은 적지 않은 문제를 가지고 있다. 가장 중요한 오해와 혼란은 모순에 대한 변증법 논자들의 부정확한 표현에서 비롯된다. 그들은 모순이 사고의 역사에서 최고의 중요성을 갖고 있고, 매우 생산적이며, 실로 사고가 진보하기 위한 원동력이라고 본다. 변증법 논자들은 생산적인 모순들을 회피할 필요가 전혀 없다는 결론을 내린다. 뿐만 아니라 그들은 모순이란 세계 도처에서 생기는 것이므로 불가피하다는 주장까지 한다. 이러한 주장은 전통적인 논리학의 이른바 모순율, 즉 모순되는 두 진술이 동시에 참일 수 없다는 원리에 대한 공격이 된다. 변증법 논자들은 모순의 유익함에 호소함으로써 전통적인 논리학의 이 법칙을 버려야 한다고 주장한다. 이렇게 해서 결국 변증법이 새로운 논리학이 된다고 그들은 주장한다.

변증법 논자들에 의하면, 모순은 유익하거나 창조적이거나 진보를 낳는다. 이것이 어떤 의미에서는 진실이라는 것을 우리도 인정했다. 그런데 모순의 창조성은, 우리가 진술들 간의 모순을 허용치 않고 모순이 내포된 이론은 어떤 것이든지 바꾸겠다는 의지를 가질 때에만 가능하다. 그런데 만약에 우리가 이러한 자세를 바꾸어 모순을 묵인하면, 모순이 그 즉시 모든 다산성을 잃고 만다는 사실은 아무리 강조해도 지나치지 않다. 모순은 이제 더 이상 지적인 진보를 산출하지 못할 것이다. 왜냐하면 우리가 모순을 묵인하면 우리 이론이 갖고 있는 모순이 지적된다 하더라도 이로 인해 이론을 변경하지 않을 것이기 때문이다. 다시 말해 모순을 용인하면 모든 비판은 그 힘을 상실하고 말 것이다.

우리가 모순을 용인할 경우, 비판은 물론 모든 지적인 진보 역시 종말을 고할 수밖에 없다. 따라서 우리는 변증법 논자들에게 양다리를 걸칠 수는 없다고 말해야 할 것이다. 그들이 모순에 관심을 갖는 이유가 단순히 다산성 때문이라면 모순을 용납해서는 안 된다. 그런데도 변증법 논자들이 모순을 굳이 받아들인다면 모순은 무익한 것이 될 것이고, 합리적인 비판과 토론 및 지적인 진보는 있을 수 없을 것이다.

그러므로 우리가 정립과 반정립 사이의 모순을 받아들이지 않겠다고 결의하면, 우리는 모순을 피할 수 있는 새로운 관점을 탐색하게 된다. 더구나 이 결의는 완전히 정당화될 수 있다. 왜냐하면 우리가 모순을 용인할 경우 그 어떤 종류의 과학적인 활동도 포기할 수밖에 없으며, 그것이 과학의 전면적인 붕괴를 뜻하게 되리라는 것을 쉽게 논증할 수 있기 때문이다. 이 점은 모순되는 두 진술을 인정할 경우, 어떠한 진술도 인정하지 않을 수 없게 된다는 사실을 증명함으로써 밝힐 수 있다.

또한 모순율은 모순이 자연, 즉 사실의 세계에서는 결코 생길 수 없으며, 모든 사실은 서로 모순될 수 없다는 것을 내포한다. 예컨대 양전기와 음전기가 서로 모순된다는 것은 단순한 비유요 애매한 표현에 불과한 것이다. 진정한 모순의 실례는 다음의 두 문장일 것이다. 즉 "여기에 있는 물체는 1938년 11월 1일 오전 9시와 10시 사이에 양전기를 띠고 있었다."는 문장과, 같은 물체에 대해서 그것이 같은 시각에 양전기를 띠고 있지 않았다는 문장이다. 이것은 두 문장 간의 모순이다. 그것에 대응하는 모순적인 사실은 하나의 물체가 동시에 양과 음 쌍방의 전기를 띠고 있으며, 따라서 어떤 음 전기를 띤 물체를 당기는 동시에 당기지 않는다는 사실일 것이다. 물론 이러한 모순적 인 사실이 존재하지 않는다는 것은 말할 필요도 없다.

칼 포퍼, 『추측과 논박』

(2) 지금까지 헤겔의 논리학이 거의 주목받지 못했던 이유는 그가 모순이라는 용어 를 매우 독특하게 사용했기 때문이다. 이를테면 헤겔은 "객관은 여러 가지 것의 완전 한 자립성인 동시에 구별되는 것의 완전한 비자립성이라는 절대적 모순"이라고 했다. 여기서 그가 말하고 있는 모순은 명백히 진술이나 판단 사이의 관계가 아니다. 그것 은 논리적으로 거짓인 진술 또는 판단으로도 이해되지 않는다. 오히려 헤겔은 객관적 인 것, 우리가 말하고 있는 것 자체에 있는 사태를 보여 주기 위해서 모순이라는 용어 를 사용하고 있다. 학자들은 이러한 부류의 모순을 '변증법적 모순'이라고 명명하였다.

사물을 인식하는 우리들의 오류가 아니라 사물 그 자체의 본질 속에 모순의 기원 이 있다고 헤겔은 생각했다. 사물들이 동일한 관계에서 하나의 특징과 그에 모순되는 반대물을 동시에 드러낸다는 것이다. 이처럼 객관적 현존으로 모순을 이해할 때 그에 대한 진술은 형식상 모순된 명제가 된다. 이런 의미에서 헤겔은 철학사상 최초로 실재 적 대립을 모순으로 표현했고, 관념론의 입장에서 모순에 대하여 뚜렷한 의미를 부여 했으며, 모순을 객관적 사태로 파악했다고 할 수 있다.

헤겔의 변증법적 모순 개념은 사회적 모순을 바라보는 관점에 시사하는 바가 있다. 일반적으로 새로운 것과 낡은 것 사이의 모순은 발전과정의 진보와 새로운 것의 등장 에 유리한 주객관적 전제들이 밝혀짐으로써 생긴다. 그것은 모든 운동을 특징짓는 안 정성과 변화의 보편적 모순을 구체적으로 나타내는 형태이다. 발전과정에서는 늘 새로 운 것과 낡은 것 사이의 모순이 동시에 일어난다. 그러나 이러한 관계의 양극성은 동일 한 하나의 사실 연관에 속하는 것이 아니라, 그때마다 새로운 형태로 재생산된다. 결 국 모순은 역동적 대립관계의 발전 국면을 전개시킬 뿐만 아니라, 항상 새롭게 산출되 는 극성(極性)의 성숙한 국면을 나타낼 수 있다.

　　많은 변증법적 모순의 현상들이 문학에서 갈등의 형태로 드러난다. 갈등은 대립되는 이해와 경향의 일시적인 상호배척이며, 사회적 관계의 발전과 형태 변화의 역동성을 분명하게 반영한다. 사회의 낡은 것과 새로운 것 사이에 발생하는 모순은 문학적으로 서술되고 묘사되는 과정에서 그 내적인 필연성을 드러낸다. 즉 문학적 형상화는 모순들의 일반적 구조에 따라 모순의 전개과정과 해결을 지향하여, 다양한 모순들에서 자연적이고 본질적인 일치에 이른다. 이런 의미에서 헤겔의 모순 개념은 무엇이 참된 모순인가에 관해서 독자적인 이해를 발전시켰다고 평가된다.

미하엘 볼프, 『모순의 개념』/고트프리트 슈틸러, 『변증법적 모순』

인간에게
보편적 가치는 존재하는가

인간 본성론: 인간은 선한 존재인가,

악한 존재인가, 선과 악은 존재하는가

인간이 선한가, 악한가의 논쟁은 결국 인간에게 보편적인 가치가 존재하는가의 문제로 귀결된다. 앞서 1장에서 밝힌바와 같이 논술에서 인간은 선하다 혹은 악하다에 대해 명확하게 답을 내리는 것은 무의미하다. 다만, 주장에 대한 근거를 읽고 동의할 수 있는가가 논술이 다루는 분야라고 할 수 있다. 논술 주제를 제대로 읽고 해석하고, 또 그에 대해서 논술하기 위해서는 논술을 주장과 근거로 분리하여 읽는 태도가 가장 중요하다. 독자들은 이미 알고 있거나 들어보았을 주제에 대한 사상가들의 주장을 명확하게 찾아내고, 그들이 내세우는 근거를 읽고 동의하거나 반론을 제기하는 방식으로 읽는다면 자연스럽게 논술을 하게 될 것이다.

이 장의 주제는 '인간의 본성'이다.

먼저, a와 c는 유명한 맹자의 성선설과 순자의 성악설이다. 독자들은 둘의 주장을 읽고 공통점을 찾아보도록 하자. 흔히 둘의 주장이 상반된 것으로 이해되지만, 글을 읽어보면 그들이 추구하는 결론이 같다는 것을 발견할 수 있을 것이다.

b는 장자가 말하는 인간 본성에 대한 글이다. 장자의 글은 쉽게 읽을 수 있지만, 주장을 정리하는 것은 쉽지 않다. 독자들은 b를 정독하여 주장과 근거로 요약해 보기 바란다.

d와 e는 각각 동양과 서양의 사상가가 본성보다는 후천적 노력을 강조하고 있는 글이다, 독자들은 두 글을 읽고 각각의 공통점과 차이점을 비교해 보자.

f는 오래 전에 번역된 글로 읽기 까다롭게 구성되어 실제 출제되었을 때도 해독하기 어렵기로 정평이 난 칸트의 글이다. 독자들은 이 글처럼 읽기 어려운 글을 만났을 때, 이 글을 샅샅이 분해하기 보다는 큰 틀에서 이해하는 것이 필요하다. 즉, 이 글은 논제 혹은 다른 제시문과의 관계를 통해 이해해야 한다. 예를 들어 이 책에서 이 글이 인간의 본성, 보편적 가치라는 장에 위치하고 있는 것이니만큼 독자들은 이 글이 보편적인 가치에 대해서 무엇을 말하고 있는지 염두에 두고 읽어야 한다. '최고선'이라는 단어를 핵심어로 정하고 그에 대해서 어떤 주장을 하고 있는지, 어떤 근거를 제시하고 있는지 염두에 두고 읽고 요약해보자.

f를 읽고 나서 e를 읽으면 한결 수월하게 읽을 수 있다. 독자들은 e를 읽고 f와 비교하여 공통점이 무엇인지 비교해보자.

2장의 제시문들이 각각 인간의 선에 대한 보편성을 주장하는 글이라면 연습문제에 등장하는 사상가들은 다른 입장을 취하고 있다. 독자들은 연습문제의 제시문들이 본문의 제시문과 어떤 차이를 가지고 있는지 염두에 두면서 질문에 답하는 논술을 작성해 보기 바란다.

인간에게 보편적 가치는 존재하는가

인간 본성론: 인간은 선한 존재인가, 악한 존재인가, 선과 악은 존재하는가

---
a

공도자(公都子)가 물었다. "고자(告子)는 '성(性)은 선한 것도 없고 선하지 않은 것도 없다.'고 말했고, 어떤 사람은 '성은 선하게 될 수도 있고 선하지 않게 될 수도 있다. 그렇기 때문에 문왕(文王)과 무왕(武王)[1]이 일어나면 백성들이 선(善)을 좋아한 것이고, 유왕(幽王)과 여왕(厲王)[2]이 일어나면 백성들이 포악한 것을 좋아한 것이다.'고 말했습니다. 또 어떤 사람은 '성이 선한 사람도 있고 성이 선하지 않은 사람도 있다. 그렇기 때문에 요(堯)를 임금으로 두면서도 상(象)이 나왔고, 고수(瞽瞍)를 아비로 두면서도 순(舜)이 나왔고, 주(紂)를 형의 아들로 두고 또 임금으로 두면서도 미자계(微子啓)와 왕자 비간(比干)이 나왔다.'고 말합니다. 지금 '성은 선하다.'고 말씀하셨는데, 그렇다면 앞에 말한 사람들은 모두 옳지 않다는 것입니까?"

맹자께서 답하셨다. "자기의 정(情)[3]에 따라서 한다면 선해질 수 있다. 그것이 곧 이른바 선이다. 만약에 선하지 않게 된다면 그것은 재(才)[4]의 죄는 아니다. 측은해하는 마음은 사람이면 누구나 가지고 있다. 부끄러워하는 마음은 사람이면 모두 가지고 있다. 공경하는 마음은 사람이면 모두 가지고 있다. 시비를 가리는 마음은 사람이면 모두 가지고 있다. 측은해하는 마음은 인(仁)이다. 부끄러워하는 마음은 의(義)이다. 공경하는 마음은 예(禮)이다. 시비를 가리는 마음은 지(智)이다. 인과 의와 예와 지는 밖에서부터 나를 녹여 오는 것이 아니고, 내가 본래부터 지니고 있는 것이다. 생각하지 않았을 따름이다. 그래서 '구하면 얻고, 버려두면 잃어버린다.'고 하는 것이다.

---

1) 문왕, 무왕: 주나라의 성군(聖君)

2) 유왕, 여왕: 주나라의 무도한 임금

3)4) 정(情), 재(才): '정'과 '재'는 모두 '성(性)'으로서, '성'의 작용을 서로 다른 각도에서 말한 것.

혹 (선악의 정도를 비교하여 보면) 수배의 차이가 나고 비교하여 볼 여지도 없는 사람은, 자기의 재(才)를 모두 발휘하지 못하는 사람이다. 시(詩)에 '하늘이 온 백성을 내었는데, 일이 있으면 법칙이 있게 하였도다. 백성들은 불변하는 마음을 가져, 이 아름다운 덕(德)을 좋아하는도다.'고 하였다. 공자께서는 '이 시를 지은 사람은 도(道)를 알고 있었던 게다. 그래서 일이 있으면 반드시 법칙이 있다는 거다. 백성들이 불변하는 마음을 가지고 있기 때문에 이 아름다운 덕을 좋아하는 거다.'고 하셨던 것이다."

*

생선 요리도 내가 먹고 싶은 것이고 곰발바닥 요리도 내가 먹고 싶은 것이다. 그런데 두 가지를 다 가질 수 없다면 생선 요리를 버리고 곰발바닥 요리를 취할 것이다. 삶도 내가 바라는 것이고 의로움도 내가 바라는 것이다. 그런데 두 가지를 다 가질 수 없다면 삶을 버리고 의로움을 취할 것이다.

삶도 내가 바라는 것이지만 삶보다 더 바라는 것이 있다. 그렇기 때문에 목숨을 부지할 수 있더라도 그것만은 하지 않을 만큼 부끄러운 일이 있는 것이다. 죽음도 내가 싫어하는 것이지만 죽음보다 더 싫어하는 것이 있다. 그렇기 때문에 죽음을 피할 수 있더라도 그것만은 하지 않을 만큼 부끄러운 일이 있는 것이다. 이처럼 삶보다 더 바라는 것이 있고 죽음보다 더 싫어하는 것이 있는 이 마음은 성인(聖人)만 특별히 가지고 있는 것이 아니라 모든 사람이 본래 다 가지고 있는 본심이다. 그런데 문제는 많은 사람들이 이 마음을 잃고 살아간다는 데에 있다.

밥 한 그릇 국 한 대접만 얻으면 살고 얻지 못하면 죽는 상황이라 하더라도, 주는 이가 발로 차고 욕하면서 주면 행인이나 거지도 달가워하지 않는다. 본래 지니고 있는 부끄러워 할 줄 아는 마음이 발동한 것이다. 그런데 엄청난 부귀를 누릴 수 있는 지위를 준다면 예의 없이 굴욕적으로 준다 해도 부끄러워하지 않고 덥석 받는다. 높은 지위에 오르면 좋은 집에 살고 아름다운 처첩을 거느릴 수 있으며 남에게 은혜를 베풀어 떠받들어질 수 있기 때문이다. 죽음을 무릅쓰고도 받지 않다가 좋은 집, 아름다운 처첩, 존귀한 대우를 위해서는 받으니 이는 본심을 잃은 것이다.

부끄러워할 줄 아는 마음이 없다면 사람이 아니다. 그런데 많은 사람들이 이익을 좇는 데 혈안이 되어 이 마음을 잃어버리고는 심지어 본래 자신에게 그런 마음이 있었다는 사실조차 모르게 되었다. 마치 원래 나무가 무성했던 우산(牛山)이 무절제한 벌목으로 민둥산이 되어버려 본래 나무가 무성했다는 사실조차 잊혀져버린 것과 같다. 본심을 잃어버린 사람들을 교화하여 부끄러워할 줄 아는 마음을 길러주면 사회의 악은 저절로 사라질 것이다.

*

사람은 모두 남에게 차마 모질게 하지 못하는 마음이 있다. 선왕(先王)들은 이런 마음을 가지고 있었기 때문에 차마 남에게 모질게 하지 못하는 정치를 했다. 남에게 차마 모질게 하지 못하는 마음으로 정치를 하면 천하를 다스리기가 마치 손바닥 위의 물건을 움직이는 것처럼 쉬울 것이다. 사람들에게 모두 남에게 차마 하지 못하는 마음이 있다고 말하는 근거는 이렇다.

지금 사람들이 갑자기 어린 아이가 우물에 빠지려는 것을 보면 누구라도 깜짝 놀라 아이를 구하려는 마음을 갖는다. 바로 그런 마음은 어린 아이의 부모와 교분을 맺으려는 것은 아니며, 또한 그렇게 함으로써 마을 사람들이나 친구들에게 칭찬을 듣기 위해서도 아니며, 구해주지 않았다는 비난을 듣기 싫어서도 아니며, 단지 측은한 마음에서 자기도 모르는 사이에 그렇게 된 것이다.

이로써 미루어 보건대, 측은한 마음이 없으면 사람이 아니며, 부끄러워하고 미워하는 마음이 없으면 사람이 아니며, 사양하는 마음이 없으면 사람이 아니며, 옳고 그름을 가리는 마음이 없으면 사람이 아니다. 측은해하는 마음은 인(仁)의 시작이고, 부끄러워하고 미워하는 마음은 의(義)의 시작이며, 사양하는 마음은 예(禮)의 시작이고, 시비를 가리는 마음은 지(知)의 시작이다. 사람이 이 사단(四端)을 가지고 있으면서 자기는 선을 행할 수 없다고 하는 자는 자신의 선한 본성을 해치는 자이고, 자기 임금은 선을 행할 수 없다고 생각하는 자는 자기 임금을 해치는 자이다. 무릇 이 사단을 가지고 넓혀서 채울 줄 알면 마치 불이 처음 타오르며 샘물이 처음 솟아나는 것과 같을 것이다. 그러니 이것을 채운다면 사해(四海)를 보호할 수 있겠지만, 채우지 못한다면 부모조차 섬길 수 없을 것이다.

맹자, 『맹자』

───────────────────── b ─────────────────────

말은 발굽으로는 서리와 눈을 밟고, 털로는 바람과 추위를 막는다. 풀을 뜯고 물을 마시며 발을 높이 들고 날뛴다. 이것이 말의 참된 본성인 것이다. 비록 높은 누대와 궁궐이 있다 하더라도 말에게는 소용이 없는 것이다. 백락이라는 사람이 나와 "나는 말을 잘 다스린다"고 하면서 말에 낙인을 찍고, 털을 깎고, 발굽을 다듬고, 굴레를 씌우고, 고삐와 띠를 맨 다음 구유가 딸린 마구간을 짓고 넣어 두었다. 그러자 말이 살지 못하고 죽는 놈이 열 마리 가운데 두세 마리나 되었다.

게다가 말을 굶주리게도 하고, 목마르게도 하고, 너무 뛰게도 하고, 갑자기 달리게도 하며, 가지런히 발맞추어 걷게도 하고 나란히 줄지어 걷게도 하였다. 말의 앞에는 재갈과 머리 장식을 거추장스럽게 붙이고, 뒤에는 채찍의 위협이 존재하게 되었다. 그러자 살지 못하고 죽는 말이 반도 넘게 되었다.

옹이장이는 "나는 찰흙을 잘 매만진다"고 말하면서, 둥근 것은 그림쇠에다 맞추고 모난 것은 굽은 자에다 맞춘다. 목수는 "나는 나무를 잘 매만진다"고 말하면서, 굽은 것을 갈고리에다 맞추고 곧은 것은 먹줄을 따라 깎는다. 그러나 찰흙과 나무의 성질이야 어찌 그림쇠나 굽은 자와 갈고리나 먹줄에 들어맞겠는가? 그런데도 세상에서는 대대로 백락은 말을 잘 다스리고, 옹이장이와 목수는 찰흙과 나무를 잘 매만진다고 일컬어져 왔다. 이것도 역시 천하를 다스리는 사람들의 잘못인 것이다.

내 생각으로는 천하를 잘 다스리는 사람들은 그렇지 않다. 백성들에게는 일정한 본성이 있다. 길쌈해서 옷 입고 농사지어 밥 먹는데 이것을 '다 같이 타고난 덕'이라 말한다. 하나가 되어 치우치지 않는 것을 '하늘에 맡겨 되는 대로 버려두는 것'이라 말한다.

*

말이 마음껏 뛰어다니며 살고 있을 때에는 풀을 먹고 물을 마시며, 기쁘면 목을 서로 맞대고 비벼 대고, 성이 나면 등을 돌려 서로 걷어찬다. 말의 지혜란 이것뿐이었다. 그런데 말에게 멍에를 올려놓고 굴레로써 제약을 가하게 되자, 말은 수레채를 비키고, 멍에를 떨쳐 버리고, 수레 포장을 물어 찢고, 재갈을 뱉어내고, 고삐를 물어 뜯을 줄 알게 되었다. 그러므로 말의 지혜를 도적처럼 교활하게 만든 것은 백락의 죄인 것이다.

혁서씨(赫胥氏)의 시대에는 백성들은 살면서도 무엇을 해야 할지 알지 못하였고, 걸어 다니면서도 갈 곳을 알지 못하였다. 입에 음식을 문 채로 즐거워하였고, 배를 두드리며 놀았다. 백성들의 능력은 이런 정도에 그쳤다. 성인이 나와 예의와 음악을 번거로이 하여 천하의 모양을 뜯어 고쳤다. 어짊과 외로움을 내걸고 천하 사람들의 마음을 위로하였다. 그러자 백성들은 비로소 일에 힘쓰면서 지혜를 좋아하고 다투어 이익을 추구하게 되었으나, 이를 금할 수가 없게 되었다. 이것도 역시 성인의 잘못인 것이다.

장자, 『장자』 외편

― c ―

사람은 나면서부터 이익을 추구하게 마련이어서, 그대로 내버려 두면 서로 싸우고 빼앗고 하여 양보란 없을 것이다. 나면서부터 남을 미워하고 시기하기 마련이므로, 그대로 내버려 두면 남을 해치고 상하게 하여 진실과 믿음은 사라진다. 또한 나면서부터 귀로 아름다운 소리를 듣고 눈으로 아름다운 것을 보려는 감각적 욕망이 있는데, 이를 그대로 좇으면 무절제하게 되어 사회 규범으로 지켜야 할 예의나 규범의 형식과 이치(理致)가 없어질 것이다. 그러므로 타고난 성질이나 감정에 맡겨 버린다는 것은 반드시 서로 싸우고 다투어 사회의 질서를 깨뜨리고 세상을 혼란에 빠지게 하는 것을 의미한다. 따라서 반드시 군주와 스승이 법도로 교화하고 예의로 이끌어야 남에게 사양할 줄도 알고 사회의 질서를 지킬 줄도 알아 세상의 평화가 유지될 것이다. 이렇게 생각하면 사람의 천성은 원래 악한 것이요, 선(善)이란 인위적이란 것을 알 수 있다. 그러기에 구부러진 나무는 반드시 곧은 먹을 대고 불에 쬐어 바로잡아야 꼿꼿해지고, 무딘 칼은 반드시 숫돌에 갈아야 날이 서고, 사람도 반드시 스승이 있어야 바로잡히고, 예의를 얻어야 다스려질 것이니, 만일 스승이 없으면 편벽된 데로 기울어져 부정(不正)해질 것이요, 예의가 없으면 난폭해져서 다스리지 못할 것이다. 그러므로 성왕(聖王)이 이를 위하여 예의를 일으키고 법도를 세워서 성정(性情)을 교정하고 훈련함으로써 사회규범에 따르고 도리에 맞도록 한 것이다.

순자, 『순자』

---
d

중(中)이란 치우치지 않고 기울어지지 않으며 지나치거나 미치지 못하는 일이 없음이다.

*

군자는 중용(中庸)에 따라 행동하고 소인은 중용에 반(反)하여 행동한다.

*

군자의 중용이란 군자의 덕을 갖추고 있으면서 때에 따라 중(中)에 맞추어 행동함이다. 소인이 중용에 반하여 행동하는 것은 소인의 마음을 가지고 있으면서 아무런 거리낌 없이 행동함이다.

*

군자는 자신의 현재 처지에 따라 행하고 그 밖의 것을 바라지 않는다. 부귀한 처지에 있다면 부귀한 사람이 해야 할 일을 하고, 가난하고 천한 처지에 있다면 가난하고 천한 사람이 해야 할 일을 하며, 오랑캐와 같은 처지에 있다면 오랑캐가 해야 할 일을 하고, 환난에 처해 있다면 환난에 처한 사람이 해야 할 일을 하는 것이다. 군자는 어떤 처지에 놓인다 하더라도 스스로 만족하지 못하는 경우가 없다. 윗자리에 있을 때에는 아랫사람을 업신여기지 아니하며, 아랫자리에 있을 때에는 윗사람에게 매달리지 아니한다. 자기를 바르게 하고 남에게 책임을 돌리지 않으면 원망이 없게 될 것이니, 위로는 하늘을 원망치 않고 아래로는 사람들을 탓하지 않게 될 것이다. 그러므로 군자는 편안하게 처신하면서 천명을 기다리고, 소인은 위험한 것을 행하면서 요행을 바란다.

*

문왕과 무왕의 정치가 보여주었듯이, 걸맞은 사람이 있다면 그 정치가 흥성하게 될 것이고 걸맞은 사람이 없다면 그 정치는 사라지게 될 것이다. 무릇 정치는 갈대와 같다. 정치의 성패는 사람에 달려있다.

*

중용의 도리는 지극(至極)하도다! 백성들 가운데 중용의 도리를 실천할 수 있는 사람이 없어진 지 오래되었다.

*

도가 행하여지지 못하는 이유를 나는 안다. 지혜로운 사람은 너무 지나치고 어리석은 사람은 미치지 못하기 때문이다. 도가 밝게 드러나지 않는 이유를 나는 안다. 어진 사람은 지나치고 어질지 못한 사람은 미치지 못하기 때문이다.

*

천하와 국가를 다스릴 수 있고 벼슬과 봉록을 사양할 수 있으며 날카로운 칼날도 밟을 수 있지만, 중용의 도리는 쉽게 실천할 수 없다.

자사, 『중용』

---

e

덕에는 두 종류, 지적인 덕과 도덕적인 덕이 있다. 지적인 덕은 대체로 교육에 의해 습득기도, 성장하기도 한다. 그렇기 때문에 경험과 시간을 필요로 한다. 한편 도덕적인 덕은 습관의 결과로 생긴다. 이런 까닭에 에티케[1]란 말은 에토스[2]란 말을 조금 고쳐서 만들어진 것이다. 이것으로 미루어 보더라도 도덕적인 덕은 본성적으로 우리에게 생기는 것이 아님이 분명하다. 본성적으로 존재하는 것은 그 본성에 반대되는 습관을 형성할 수 있는 것이 하나도 없으니 말이다. 가령 돌은 본성적으로 아래로 움직이도록 되어 있기 때문에 아무리 천 번, 만 번 위로 던져 위로 움직이는 것을 습관이 되게 하려 해도 그렇게는 도저히 할 수 없다. 또 불을 아래로 움직이도록 습관화 시킬 수

---

1) 도덕적, 윤리적이란 의미임.
2) 민족적·사회적 관습을 말하는 것으로 동일한 행위를 반복함으로써 형성되는 습관을 의미한다. 에토스는 지속하는 특성을 가지고 있으므로 일시적 특성을 가진 파토스와 대립된다

도 없고 이밖에 어떤 것도 본성에 어긋나게 훈련시킬 수 없다. 그러고 보면 도덕적인 덕은 본성적으로 우리 속에 생기는 것도 아니요 본성에 반하여 우리 속에 생기는 것도 아니다. 오히려 우리가 본성적으로 그것들을 받아들이도록 되어 있으며 습관에 의하여 완전하게 되는 것이다.

또 본성적으로 우리에게 생기는 모든 것에 대하여 우리는 먼저 능력을 얻은 후에 활동을 전개한다(이것은 감각들을 살펴보면 명백히 알 수 있다. 우리는 자주 보거나 자주 들음으로써 시각이나 청각을 가지게 되는 것이 아니고 오히려 이와 반대로 이런 감각을 사용하기 이전에 이미 감각을 가지고 있었던 것이다. 다시 말하자면 감각을 사용함으로써 감각을 가지게 된 것이 아니다). 그러나 덕의 경우에는 우리가 먼저 실천함으로 비로소 덕을 얻게 된다. 여러 기술의 경우도 이와 마찬가지이다. 우리가 먼저 실행함으로써 비로소 배워서 알게 되는 것이다. 예를 들면 집을 지어봄으로써 건축가가 되고 거문고를 탐으로써 악사가 되는 것이다. 이와 마찬가지로 우리는 옳은 행위를 함으로써 옳게 되고, 절제 있는 행위를 함으로써 절제 있게 되며, 용감한 행위를 함으로써 용감하게 된다.

아리스토텔레스, 『니코마코스의 윤리학』 제2권

--- f-1 ---

우리는 응당 최고선의 촉진을 추구해야 한다. (최고선은 그러므로 역시 가능할 수밖에 없다.) 그러므로 또한 이 연관의 근거, 곧 행복과 윤리성 사이의 정확한 합치의 근거를 함유할, 자연과는 구별되는 전체 자연의 원인의 현존이 요청된다. (중략) 그러므로 도덕적 마음씨에 적합한 인과성을 갖는, 자연의 최상원인이 전제되는 한에서만, 이 세계에서 최고선은 가능하다. 무릇 법칙의 표상에 따라 행위할 수 있는 존재자는 예지자(이성적 존재자)요, 이 법칙 표상에 따르는 그런 존재자의 원인성은 그 존재자의 의지다. (중략) 이렇게 해서 도덕법칙은 순수 실천이성의 객관이자 궁극 목적인 최고선의 개념을 통해 종교에, 다시 말해 모든 의무들을 신의 명령들로 인식하는 데에 이른다. (도덕 법칙은 의무들을 곧) 남의 의지의 제재(制裁), 다시 말해 임의적인, 그 자신 우연

적인 지령들로서가 아니라, 각자의 자유로운 의지 자신의 본질적인 법칙들로 인식하는 데에 이른다. 그럼에도 이 법칙들은 최고존재자의 명령들로 보아져야만 한다. 왜냐하면, 우리는 오직 도덕적으로 완전한(성스럽고 선량한), 동시에 전능한 의지에 의해서만 최고선을 희망할 수 있고, 그러므로 이 의지에 합치함으로써 최고선에 이르는 것을 기대할 수 있기 때문이다.

임마누엘 칸트, 『실천이성비판』

---

f-2

그러므로 무릇 최상의 실천 원리가 있어야 하고, 그리고 인간의 의지에 관련한 정언 명령이 있어야 한다면, (중략) 보편적 실천법칙으로 쓰일 수 있는 그러한 것이어야만 한다.(중략) 그 실천명령은 다음과 같은 것일 것이다. 네가 너 자신의 인격에서나 다른 모든 사람의 인격에서 인간(성)을 항상 목적으로 대하고, 결코 한낱 수단으로 대하지 않도록, 그렇게 행위하라. 우리는 이제 과연 이 명령이 실행되는지를 살펴보고자 한다.(중략) 자기 자신에 대한 필연적인 의무의 개념에 따라, 자살하려는 사람은, 과연 자신의 행위가 목적 그자체로서의 인간성의 이념과 양립할 수 있는가를 스스로 물을 것이다. 만약 그가, 힘겨운 상태에서 벗어나기 위해 그 자신을 파괴하는 것이라면, 그는 자신의 인격을, 생이 끝날 때까지 견딜 만한 상태로 보존하기 위한, 한낱 수단으로 이용하는 것이다. 그러나 인간은 물건이 아니고, 그러니까 한낱 수단으로 사용될 수 있는 어떤 것이 아니며, 오히려 그의 모든 행위에 있어 항상 목적 그 자체로 보아야 한다.

*

이 세계 안에서 뿐만 아니라 세상 밖에서조차도 제한 없이 선하다고 여길 수 있는 것은 오직 '선한 의지'뿐이라고 생각할 수밖에 없다. 우리가 조심스럽게 이름 붙일 수 있는 지성, 재치, 판단력, 그리고 그 밖의 모든 마음의 재능, 혹은 용기, 결심, 목적한 것에 대한 끈기와 같은 우리 성향의 성질들은 여러 면에서 의심할 바 없이 선하고 바람직한 것이다. 그러나 이런 자연의 선물들을 사용해야하는, 그리고 이런 이유로 그 특성에 '성격'이라는 용어를 붙이게 하는, 그 의지가 선하지 않을 때, 그런 재능들과 성질들은 악하고 해로울 수 있다.(중략) 앞에서 말한 몇 가지 성질들은 이 선한 의지 자체에 도움이 되기도 하고, 선한 의지가 하는 일을 아주 수월하게 할 수도 있다. 그럼에도 불구하고 그러한 성질들이 무조건적인 내적 가치를 갖는 것은 결코 아니며, 항상 선한 의지를 전제한다. 이 선한 의지는, 그런 성질들이 정당하게 갖는 존경마저도 제한하며, 그런 성질들을 절대적으로 선하다고 여기는 것을 허용하지 않는다.

임마누엘 칸트, 『도덕형이상학의 기초』

---

g

도덕 감정은 예측할 수 없는 장래에 기회를 열어주기 때문에 가치가 있다는 것이다. 예컨대, 투표를 하고(투표하는 사람의 한 표가 선거 결과에 영향을 미칠 확률을 생각한다면 투표를 한다는 것은 비합리적인 행위이다), 다시는 방문하지 않을 레스토랑의 웨이터에게 팁을 주고, 자선 기관에 익명의 기부를 하고, 르완다로 날아가 수용소의 병든 고아들을 목욕시키는 행위는 장기적인 관점에서도 결코 이기적이거나 합리적이지 않다. 그런 행위를 하는 인간은 다른 목적, 즉 이타주의의 능력을 보임으로써 신뢰를 이끌어내려는 목적을 위해 설계된 감성의 노예일 뿐이다.(중략) 덕은 진정으로 은총이며, 은총이라는 단어의 아우구스티누스적인 냄새를 제거해 현대적 용어로 대치한다면 덕은 진정으로 본능이다. 우리는 덕을 당연한 것으로 받아들이고 그것에 의존하고 그것을 소중히 간직해야 한다. 덕은 우리가 인간 본성의 기질에 역행하면서 억지로 쟁취해야 하는 어떤 것이 아니다. 기름을 쳐야 할 사회라는 기계를 갖고 있지 못한 비둘기나 생쥐였다면 그렇게 해야 할 것이다. 덕은 우리 본성의 일부이고 본능이며 아주 유용한 윤활제이다.

매트 리들리, 『덕의 기원』

(1),(2),(3)의 공통점을 제시하고, 이에 근거하여 앞의 a, c를 평가하라.

(1) 분석치료가 '그림자'를 의식화하는 한, 일종의 분열과 대극긴장을 조성하게 된다. 긴장을 느끼는 쪽에서 통합을 통하여 타협을 꾀한다. 이 타협의 중개는 상징을 통하여 이루어진다. 대극 사이의 대립은 사람들이 그것을 심각하게 여기거나 그것으로 인해 심각한 사람으로 여겨질 때 참을 수 없는 한계에 이르게 된다. 논리학의 '배중원리'* 가 입증되며, 사람들은 아무런 해답도 알지 못한다.(중략) 과학적 인식은 '무의식'이라 는 용어를 사용하는데, 그럼으로써 과학은 그것에 대해 아는 바가 없다는 것을 시인 하는 셈이다. 과학은 정신의 실체에 관해서는 아무것도 모르고 다만 정신을 수단으로 사용해야만 인식할 수 있을 뿐이다. 그러므로 우리는 마나, 데몬, 또는 신이라는 명칭 의 타당성을 반박할 수도 받아들일 수도 없다. 하지만 우리는 어떤 대상에 대한 체험 과 결부된 생소함이 분명히 느껴진다는 것은 확인할 수 있다. 우리는 미지의 것, 생소 한 것이 우리에게 일어나고 있음을 안다. 꿈이나 어떤 착상이 만들어지는 것이 아니 라 어떤 식으로든지 저절로 생겨난다는 것을 우리가 알고 있듯이 말이다. 이런 방식 으로 우리에게 밀려오는 것들을 마나, 데몬, 신, 또는 무의식으로부터 나오는 작용이 라고 일컬을 수 있다.

   *배중원리: 형식논리학에서 두 개의 모순된 개념 사이에는 제 삼작 존재할 수 없 다는 원리

-카를 융, 『기억 꿈 사상』

(2) 루소는 그의 교육소설 「에밀」의 첫 페이지에서 자연은 인간을 착하게 창조하였지 만, 인간은 인간의 손에 의해 타락하기 시작했다고 기술하였다. 이런 생각을 한 루소 는 또한 인간 교육을 인간에게 맡기지 않을 수 없는 역설을 스스로 보았다. 인간의 손

에 인간을 맡겨야 하는 그 필연성은 동시에 인간의 손에 인간이 타락하는 그 순간과 일치한다. 인간에 의한 인간의 교육은 자연에 의한 인간 교육의 대리이기도 하다. 자연은 선이고 인간은 악이지만, 선한 자연에 의한 교육은 악한 인간에 의한 교육에 의하여 보충되지 않을 수 없고, 따라서 교육은 자연의 보충이자 대리적 기능이 된다. 왜냐하면 인간은 인간에 의한 교육을 통하여 인간이 되기 때문이다. 자연이 지고의 선이라 하더라도 자연 상태로 인간을 방임하면, 인간은 인간이 되지 못한다.

-김형효, 『노장사상의 해체적 독법』

(3) 악이 없다면 선은 어떻게 될까? 악이 나타나지 않거나 존재하지 않는다면 인간은 선하려고 애쓸 이유가 전혀 없을 것이다. 선을 향한 인간의 의지는 그것이 구체적으로 어떤 것으로 받아들여지건 끊임없이 악에 대항하도록 인간에게 부담을 지운다. 뿐만 아니라 이 대항이 허깨비놀음이 되지 않게 하기 위해 악을 키우도록 부추기기도 한다. 그러므로 인간은 악을 간절히 필요로 하는 것처럼 보이며, 악은 인간에게 도덕체계와 법체계를 갖출 동기를 부여한다. 만약 악이 그토록 다양한 모습으로 존재하지 않는다면, 그리고 모든 인간이 항상 다른 사람을 호의적으로 대할 수 있다면, 어쩌면 존재하는 모든 직업들이 필요 없어질지 모른다는 생각도 한번쯤 해야 할 것이다.

-프란츠 부케티츠, 『왜 우리는 악에 끌리는가』

역사는 객관적 사실인가

객관적인 역사 서술은 가능한가

인문논술의 주제는 주로 인간과 관련된다. 특히, 역사는 인간이 속한 사회 현상을 기록하고 연구하는 인문학의 일부이다. 즉, 자연 현상과 비교하여 사회 현상이 어떻게 다른가를 이해할 수 있는 학문이라고 할 수 있다. 자연 현상과 사회 현상을 같은 것으로 이해하기 위해서는 동일한 조건에서 동일한 결론에 이르는 인과법칙이 사회 현상에도 적용될 수 있는지를 생각해 보면 알 수 있다. 자연계를 설명하는 자연과학적 인과관계는 인간이 사는 사회에 적용되지 않는 경우가 많다. 인간은 자유의지를 통해 예정된 결말을 벗어나기도 하고, 수많은 원인들이 하나의 사건에 동시에 영향을 미치기도 하기 때문이다.

이 장은 '역사와 역사가'가 주제이다.

먼저, a는 아리스토텔레스가 시인의 임무를 강조하기 위한 글이지만, 독자들은 아리스토텔레스가 시인과 역사가의 역할을 어떻게 구분하고 있는지 비교해 보면서 역사가의 임무에 대해 생각해 보기 바란다.

b는 역사를 바라보는 다양한 관점을 여러 저서에서 발췌 구성한 글이다. 독자들은 제시문에서 랑케와 콜링우드, 카가 각각 역사에 대해 어떤 관점 차이를 가지고 있는지 비교하기로 구성해서 요약해 보기 바란다.

c는 유명한 E.H.카의 글이다. 독자들은 정확하게 읽고 요약하는 연습을 하여 카의 역사적 인식을 이해하기 바란다.

d는 '민족'이라는 역사적 개념이 어떻게 만들어지고, 왜 만들어졌는지를 설명하고 있다. 독자들은 민족이라는 핵심어를 중심으로 민족이라는 개념이 만들어진 이유와 과정을 설명해 보자.

e의 두 글은 역사를 구성하는 원리에 대해 다른 관점을 보이고 있다, 독자들은 젠킨스의 관점에서 칼라일의 주장을 반박하는 내용으로 논술을 구성해보자.

f는 역사적 사건의 원인에 대한 관점이다. 독자들은 폴 벤느가 가진 역사적 사건의 원인에 대한 주장과 근거를 요약해 보기 바란다.

연습문제는 인간의 역사를 바라보는 관점을 객관성과 상대성(주관성)을 중심으로 세 제시문을 비교하면서 요약해 보기 바란다. 제시문이 셋 이상인 경우 비교하기는 세 개의 제시문이 모두 다른 경우보다는 두 가지 입장으로 분류하는 경우가 많은데, 연습문제도 두 개의 제시문을 같이 묶어서 그 둘이 어떻게 다른가를 구분하는 것이 올바른 분류, 비교하기가 될 것이다.

03

역사는 객관적 사실인가
객관적인 역사 서술은 가능한가

---
a

시인의 임무는 실제로 일어난 일을 이야기하는 것이 아니라, 일어날 수 있는 일, 즉 개연성이나 필연성에 따라 가능한 일을 이야기하는 데 있다. 역사가와 시인의 차이는 산문으로 이야기하느냐 운문으로 이야기하느냐에 있는 것이 아니라 (왜냐하면 헤로도투스의 작품은 운문으로 고쳐쓸 수도 있을 것이나 운율이 있든 없든 간에 역시 일종의 역사임에는 변함이 없기 때문에) 전자는 실제로 일어난 것을 이야기하고, 후자는 일어날 수 있는 것을 이야기한다는 점에 있다. 따라서 시는 역사보다 더 철학적이고 더 진지하다.

보편적인 것을 이야기한다 함은 (비록 시가 등장인물들에게 어떤 특정한 이름을 부여한다고 하더라도) 이런 또는 저런 유형의 인간이 개연적으로, 또는 필연적으로 말하거나 행할 수 있는 일을 이야기함을 의미한다. 개별적인 것을 이야기한다 함은 이를테면 알키비아데스가 무엇을 행하였으며 무엇을 경험하였는가를 이야기함을 말한다.

아리스토텔레스「시학」

---
b

19세기 근대 역사주의를 주창한 랑케(Ranke)는 이전의 자의적인 역사 연구와 서술을 부정하고 엄격한 사료 비판에 근거한 객관적 서술을 지향하여 역사학을 과학의 경지로 끌어올리려고 하였다. 그는 17-18세기를 통해 발전되어 온 사료 비판의 방법을 종합하여 본격적인 역사 연구의 기초를 마련하였다. 그는 고문서 자료 등 1차 사료를 더 신뢰하면서 이를 면밀히 분석하면 그 시대에 살았던 사람들의 눈으로 당시를 바라볼 수 있다고 믿었다. 즉 과거에 '사실(fact)'이 엄연히 존재하였으므로, 역사가는 그것

이 기록된 문서를 객관적으로 분석함으로써 당시의 상황을 복원할 수 있다는 것이다. 랑케는 주관과 객관 사이의 간극을 사료 비판과 직관적 이해를 통해 극복할 수 있다고 믿었다. 역사가는 사료의 언어를 감정이입을 통해 이해함으로써 과거를 있는 그대로 재현할 수 있다고 주장하였다.

이에 반해, 콜링우드(Collingwood)는 역사적 사실은 순수한 형태로 존재하지 않으며, 또한 존재할 수도 없기 때문에 있는 그대로 복원하는 것이 불가능하다고 주장하였다. 자료를 객관적으로 수집하고 탐구하여 결론에 도달하는 것이 과학이라면 역사는 이러한 과학과 거리가 있다. 왜냐하면 '역사적 사실'이라는 과거는 역사가에 의해 구성되고 그 의미 또한 역사가에 의해 부여되기 때문이다. 과거는 과거의 시점에서 볼 때 실존적이지만 현재의 시점에서는 관념적일 뿐이다. 역사가가 알 수 있는 과거는 사료를 통한 것이 전부이다. 따라서 역사가는 과거에 대해 매개적이고, 추정적이며, 간접적인 인식 이상을 가질 수 없다. 이는 다시 말해 역사적 사실은 항상 오염되어 있어서 과학적 객관성을 획득할 수 없음을 의미한다. 역사적 의미 역시 그 과거에 대해 제한된 인식을 가진 역사가에 의해서 부여된다는 점을 고려하면 역사적 사실이 순수한 형태로 존재할 수 없음은 자명해진다. 명백한 증거를 기초로 진실을 추구하는 과학적 방법으로 파악되는 역사라는 것은 존재하지 않으며 역사는 역사가의 의식 속에서 재구성될 뿐이다.

카(E. H. Carr)에 따르면 역사가는 '가위와 풀의 역사', 다시 말해 단순히 과거 사실을 기계적으로 편집하는 역사를 쓰거나, 현재의 목적을 위해 과거 사실을 주관적으로 왜곡하는 오류를 모두 피해야 한다. 역사가와 역사적 사실 간의 관계에서 역사가들은 외견상 위태로운 상황에 처해 있는 것처럼 보인다. 왜냐하면 역사가는 역사를 사실의 객관적 편집으로 보아 사실이 해석보다 우위에 있다고 보는 이론과, 역사를 역사가의 주관적 마음의 산물이라고 보아 역사적 사실을 확립하고 해석하는 과정을 중시하는 이론 사이에서 아슬아슬한 곡예를 하고 있기 때문이다. 즉 역사가는 무게중심을 과거에 두는 역사관과 현재에 두는 역사관 사이에서 위험하게 항해하고 있는 것이다. 그러나 우리의 상황은 보기보다는 덜 위태롭다. 역사가는 사실 앞에 비천하게 무릎 꿇는 노예도 아니고, 사실을 지배하는 폭군적인 주인도 아니다. 역사가와 사실 사이의 관계는 평등하다. 즉 주고받는 관계이다. 역사란 역사가와 사실의 연속적인 상호작용이고, 현재와 과거의 끊임없는 대화이다.

김기봉 외, 『포스트모더니즘과 역사학』,

조지형, 『역사의 진실을 찾아서: 랑케 & 카』,

E.H.카, 『역사란 무엇인가』에서 발췌 재구성

---------------------------------- c ----------------------------------

'정확성은 의무이지 미덕은 아니다'라는 하우스만(Alfred Edward Housman)의 말을 본인은 상기(想起)하게 됩니다. 역사가를 정확하다고 해서 칭찬한다는 것은 잘 말린 목재를 썼다거나 잘 혼합된 콘크리트를 썼다고 해서 건축가를 칭찬하는 것이나 마찬가지 유입니다. 정확성은 그의 일의 필요조건이지 본질적인 기능은 아닌 것입니다. 이런 유의 일이라면 역사가들은 당연히 역사학의 '보조과학'이라고 불리는 고고학, 금석문학, 고전학(古錢學), 연대학 등등에 의뢰할 권리를 가지고 있는 것입니다. 역사가란 도기(陶器)나 대리석 파편의 계통이나 시기를 결정한다든가 알 수 없는 비문을 해석해낸다든가 정확한 연대를 정하는 데 필요한 정밀한 천문학적 계산을 한다든지 하는 따위의 전문가들에게나 가능한 특수기술을 필요로 하는 것은 아닙니다. 모든 역사가들에게 공통된 소위 기초적 사실이라는 것은 보통 역사가들이 사용하는 원료의 카테고리에 속하는 것이지 역사 그 자체의 카테고리에 속하는 것은 아닙니다.

다음으로 고찰해야 할 점은, 기초적 사실을 설정할 필요가 있다고 해도 그것은 사실 자체에 어떠한 자격이 있어서 그리 되는 것이 아니라 역사가들의 아 프리오리(a priori)한 결정에 좌우된다는 점입니다. C. P. 스코트의 모토에도 불구하고 오늘날 모든 저널리스트들은 여론을 움직이는 가장 효과 있는 방법이 적절한 사실들을 골라내고 배열하는데 있다는 것을 잘 알고 있습니다. 사실은 자기 스스로 말한다고들 흔히 이야기되어 왔습니다. 그러나 물론 이것은 참말이 아닙니다. 사실이란 역사가들이 그것을 찾아 줄 때에만 이야기하게 되는 것이고 어떠한 사실에 발언권을 줄 것인가를 결정하는 것도 그리고 어떠한 순서와 전후 관련 속에서 이야기할 것인가를 결정하는 것도 역사가인 것입니다.

우리들이 1066년에 헤이스팅스에서 전투가 있었다는 것을 알려고 하는 관심을 가지게 되는 유일한 이유는 역사가들이 그것을 역사적 대사건이라고 본다는 데에 있는 것입니다. 시저가 루비콘이라는 작은 강을 건넜다는 것이 역사적 사실이라는 것은 역사가들이 자기들의 이유에 따라 결정한 것이지 그 전에나 그 후에 수백만의 딴 사람들이 루비콘 강을 건넜다는 일에 대해서는 아무나 관심을 두지 않습니다. 파슨스 교수는 언젠가 과학을 가리켜 '실재에 대한 인식방법의 선택적 체계'라고 말한 적이 있습니다. 좀 더 간단히 말할 수도 있었으리라고 생각됩니다만, 여하간 역사란 특히 이와 같은 것입니다. 역사가란 불가피하게 선택적이게 마련입니다.

- E. H. Carr, 『역사란 무엇인가』

------------------------------ d ------------------------------

1870년대 이후, 그러니까 대중 정치가 출현하게 되면서부터 사회 조직과 사회 질서를 유지하는 데 '비합리적' 요소들이 얼마나 중요한가를 새삼 확인하게 되었다. 새로운 세대의 사상가들은 인간의 이성을 과대평가해 온 경향을 극복했다. 프로이트, 르봉, 타르드 등은 개인과 사회에 내재하는 비합리적 요소들을 재발견했다. 이제 인간 집단을 한 데 뭉치게 하는 것은 개별 구성원들의 합리적인 계산이 아니라는 점이 인정되었다. 또한 정치 주도 세력들은 예전 왕조 시대의 왕실 권위를 위해 사용하던 과시적 장식을 재생시키는 방식으로는 다양한 정체성을 가진 대중들을 규제하지 못한다는 것을 알게 되었다. 선거권의 확대 과정에 따라 점차 정치에서 영향력을 발휘하게 될 대중들을 하나의 국민으로 통합시키기 위해서는 새로운 방식이 필요했다. 민족 만들기가 바로 그것이다.

프랑스 제3공화정에서 만들어진 전통들은 이러한 목적을 위해 고안된 것이다. 1875년에서 1914년에 이르는 시기에 프랑스를 주도한 온건 공화주의자들은 민족 전통의 발명과 관련하여 주목할 만한 혁신을 시도했다. 우선, 교회와 사제의 세속적 등

가뭄이라고 할 만한 초등 교육의 발전을 통해 공화주의의 원리를 확산시켰다. 한 학자가 솜씨 있게 표현했듯이 '농부들을 프랑스인들로' 변형시키는 이 작업을 통해 프랑스인들은 같은 역사를 공유하는 선량한 민족의 구성원이 되었다. 다음으로, 바스티유 함락 기념제 같은 프랑스대혁명을 기억하는 공공 의례를 발전시켰는데, 이를 통해 현재의 프랑스가 백 년 전 프랑스대혁명의 정신을 승계하고 있다는 것을 확인시켰다.

미국은 남북전쟁을 끝내면서 일차적으로 내부적 통합을 확보했지만 새로운 문제가 발생했다. 즉, 출생이 아니라 이민을 통해 미국인이 된 비동질적인 대중을 어떻게 동화시킬 것인가 하는 어려운 정치적 과제에 직면했다. '민족으로서 미국인들은 만들어져야 했다.' 19세기 후반부터 20세기 초반까지 미국의 전통들은 무엇보다 그런 목표의 성취를 겨냥해 고안된 것들이다. 한편으로 이민자들은 민족의 역사를 기념하는 의례들—혁명과 건국의 아버지들(7월 4일) 및 프로테스탄트적 앵글로색슨 전통(추수감사절)—을 있는 그대로 받아들이도록 종용 받았는데, 그것들은 이제 공적·사적인 휴일이나 명절이 되었다. 1880년대 이후로 일상화되기 시작한 학교에서의 성조기 경배 등도 같은 방식으로 이들의 정치적 사회화에 기여했다.(중략)

통상 오래된 것처럼 보이고 실제로 오래된 것이라 주장하는 이른바 '전통들'은 실상 그 기원을 따져보면 극히 최근의 것일 따름이며, 종종 발명된 것이다. 전통을 발명해낸다는 것은 과거라는 창고에서 재료를 빌려와 이를 반복하여 공식화하고 의례화하는 과정이라고 할 수 있다.

오늘날 스코틀랜드인들은 각 씨족을 표시하는 격자무늬 천으로 만든 짧은 치마인 킬트를 입는다. 스코틀랜드인들은 킬트가 까마득한 고대로부터 유래한 것이라고 생각하지만, 실은 대체로 근대적인 것이다. 그것은 잉글랜드와의 통합 이후에, 때로는 그보다 한참 뒤에야 등장한 것으로, 어떤 의미에서 통합에 대한 항의를 나타낸다. 격자무늬 천은 16세기에도 스코틀랜드에 있었지만, 짧은치마는 18세기 이전에는 상용되지 않았다. 짧은 치마는 1707년 통합 이후에 발명된 것이다.

그 외에도 19세기 말부터 20세기 초에 활발하게 등장한 기념제와 동상 역시 발명된 전통에 해당한다. 이 시기 새롭게 형성되거나 급격한 변화를 겪은 사회 집단들은 사회 통합과 정체성을 확인할 새로운 장치가 필요했고, 당시 국가들은 국민의 충성을 공고히 할 새로운 방법을 도모해야 했다. 상징적이거나 영웅적인 분위기를 물씬 풍기는 공공 기념물이 이러한 목적 하에 대량 생산되기도 했다.

에릭 홉스봄 외, 『만들어진 전통』

─────────────── e-1 ───────────────

역사 담론이란 이해 당사자가 자신을 위해 직접 과거를 조직해내는 방식이다. 역사란 기본적으로 특정한 사람, 계급, 집단이 자신들을 위해 경쟁적으로 과거의 해석을 자서전적으로 구성해내는 전쟁터이며 힘의 마당인 것이다. 이 마당에서는 과거에 대한 각각의 견해들이 각양각색으로 통합되고 배제되고 중심화되고 주변화된다. 역사 자체가 이데올로기적 구성물이라는 것은 그것이 권력관계에 따라 다양하게 영향을 받는 사람들에 의해 끊임없이 재구성·재정리된다는 것을 의미한다. 역사는 스스로 존재하는 것이 아니라, 항상 누군가를 위해 존재한다. 왜냐하면 지배자뿐 아니라 피지배자도 각각 자신들의 실천적 행위를 정당화하기 위해 과거를 독자적으로 각색하기 때문이다. 그러나 지배자들은 피지배자들이 각색한 과거를 부적절한 것으로 취급하여 지배적 담론의 공간에서 배제시켜 버린다. 그래서 이제 '역사란 무엇인가?'라는 물음은 '무엇'을 '누구'로 대체하고, '위하여'를 뒤에 덧붙여 '누구를 위한 역사인가?'로 바꾸어야 제대로 된 물음이 될 것이다. 이 질문을 이해할 수만 있다면, 역사란 다른 집단에게는 상이한 의미를 갖는 논쟁적 용어 혹은 담론이며, 따라서 역사는 필연적으로 문제투성이라는 점을 이해할 수 있을 것이다.

케이스 젠킨스, 『누구를 위한 역사인가』

─────────────── e-2 ───────────────

세계 역사, 즉 인간이 이 세상에서 이룩한 역사는 근본적으로 이 땅에서 활동한 영웅들의 역사이다. 보통 사람들의 지도자를 자임했던 영웅은 일반 대중이 도달하고자 노력하는 모범과 패턴을 만든 인물이요, 넓은 의미에서 그것을 창조한 인물이었다. 오늘날까지 세계가 이룩한 모든 것은 이 세상에 보내진 영웅들에게 깃들어 있던 사상의 외적·물질적인 결과요, 현실적인 구현이자 체현(體現)이라고 말하는 것이 정당할 것이다. 전 세계 역사의 본질은 이들의 역사였다고 생각해도 틀림이 없다. 영웅은 살아 있는 광명의 원천이며, 그 빛은 지금 세상의 어둠을 비추고 있고, 또 이제까지 세상의 어둠을 비추어 왔다. 그것은 사람이 켠 등불 같지 않고, 하늘의 은총에 의해 반짝이는 자연의 빛과 같다. 말하자면 그것은 타고난 독창적인 예지이며 인간다움과 영웅적 고귀함이 샘솟는 원천이다. 모든 영혼은 그 빛을 받는 것만으로도 뿌듯함을 느낀다.

토머스 칼라일, 『영웅숭배론』

---
f

우리가 원인이라고 부르는 것은 어떤 과정 속에서 재단 가능한 원인들 가운데 하나에 불과하다. 또한 재단 가능한 원인들의 수는 무한하며, 재단은 담론의 수준에서만 가치를 지닌다. "기차가 만원이어서 쟈크는 기차를 탈 수 없었다."는 문장 안에서 우리는 원인과 조건을 어떻게 분해할 수 있을 것인가? 그것은 이 작은 사건을 이야기할 수 있는 수많은 방식을 늘어놓는 일이 될 것이다. 그런데 기차를 타지 못하게 한 조건들을 어떻게 모두 열거할 수 있겠는가? 루이 14세는 세금 때문에 인기가 떨어졌다. 하지만 당시 프랑스가 침략 당했더라면, 농민층이 더 애국적이었더라면, 혹은 루이 14세의 덩치가 더 크고 위풍당당했더라면, 그의 인기는 떨어지지 않았을는지도 모른다. 마찬가지로 우리는 모든 왕들이 루이 14세의 경우와 같은 단순한 이유로 인기가 떨어질 것이라는 단언을 경계한다.

역사가는 어떤 왕이 세금 때문에 인기가 떨어질 것이라고 확실하게 예측할 수는 없다. 반면 거기에 관해 생트집을 잡아 사실들이 존재하지 않는 척할 필요도 없다. 과거에 대한 우리의 지식에는 언제나 공백이 있기에, 역사가는 종종 아주 다른 문제에 직면하기도 한다. 그는 왕이 인기가 없었다는 사실만을 확인할 뿐 어떠한 자료를 통해서도 그 이유를 알 수가 없다. 만일 그가 그 원인이 세금 탓이었다고 결론을 내린다면, 그는 가설적 원인으로 거슬러 올라가고 있는 셈이다. 그런데 그는 과연 좋은 설명으로 거슬러 올라간 것일까? 세금이 원인이었을까, 아니면 왕의 패전이라든지 역사가가 상상 못하는 제 3의 원인이 있었을까? 세금은 불만의 그럴듯한 원인이기는 하지만, 다른 것들이라고 그만하지 않을 것인가? 농민들의 영혼 속에서 애국심의 힘은 어떠했던가? 패전 역시 세금 못지않게 왕의 인기 하락에 영향을 미치지 않았을까?

폴 벤느(Paul Veyne) 『역사를 어떻게 쓰는가』에서 발췌, 편집

역사를 바라보는 관점을 중심으로 다음 세 제시문을 비교하시오.

(1) 일어난 사건들 그 자체로서의 역사는 우리의 인식 이전에 이미 어떤 형태로든 완성되어 있다. 이런 의미에서 역사 세계는 완전히 객관적으로 존재한다. 역사 세계를 기술하는 진술들은 존재했던 그대로의 사실을 드러낼 때에만 참이다. 역사 탐구자는 탐구의 과정에 개입되는 자신의 주관적 관점이나 사회적 제약을 통제함으로써 역사적 사실을 있는 그대로 밝혀낼 수 있다. 이러한 역사 탐구의 근본 원리들을 따를 경우, 역사를 탐구하는 자는 비록 그 자신도 역사의 흐름 속에 포함된다고 하더라도 그 상황을 초월하여 역사 세계를 객관화시키는 일이 가능하다. 주관적, 사회적 제약에도 불구하고 역사 탐구자는 그런 제약을 배제하거나 통제할 수 있으며, 또 그럼으로써 과거의 사실들을 정확하게 재현하는 것이 가능해진다.

이런 관점에서 랑케(Leopold von Ranke)는 다음과 같이 말할 수 있었던 것이다. "지금까지의 역사 연구는 과거를 심판하고 동시대인에게 미래의 행복을 제시하는 임무를 수행해왔다. 그렇지만 현재의 연구는 그와 같은 임무를 수행하지 않으며, 실제로 본래 있었던 그대로의 것을 보여줄 뿐이다." 이와 같은 역사관의 인식론적 기초는 수동주의 혹은 축적주의라 할 수 있다. 수동적 인식론은 인식주관으로부터 독립된 사물의 존재와 순수한 관찰을 전제하는 것이다. 그것은 모든 참된 지식이란 우리의 감각 경험을 통해 들어오며, 흡사 거울이 사물의 모습을 상으로 비추듯, 우리의 감각은 사물의 모습을 있는 그대로 드러낼 수 있음을 주장한다. 이때 오류는 전적으로 인식과정에 개입되는 우리 주관의 편견이나 욕망에 의해 사물의 상이 찌그러져 나타나는 것일 뿐이다. 그러므로 우리가 오류를 피하는 최선의 길은 우리 자신의 개입을 배제하고 전적으로 수동적으로 남는 것이다. (중략) 증거는 역사 세계가 남긴 자료들이다. 증거에 의해 역사 세계는 시간을 넘어 존속한다. 그러므로 증거는 역사 세계의 정보를 제공하며 이것에 의해 역사 서술이 가능해진다. 역사 서술은 다시 증거에 의해 입증되어야 하고, 이런 과정을 통해 역사 세계가 재현된다.

(2) 과거는 완벽히 복제될 수 없으며 또다시 재구성될 수 없기 때문에, '모든 역사 구성은 필연적으로 선택적이다'라는 원칙은 너무 자명한 것이다. 그리고 이 원칙은 매우 중요한 것이다. 왜냐하면 역사를 서술할 때는 이 원칙에 따라 사실들의 선택을 규제하기 때문이다. 이 원칙은 과거의 사건에 부과되는 비중을 결정하며, 또한 무엇을 선택하고 무엇을 생략해야 하는지를 결정한다. 아울러 선택된 사실들이 어떻게 정리되고 배열될 것인가도 결정한다. 게다가 사실의 선택이 기본적이고 중요한 것이라고 여긴다면, 우리는 모든 역사는 필연적으로 현재의 관점에서 쓰며, 또한 모든 역사는 현재의 역사라는 사상을 인정하지 않을 수 없을 것이다. 다시 말하여 역사는 동시대인들이 현재에 중요하다고 판단한 것들에 대한 기술(記述)이라는 피할 수 없는 결론에 다다르게 되는 것이다." (중략) 아주 간단하게 생각해 보아도, 역사 서술에서 사용되는 개념자료들이 역사가 쓰여진 그 당시의 개념자료들임은 쉽게 알 수 있다. 주요한 원칙들이나 가설들에 대해 유용한 자료는 바로 역사적 현재가 공급한 자료들이다. 문화가 변화하듯이 한 문화에서 지배적이었던 개념도 변화한다. 당연히 자료를 검토하고 평가하고 정리하기 위한 새로운 관점이 생겨난다. 바로 이 때에 역사는 다시 쓰여진다. 이와 같이 어떤 특정한 개념들은 어떤 특정한 시기의 문화에서 매우 중요하다. 그렇기 때문에, 이미 완성된 상태의 과거에서 발견되는 '사실들'이 과거의 사건을 구성하기 위하여 적용된 특정한 개념들을 정당화시키는 것은 아니다. 그같은 견해는 본말이 전도된 것이다.

(3) 역사란 유전자처럼 선천적으로 물려받은 것이 아니라 집단적 삶의 정체성을 규정하는 일종의 사회적 기억장치다. 기억이란 유전자 정보로 주어지는 것이 아니라, 현재에도 여전히 남아 있는 과거의 잔상들이거나 그것들을 임의적으로 조합해서 재구성한 것이다. '나'라는 개인의 정체성을 형성하는 것이 기억이라면, 우리의 집단적 정체성을 규정하는 것은 역사다. 기억 상실증에 걸리면 자기가 누구인지조차 모르게 되는

것처럼, 한 민족이 자기 역사를 빼앗기면 신채호나 박은식의 말처럼 국가의 혼과 정신을 잃는 것과 마찬가지다.

역사란 나의 기억이 아니라 우리의 기억이다. 그런데 여기서 우리는 누구인가? 누가 우리인지를 이야기하는 것이 역사다. 우리의 기억이 역사가 되면서 동시에 우리가 누구인지를 역사가 정의한다는 것은 순환논법이다. 기억하기 위해 역사를 쓰는가 하면, 역사를 통해 기억이 만들어진다. 기억과 역사 가운데 무엇이 우선하는가는 결국 닭이 먼저냐 달걀이 먼저냐의 논쟁을 벌이는 것과 같다.

이런 딜레마에서 벗어날 수 있는 탈출구는 일단 둘 가운데 어느 하나를 출발점으로 해서 사고실험을 해보는 것이다. 그렇게 해서 드러나는 진실은 우리의 기억이 역사가 된다기보다는 역사가 우리의 정체성을 결정하는 코드라는 것이다. 역사라는 코드는 선천적으로 주어지는 자연적 유전자가 아니라 교육에 의해 주입된 '문화적 유전자'이다. 미국의 역사가 윌리엄 맥닐 말대로 '인간을 진정한 사회적 동물로 만드는 것은 집합적 기억으로서 역사'라는 '문화적 유전자'다.

그렇다면 역사학에서 문제는 사회적 기억으로서 '문화적 유전자'를 누가 어떤 식으로 조합하고 구성하여 교육을 통해 후손에게 물려줄 것인가이다. 조지 오웰이 『1984』에서 썼듯이 "현재를 지배하는 자가 과거를 지배하고, 과거를 지배하는 자가 미래를 지배한다." 한 사회 내에서 또는 국제관계에서 어느 한 집단이거나 특정 국가가 현재와 미래의 지배자가 되고자 할 때 일차적으로 날조하는 것이 역사라는 내러티브다.

개인은 사회의 일부인가

개인과 사회의 관계

개인과 사회가 인문학의 주제가 된 시기는 근대 시민 혁명 이후다. 그 이전에는 엄밀한 의미로 개인이 존재하지 않았기 때문이다. 근대 이전에는 지배 계급만이 인간다운 삶을 살 수 있었다. 시민 혁명 이후에야 일반 대중들이 비로소 인간으로 존엄성을 인정받게 된 것이다. 근대 이후 인간은 자아를 획득하고 사회를 바라볼 수 있게 된 것이다. 독자들은 개인과 사회의 관계를 읽기 전에 기본적인 개념을 먼저 익히는 것이 필요하다. 사회가 실제로 존재하는지 여부에 따른 사회실재론과 사회명목론, 이 장에도 등장하는 사회계약론, 사회를 바라보는 대표적인 관점인 기능론과 갈등론, 개인주의와 전체주의 등이 기본적으로 요구되는 지식이다. 이미 중고등학교에서 배운 개념이지만 논술에서 이 개념들은 모두가 알고 있다고 전제하고 출제되는 경우가 많기 때문에 확실하게 개념을 숙지하고 이 장을 읽기 바란다.

a는 아직 개인이 등장하기 이전에 공동체 구성원을 바라보는 고대의 관점이다. 독자들은 두 제시문의 공통점과 차이점을 비교하면서 읽어보기 바란다.

b는 유명한 사회계약론자인 홉스와 로크, 루소의 원문을 일부 옮긴 제시문들이다. 이들은 모두 사회계약론자라는 공통점, 즉 사회가 개인의 필요에 의해서 비롯되었다고 보는 관점으로 사회명목론에 해당한다. 독자들은 세 제시문을 꼼꼼히 읽고, 비교요약하기를 답안으로 작성해 보기 바란다.

c는 개인과 사회의 관계라는 핵심어를 중심으로 두 글을 비교하기로 연습해 보자.

d는 사회가 필요한 이유를 주장하는 글이다. 각각의 글을 읽고 요약하기로 주장과 근거를 찾는 연습을 해보자.

e는 개인이 겪는 문제의 배후에 사회가 얼마나 영향을 미치는가에 대한 다양한 글들이다. 각각의 주장과 근거를 찾아서 사회문제의 원인을 개인이나 사회 중에 어디에서 찾는 것이 합당한지 각 제시문을 근거로 논술하도록 한다.

연습문제는 개인이 사회에 미치는 영향의 정도에 따라 순서대로 나열하는 문제이다. 독자들은 이 문제를 답안에 적을 때 반드시 가장 영향이 큰 입장부터 요약하되 다른 것보다 정도가 크거나 작다고 생각한 근거를 제시해야 한다. 그 근거는 제시문의 내용에서 충분히 찾을 수 있을 것이다.

04

개인은 사회의 일부인가
개인과 사회의 관계

a-1

고향을 떠나 세상 곳곳에서 여러 가지 형태의 정체(政體)를 경험하고 공부한 리쿠르고스는 마침내 그의 백성들에게로 돌아와 스파르타의 정체를 혁명적으로 바꾸기 시작했다. 입법은 3단계로 진행되었다. 지도자를 포함하여 서른 명으로 구성된 원로원이 법안을 발의하면, 시민들이 투표로 법안의 채택 여부를 결정하고, 이 투표 결과에 대해 다시 원로원과 왕이 거부권을 행사할 수 있었다. 리쿠르고스가 주도한 입법의 핵심은 시민들을 혼자서는 살고 싶지도 않고 살 수도 없도록, 그리하여 늘 공동체의 유기적 구성원이 되어 지도자를 중심으로 뭉치고, 전적으로 조국을 위해 헌신하는 데 익숙해지게 만드는 것이었다. 리쿠르고스는 개인의 소유물을 모두 공동 소유로 해서 불평등의 뿌리인 개인의 탐욕을 없애는 한편, 계속되는 공동생활을 통해 사적인 삶의 영역이 남지 않도록 했다. 아이들도 아버지의 소유가 아니라 국가의 자산이었다. 아이가 태어나면 부족의 어른들이 공식적으로 심사하여 기를지 버릴지를 결정했다. 처음부터 건강과 체력을 타고나지 못한 아이는 아이 자신을 위해서나 나라를 위해서나 죽는 것이 더 낫다고 믿었기 때문이었다. 일곱 살이 되면 아이들을 나라가 맡아 집단생활을 하게 했으니 아이들은 같은 규칙과 제도 아래 놀고 배우는 데 익숙해졌다. 소년들의 교육은 일종의 복종 연습이었다. 읽고 쓰기는 최소한만 배웠고 나머지 교육은 오로지 복종하고, 어려움을 견디고, 전투에서 이기는 법을 배우는 일에 바쳐졌다. 이렇게 해서 국민들은 강해졌고 스파르타는 전쟁 준비보다 전쟁이 더 많은 휴식을 가져다주는 유일한 나라가 되었다.

마침내 리쿠르고스가 세운 제도들이 스파르타에 뿌리를 내려 충분히 성장함으로써 스파르타는 자력으로 체제를 유지할 수 있게 되었다. 이에 큰 기쁨과 만족을 느낀 리쿠르고스는 자신의 입법이 변하지도 멸하지도 않고 후세에 전해지기를 열망했다. 그는 민회를 소집해 놓고 백성에게 이르기를 이미 취해진 조치들로도 국가의 번영과 미덕을 증진하기에 충분하겠지만 델포이 신의 확인을 받는 절차가 아직 남았으니, 그 절차를 마친 후 그 내용을 공표하겠다고 했다. 그러니 자기가 델포이에서 돌아올 때까지 기존의 법을 준수하되 바꾸거나 변형하지 말라고 당부하며, 그곳에서 돌아오면 신이 좋다고 생각하는 대로 행하겠다고 했다. 백성들은 모두 이에 찬동했다. 그가 돌아올 때까지 기존의 정체를 유지하고 지키겠다는 맹세를 백성들로부터 받은 다음 그는 델포이로 떠났다. 신전에 도착하자 그는 신에게 제물을 바치고, 자기가 제정한 법이 과연 국가의 번영과 미덕을 증진하기에 충분할 만큼 훌륭하냐고 물었다. 그 법이 훌륭하여 국가가 그의 정체를 유지하는 동안에는 더없이 추앙 받게 될 것이라는 신의 대답이 돌아왔다. 그는 이 신탁을 받아 적어 스파르타로 보냈다. 한편 그는 조국으로 돌아가지 않고 자살하기로 결심했다. 그는 사는 것이 아직은 짐스럽지 않고 죽는 것도 두렵지 않은 나이였다. 하지만 그는 곡기를 끊고 굶어 죽었다. 정치가는 죽으면서도 나라에 봉사해야 하는 만큼 정치가의 인생 종말은 무익한 것이 아니라 일종의 덕행이 되어야 한다는 것이 그의 생각이었다. 그는 더없이 훌륭한 일을 성취한 만큼 자신에게는 죽음이 행복의 진정한 완성이 되고, 시민에게는 자신의 죽음을 통해 자신이 생전에 베푼 모든 축복의 수호자가 되고자 했다. 그들은 그가 돌아올 때까지 그의 정체를 준수하겠다고 맹세했기 때문이다.

플루타르코스, 『그리스를 만든 영웅들』

---
a-2

우리의 정체는 이웃 나라들의 제도를 모방한 것이 아닙니다. 우리는 남을 모방하기보다 남에게 본보기가 되고 있습니다. 소수가 아니라 다수의 이익을 위해 나라가 통치되기에 우리의 정체를 민주정치라고 부릅니다. 시민들 사이의 사적인 분쟁을 해결할 때는 만인이 평등합니다. 그러나 주요 공직의 취임에는 개인의 탁월성이 우선시되며, 추첨이 아니라 개인적인 능력이 중요합니다. 이와 마찬가지로 어떤 사람이 가난이라는 불

리한 조건에도 조국을 위해 좋은 일을 할 능력이 있다면 가난 때문에 공직에서 배제되지도 않습니다. 우리는 정치 생활에서 자유롭고 개방적인데 일상생활에서도 그 점은 동일합니다. 사생활에서 우리는 자유롭고 참을성이 많지만 공무에서는 사회의 질서를 지킵니다. 그것은 우리나라에 대한 경외심 때문입니다. 우리는 그때그때 당국자들과 제도, 특히 억압받는 자를 보호하기 위해 제정된 제도를 잘 따를 뿐 아니라, 그것을 어기는 것을 치욕으로 간주하는 불문율에 순순히 복종하기에 하는 말입니다.

내가 우리나라의 성격에 관해 이처럼 자세하게 말한 까닭은, 여기 이분들에 대한 내 찬사를 뒷받침하기 위해서입니다. 나는 우리나라를 찬양했지만, 우리나라를 빛낸 것은 여기 이분들과 그리고 이 같은 분들의 용기와 무공입니다. 이분들처럼 찬사와 공적이 균형을 이루는 사람은 많지 않기 때문입니다. 이분들이 맞이한 것과 같은 최후는 이분들의 인간으로서의 가치를 아주 잘 보여준다고 생각합니다. 이분들 중에는 흠결이 있는 분도 있겠지만, 우리가 먼저 기억해야 할 것은 조국을 지키기 위한 전쟁에서 이분들이 보여준 용기입니다. 이분들은 사생활에서 끼친 해악보다 더 많은 선행을 공동체를 위하여 베풀었습니다. 그리하여 이분들은 이 나라에 어울리는 분들이 되었습니다. 뒤에 남은 우리는 더 좋은 결과를 낼 수 있도록 노력해야겠지만, 그러면서도 적들에게 이분들 못지않은 불굴의 용기를 보여야 합니다. 그 이익은 이론적으로 따질 일이 아닙니다. 나도 우리가 적을 물리침으로써 무엇을 얻을 수 있는지 여러분에게 장광설을 늘어놓을 수 있으며, 여러분도 나 못지않게 그 사실을 잘 알고 있습니다. 그러나 내가 바라는 것은 오히려 여러분이 날마다 우리나라의 힘을 실제로 보고 우리나라를 사랑하는 것이며, 우리나라를 위대하게 만든 것은 모험심이 강하고, 자신의 의무가 무엇인지 알고, 그 의무를 다하는 것에 자부심을 느낀 사람들이라는 사실을 기억하는 것입니다. 이분들은 전투에서 주어진 사명을 수행하다 실패할 것이라 생각될 때에도 조국을 위해 자신들이 할 수 있는 최선을 다함으로써 자신들의 용기를 보였습니다. 그래서 이들은 나라를 위하여 목숨을 마치고 그 대가로 불멸의 명성을 얻었고 가장 영광스러운 무덤에 묻혔습니다. 여러분은 이제 마땅히 이분들을 본받아, 행복은 자유에 있고 자유는 용기에 있음을 명심하고 전쟁의 위험 앞에서 너무 머뭇거리지 마십시오.

투키디데스, 『펠로폰네소스 전쟁사』 2권

──────────── **b-1** ────────────

인간의 본성에는 싸움을 불러일으키는 세 가지의 요소가 있음을 알 수 있다. 첫 번째는 경쟁심이고, 두 번째는 소심함이며, 세 번째는 명예욕이다. 경쟁심은 인간으로 하여금 이득을 보기 위해, 소심함은 안전을 보장받기 위해, 명예욕은 좋은 평판을 듣기 위해 남을 해치도록 유도한다. 경쟁심은 타인과 그 처, 자식과 가축을 자기 것으로 만들기 위해, 소심함은 자기 자신을 보호하고 방어하기 위해, 명예욕은 자기 자신을 직접적으로 겨냥하거나, 아니면 자신의 가족, 동료, 민족, 직업 또는 이름에 간접적으로 먹칠을 하는 말, 비웃음, 상이한 견해뿐만 아니라 경멸의 몸짓 등과 같은 하찮은 일에도, 인간으로 하여금 폭력을 사용하도록 만든다. 따라서 강력한 국가가 모든 이에게 두려움의 대상으로 존재하지 않는 상황에서 살아갈 때 인간은 '전쟁'이라고 불리는 상태에 놓일 것이 분명하다. 그러한 전쟁 상태는 만인에 대한 만인의 전쟁을 의미한다. 그러한 상태에서는 노동의 결실을 누릴 수 없는 불확실성이 삶을 지배하기 때문에 노동할 이유가 없다. 그 결과 토지의 경작도, 항해의 필요성도, 해외로부터 수입되는 물건의 가치도, 널찍한 건물도, 물건을 이동시키고 옮겨 주는 운송의 수단도, 지구가 어떠한 모습인가에 대한 지식도, 시간에 대한 계산도, 예술이나 문학, 사회도 존재하지 않는다. 특히 그 무엇보다 나쁜 것은 끝이 보이지 않는 공포감이고 피비린내 나는 죽음의 위험성이다. 전쟁 상태에서 인간은 고립되고 비참하고 험악하며 단명하고 짐승같은 삶을 살아갈 수밖에 없다.

국가가 등장하는 까닭이 여기에 있다. (천성적으로 자유를 사랑하는 동시에 타인을 지배하기를 좋아하는) 인간이 국가의 구속 아래 살아가고 자기 자신에게 제약과 통제를 가하는 것에 동의하게 되는 궁극적 원인이나 목적 및 동기는, 그들 자신의 생명을 보존하고 그 결과 보다 만족스러운 삶을 누리려는 인간 자신의 통찰력에 있다. 다시 말하면 인간 위에 무서운 존재로 군림하고 그들에게 처벌에 대한 공포감을 불어넣어 옭가매는 가시적 권력이 없을 때, 인간의 자연스러운 욕구와 열망에 의하여 빚어질 수밖에 없는 처참한 전쟁 상태로부터 벗어나기 위하여, 인간 자신이 국가에 의한 구속을 받아들이는 것이다. 이것은 만인으로 하여금 그들 모두의 권력과 힘을 한 사람이나 한 집단에게 양도하고 그들 모두의 의지를 다수결에 따라 그 사람이나 그 집단의 의지로 축소. 대체시키는 것이다. 다시 말하면, 개개의 인간이 한 사람이나 한 집단을 지명하여 자신의 모든 권리를 송두리째 양도하고, 만인의 공동 평화와 안전에 관련되는 사안에서 그 사람이나 그 집단이 취하거나 취할 수밖에 없는 행동이 바로 개개인 자신의 행동이라는 사실을 만인이 스스로 받아들이는 것이야말로 전쟁 상태로부터 탈출하는 유일한 길인 것이다. 결국 만인은 그들 자신을 그의 의지에 복종시키고 그의 판단에 맡기는 셈이다.

이러한 행위는, 만인에 대한 만인의 계약에 의해 만들어진 단일한 권력체인 국가 내로 만인을 끌어넣는 것으로, 만인의 진정한 통일을 의미한다. 마치 만인이 만인에게, "당신이 그 권력체에 당신의 권리를 포기하고 그 모든 행동과 조치를 승인한다는 조건하에나 역시 내 자신에 대한 나의 지배권을 그 권력체에 포기하고 그 행동과 조치를 받아들일 것이다"는 식의 선언을 동시에 하는 것과 같다. 이는 저 위대한 '리바이어던'(보다 경건한 자세에서 말한다면) 인간적 신인 국가가 형성되는 것을 의미한다. 만인은 불멸하는 유일신과 가호 아래 자신들의 평화와 보호를 인간적 신인 국가에 의탁하게 되는 것이다.

그러나 그 손에 무한한 권력을 쥐고 있는 사람이나 집단의 욕망과 격정에 이리저리 시달릴 신민의 상태는 대단히 비참할 것이라는 반론을 제기할 사람이 있을지 모른다. 그러나 국가에 대해 불평하는 것은, 어떠한 형태로든 불편함속에 존재할 수밖에 없는 것이 인간의 상황이라는 점, 국가 형태가 무엇이든 간에 그 안에서 인민에게 일어날 수 있는 최악의 해악은 내전의 현장에서 벌어지는 비참함과 가공할 재난에 비하면 별 것 아니라는 점, 그리고 약탈과 복수를 못하도록 만인의 손을 묶어두는 법과 강제력에서 벗어날 때, 그 상전 없는 인간이 처하게 되는 상태란 혼란뿐이라는 점을 고려하지 않은 것이다.

홉스, 『리바이어던』

---
b-2

각 개인은 다른 사람과 더불어 하나의 통치체 밑에서 하나의 국가를 형성할 것에 동의함으로써 다수자의 결정에 복종하며 그것에 구속되어야 할 의무도 짊어지게 된다. 만일 그렇지 않고 각자가 여전히 자유로우며 그리고 일찍이 자연상태에 있었던 때의 구속 이외에는 받지 않는다고 한다면, 각자가 다른 사람들과 서로 결합하여 하나의 사회를 결성한다는 이와 같은 처음의 계약은 전연 무의미한 것이 될 것이며 계약이라고 말할 수도 없을 것이다. 그렇다면 그곳에는 대체 어떠한 형태의 계약이 있다고 할 수 있을까? 만일 사람들이 제각기 자기가 옳다고 생각하는 사실이나 실제로 동의한 사실 이외에는 사회의 어떠한 명령에도 구속되는 일이 없다고 한다면 과연 새로운 약정(約定)이라는 것이 성립할 수 있을까? 그와 같이 구속되는 일이 없다고 하면, 그는 그 자신이 계약을 맺기 이전에 갖고 있었던 자유나 또는 누구나 자연상태에서 갖고 있던 자유와 같은 정도의 커다란 자유를 여전히 가진 것이 될 것이며, 그리고 그러한 자는 오직 자기자신에게만 복종하고, 자기가 정당하다고 생각하는 경우에만 그 사회의 결정에 동의하면 족하다.

가령 다수자의 동의가 전체의 결의로서 정당하게 받아들여지지 않으며, 또한 모든 개인을 구속하지도 않는다고 가정해보자. 온갖 사람들의 모임에서 반드시 나타나는 의견상의 차이나 이해의 대립을 고려에 넣는다면, 그와 같은 조건하에서 사회를 결성한다는 것은 마치 곧 퇴장해버리기 위해서 극장에 들어온 것과도 같은 것이 될 것이다. 그와 같은 제도하에서는 아무리 거대한 리바이어던이라 할지라도 가장 미약한 생물보다도 훨씬 더 단명하게 되어 그 날 하루도 연명할 수 없게 될 것이다. 다수자가 여타의 소수자를 구속할 수 없는 곳에서는, 사회는 하나의 단체로서 행동할 수 없게 될 것이며 곧 또다시 해체되어 버릴 것이기 때문이다.

그러므로 자연상태에서 벗어나서 하나의 공동사회를 결성한 사람은 누구도 그것을 결성한 목적의 달성에 필요한 일체의 권력을 —과반수 이상의 어떤 수를 특별히 협정해 놓고 있지 않는 한에 있어서는— 그 다수파에게 양도한 것으로 해석해야 할 것이다. 그리고 이와 같은 권력의 양도는 단지 서로 결합하여 하나의 정치적 사회를 형성할 것에 동의하는 것만으로써 이루어진다.

존 로크, 「시민정부론」

─────────────── b-3 ───────────────

만약 자연 상태에 있는 인간이 그토록 자유롭다고 한다면, 만약 그가 자신의 신체와 소유물에 대한 절대적인 주인이고 가장 위대한 사람과도 평등하며 어느 누구에게도 종속되지 않는다고 한다면, 대체 그는 왜 그러한 자유와 결별하는 것일까? 왜 그는 이 같은 지배권을 포기하고 자신을 권력의 지배와 통제 아래에 복종시키려고 하는 것일까? 그 이유는, 자연 상태에서 모든 인간은 자신이 옳다고 생각하며, 이들을 객관적으로 중재하거나 판단할 수 있는 재판관이 없이는 자연권의 보장이 불안정하기 때문이다. 인간은 이러한 불안정에서 벗어나고, 자신의 생명과 자유와 재산을 더 안전하게 지키고 향유하기 위해서, 자신의 권리를 일부 위탁하는 계약을 맺고 사회 공동체를 결성한 것이다. 따라서 사회는 사람들의 의식적인 행위와 노력으로 형성된 산물이다.

사람들이 사회에 들어갈 때 그들이 자연 상태에서 가졌던 평등, 자유 및 집행권을 사회의 선이 요구하는 바에 따라 입법부가 처리할 수 있도록 사회에 양도한다. 그러나 그것은 오직 모든 사람이 그 자신, 그의 자유 및 그의 재산을 더욱 잘 보존하려는 의도에서 행하는 것이다. 사회의 권력 또는 사회에 의해서 구성된 입법부의 권력이 공공선을 넘어서까지 확대된다고는 결코 상상할 수 없다. 국가의 입법권이나 최고의 권력을 가진 사람은 즉흥적인 법령이 아니라 국민에게 공포되어 널리 알려지고 확립된 일정한 법률로 다스려야 한다. 그는 또한 공평무사한 재판관을 임명하여 그로 하여금 그러한 법률에 따라 분쟁을 해결하도록 해야 한다. 그리고 공동체의 물리력은 국내에서는 오직 그러한 법의 집행을 위해서 그리고 대외적으로는 공동체의 안전을 외국의 침략으로부터 보장하기 위해서 사용해야 한다. 이 모든 것은 인민의 평화, 안전 및 공공의 이익이 아닌 다른 목적을 위해서 행사되어서는 안 된다.

존 로크, 「통치론」

—————————— **b-4** ——————————

자연 상태에서는 자기 보존을 방해하는 여러 장애물의 저항력이 강해서, 여러 장애물의 저항력이 각 개인이 자신을 유지하기 위해 행사할 수 있는 힘을 능가하는 경우를 생각해 보자. 그렇게 되면 이 원시 상태는 더 이상 존속하지 못하게 되므로 인류는 그 생활 방식을 바꾸지 않으면 멸망하고 말 것이다. 그런데 인간이란 새로운 힘을 창출해 낼 수는 없고 다만 이미 존재하는 힘을 결합하여 하나의 방향으로 운영할 수밖에 없다. 그러므로 자기를 보존하기 위해서는 그 저항력을 능가할 수 있는 힘을 한데 모을 필요가 있다. 힘을 한데 모으는 과정은 자기보존을 유일한 동기로 삼아 함께 움직여 나가야 한다.

이 힘의 총화는 많은 사람들의 협력에 의해서만 생겨날 수 있다. 그러나 개인 각자의 힘과 자유는 자기보존을 위한 최초의 수단이다. 그렇다면 어떻게 해야 각자는 자기 자신을 손상시키거나, 자기보존을 소홀히 하지 않고도 이 힘과 자유를 활용할 수 있을까? 이러한 난제를 나의 주제와 결부시킨다면 다음과 같이 기술할 수 있다. '서로의 힘을 합하여 공동의 힘으로 각 성원의 생명과 재산을 방어하고 보호하는 일종의 연합 형태를 조직하기는 하지만, 전체를 위한 행위가 자신에 대한 불복종을 의미하지 않는, 그래서 전체에 결합하지만 종전처럼 자기 자신에게만 복종하고 이전과 마찬가지로 자유를 잃지 않는 연합형태를 발견하는 것이다.' 이것이야말로 사회계약에 의해 해결되어야 할 근본 문제이다.

이 계약의 조항들은 조금만 수정을 가하여도 그 계약 모두가 무효화되거나 백지화되도록 행위의 본성에 의해 엄격히 규정되어 있다. 따라서 계약은 아직까지 명문화되어 공포된 적은 없으나, 어디에서나 같은 성격으로 또 어느 곳에서나 암묵적으로 인정받아 온 것이다. 만약 사회계약이 파기되어 버린다면 각 개인은 원초적 자유를 포기한 대신에 얻은 공인된 자유를 상실하고, 애초부터 주어진 권리와 자연적인 자유의 상태로 되돌아가게 될 것이다. 이 계약 내용은 구성원 각자가 자신의 일체의 권리를 전적으로 그 공동체에 양도한다는 것이다. 왜냐하면 우선 각자가 모두 자신을 전적으로 양도하게 되면 각 사람이 놓인 조건은 동일하게 되며, 각 사람의 조건이 동일해지면 누구도 타인에게 불리하도록 하는데 관심을 갖지 않을 것이기 때문이다.

그리고 이 양도가 온전히 이행되면 그 결합도 가장 완전하게 되므로 어떤 구성원도 더 이상 아무것도 요구할 것이 없게 된다. 만약 각 개인에게 어떤 권리가 남아 있다면 개개인과 공중 사이에서 심판을 내려줄 높은 권력자가 없으므로, 어느 면에서는 자신의 심판관인 각 개인이 모든 면에서 그렇게 되겠다고 나설 것이며, 그렇게 되면 자연 상태는 존속될 것이며, 연합체는 필연적으로 전제(專制)적이 되거나 또는 무용지물이 되고 말 것이다.

결국 각자는 자신을 전체에 양도하는 것이지 어떤 한 개인에게 양도하는 것은 아니다. 그리고 자신이 다른 사람에게 양도한 것과 동일한 권리를 획득하지 않은 구성원은 아무도 없다. 그러므로 개인은 그가 단체에 양도했던 것과 동등한 보상을 받을 수 있으며, 또한 현재 그가 소유하고 있는 것을 보존하는 데에도 더 큰 힘의 조력을 얻게 된다.

장 자크 루소, 『사회계약론』1편 6장

––––––––––––––––––––––––––––– c-1 –––––––––––––––––––––––––––––

우리들 각자는 자기 자신에게 속하는 만큼 사회에도 속한다. 각자의 의식은 마음의 심층으로 내려감에 따라 점점 더 원래의 자기 자신이 되어 다른 사람들의 인격과 비교할 수도 없고 말로도 표현할 수 없는 본래의 인격을 드러낸다. 그리고 우리들 자신의 표층에서는 다른 사람들과 서로 연결되어 있다. 우리들은 다른 사람들과 유사하며 그들과 우리들 사이에 상호 의존 관계를 형성하는 행위의 원칙들에 의해 서로 연결되어 있다. 그런데 우리 자아가 우리 자신의 사회화된 부분 안에 자리잡는 것만이 확고한 어떤 것에 매달리는 유일한 방법인가? 만약에 우리가 충동과 변덕스러움 그리고 후회의 삶에서 달리 빠져 나올 수가 없다면, 그렇다면 그것만이 유일한 방법일 것이다. 그러나 우리가 가장 깊은 자아 속에서 그 방법을 찾을 수 있다면 아마도 우리는 표층에서의 안정보다 한층 더 바람직한 다른 종류의 안정을 얻을 지도 모른다. 물 위에 떠 있는 수생 식물들은 끊임없이 물결에 흔들린다. 그런데도 그 잎들은 수면 위에서 서로 결합하고 얽힘으로써 서로에게 안정을 준다. 반면에 땅속에 든든하게 뿌리내려 이들을 지탱하고 있는 뿌리들은 더욱 안정되어 있다. 그렇지만 자신의 마음의 심층에까지 파고 들어가는 것이 매우 어려운 일이므로 이는 소수의 예외자만이 할 수 있는 일이다 그러므로 우리의 자아가 매달리는 곳은 일반적으로 표층 즉 다른 외변화(사회화)된 인격체들로 구성된 조직 안에 들어가는 지점이다. 그 지점의 견고성은 상호 연대성의 정도에 달려 있다. 그리고 자아가 매달리는 지점에 우리의 사회화된 자아가 있다. 인간들 사이를 연결하는 끈으로 비유되는 의무는 우리들 각자를 사회화된 우리 자신에 연결시키고 있다.(중략)

이론적으로 볼 때 우리는 다른 사람들에 대해서만 의무감을 갖는 것 같지만 실제로는 우리들 자신에 대해서도 의무감을 갖는다. 왜냐하면 사회적인 연대성이란 사회적 자아가 우리들 각자의 마음 속에서 개인적 자아에 덧붙여지는 순간에만 존재하기 때문이다. 이러한 사회적 자아를 개발하는 것이 사회에 대한 우리 의무의 본질이다. 우리의 마음 안에 사회적인 어떤 것이 없다면, 사회는 우리들에 대한 어떠한 지배력도 가지지 못할 것이다.

앙리 베르그송, 『도덕과 종교의 두 원천』

---

c-2

1967년의 일이다. 또리노의 한 화학회사에서 근무하던 쁘리모 레비는 독일에서 수입된 원재료에 대한 클레임을 제기하는 편지를 보냈는데, 독일에서 온 두 번째 답장에 L. 뮐러 박사라는 서명이 있었다.

뮐러라면?

"나는 과거에 그 이름의 남자와 만난 적이 있다."

레비가 부나에서 실험실에 배치되었을 때, 거기에 출입하던 민간인 중에 뮐러 박사라는 인물이 있었던 것이다. 서로 세 차례밖에 얘기를 나누지 않았지만, 그 가운데 한 번은 그가 레비에게 왜 수염을 기르고 있냐고 질문한 적이 있다. 수인(囚人) 누구도 면도기를 갖고 있지 않고 손수건조차 없으며 수염은 매주 월요일에 사무실에서 깎을 뿐이라고 레비는 대답했다. 그 다음에 뮐러는 레비에게 목요일에도 면도할 수 있고 구두

한 켤레를 수령할 수 있는 허가증을 주면서 다시 물었다.

"당신은 왜 그런 불안한 표정을 짓고 있나요?"

레비는 머릿속으로 결론을 내렸다. 이 남자는 아무것도 이해하지 못하고 있다.

그 뮐러와 동일 인물일까?

레비는 뮐러에게 자신의 저서『아우슈비츠는 끝나지 않았다』의 독일어판을 보내며 편지를 첨부해 부나에 있었던 적이 있는지 물었다. 그것은 노스탤지어 때문이 아니다. '다른 편의 사람들'과 개개의 인간으로서 결말을 지을 필요가 있다는 생각은 레비가 강제수용소에서 살아남은 후 줄곧 간절하게 갖고 있던 희망이었다.

쁘리모 레비의 질문에 뮐러에게서 답장이 왔다. 그는 부나의 연구소에 있던 뮐러였던 것이다. 뮐러는 레비의 책을 읽고 '감동'받았다고 하면서 개인적으로 만나고 싶다고 했다.

뮐러는 아우슈비츠에서 일어난 일을, 불특정한 '인간' 전체의 책임이라고 여겼다. 또 뮐러는 부나의 실험실에서 레비와 "대등한 인간으로서 우정에 가까운 관계를 맺었다." 라고 단언했다. 레비와 "화학과 관련된 문제를 토론하고, 그런 상황에서 얼마나 귀중한 인간적 가치가 다른 인간에 의해서 야만스럽게 파괴되어버리고 말았는지 깊이 생각했다."라고 적고 있었다. 레비에게는 그런 기억이 없었다. 그것은 부나의 환경을 고려해볼 때 현실에서 동떨어진 이야기였다. "아마도 선의에서 자기 편의대로 만들어낸 과거일 것이다."

동시에 뮐러는 이렇게도 쓰고 있었다. I. G. 파르벤이 수인을 고용한 것은 '보호'하기 위해서였으며, 부나의 공장 자체가 '유대인을 보호하고 그들의 생존을 돕기' 위해 건설되었고, 유대인을 동정하지 말라는 명령은 '위장'하기 위해서였다고. 또한 자신이 아우슈비츠에서 체재하던 짧은 기간에 "유대인의 살육을 추측할 수 있는 요소도 전혀 보지 못했다"고……. 뮐러는 지금도 I. G. 파르벤의 후신인 한 회사에 다니고 있다고 했다.

레비는 이러한 뮐러의 태도에, 그 역시 예외는 아님을 깨닫고 화가 치밀었다. 당시 조용한 독일 국민 대다수는 가능하면 사건의 전말을 모르는 체하려고 애썼다. 그래서 질문도 하지 않는 것이 그들 공통의 수법이었다. 분명 그 또한 누구에게도, 심지어 자기 자신에게조차 질문을 하지 않았던 것이다. 맑은 날에는 부나 공장에서 소각로의 불이 보였는데도.

뮐러는 레비의 저서에서 "유대교 정신의 초극, 원수를 사랑하라는 기독교적 규율의 완성, 인간에 대한 신뢰의 메시지"를 읽을 수 있었다고 말하고, 개인적인 만남의 필요성을 거듭 제기했다. 그는 파렴치한도, 영웅도 아니며, "어떤 애매한 인간상의 전형", "한쪽 눈만 뜨고 다른 쪽 눈을 감은 인물 중 한 사람"일 뿐이었다. 레비는 그를 사랑할 수 없었으며 만나고 싶지도 않았다.

서경식, 『시대의 증언자 쁘리모 레비를 찾아서』

---

d-1

'공적(public)'이라는 용어는 두 현상을 의미한다. 첫째, 공중 앞에 나타나는 모든 것은 누구나 볼 수 있고 들을 수 있으며, 그러므로 가능한 가장 폭넓은 공공성을 가진다는 의미이다. 둘째, '공적'이라는 용어는 세계가 우리 모두에게 공동의 것이고 우리의 사적인 소유지와 구별된다는 것을 의미한다.

'사적(private)'이라는 용어는 이러한 공적 영역의 다양한 의미와 관련되어 있다. 본래 '사적'이라는 말은 그 어원이 말해주고 있듯이 무엇이 '박탈된(privative)'이라는 뜻을 가지고 있다. 완전히 사적인 생활을 한다는 것은 진정한 인간에게 본질적인 것이 박탈되었음을 의미한다. 타인이 보고 들음으로써 생기는 현실성의 박탈, 공동의 사물세계의 중재를 통해 타인과 관계를 맺거나 분리됨으로써 형성되는 타인과의 '객관적' 관계의 박탈, 삶 그 자체보다 더 영속적인 어떤 것을 성취할 수 있는 가능성의 박탈. 사적 생활의 이러한 박탈성은 타인의 부재에서 비롯된다. 타인에게 관심을 갖는 한 사적 인간은 나타나지 않으며, 따라서 마치 그는 존재하지 않았던 것처럼 된다. 사적인 인간이 행하는 것은 무엇이나 타인에겐 아무런 의미도 중요성도 없으며, 그에게 문제가 되는 것도 다른 사람에게는 아무런 관심거리가 되지 못한다.

인간의 필수 욕구를 충족시키고 생존을 보존하는 사적 영역은 세계를 구성하는 데 필연적 전제조건이기는 하지만 충분조건은 아니다. 사적 영역과 공적 영역은 필연적 상호의존의 관계에 있는 것이다. 고대 정치에서는 사적 영역을 공적 영역을 위해 희생시키지도 않았으며, 이들 두 영역은 오히려 공존의 형식으로만 존재할 수 있었다.

근대에 들어와 사적 소유가 절대화됨으로써 사적인 것이 오히려 공적 영역을 지배하게 되었다. 근대적 의미의 '사회'는 실제로 사적인 활동이 가정의 어두운 내부로부터 벗어나 공적 영역의 밝은 곳으로 이전되면서 발생하였다. 이로 말미암아 사적인 것과 공적인 것을 구분하던 경계선이 사라졌을 뿐만 아니라, 공적인 것은 사적인 영역으로 변질되었다. 사적 소유가 보편화되면서 우리는 말과 행위를 통해 공유할 수 있는 공론 공간을 상실하였다. 우리는 이제 공동의 세계에 대한 관심을 잃어버렸으며 공동의 세계에 의해 구별되거나 결합되어 있다고 느끼지 않는다. 그렇다면 서로 공유하는 공동 세계 없이 각자의 이기적인 동기와 욕구에 따라 행동하는 사람들을 하나의 사회로 결집시킬 수 있는 방법은 무엇인가?

한나 아렌트, 『인간의 조건』

---

d-2

사회 상태는 인간에게 처음부터 너무나 자연스럽고 필요하며 또한 익숙한 것이라서 어떤 예외적 상황 또는 의도적으로 사람들에게 등을 돌리는 것이 아니라면 누구든지 자신을 사회의 한 구성원으로 인식하지 않을 수 없다. 인류가 야만 상태의 고립을 점점 멀리하면서 이런 사회적 결합은 더욱 견고해지고 있다. 따라서 사회 상태의 유지에 없어서는 안 될 조건은 무엇이든지 모든 사람의 존재 상황에 대한 인식에 필수불가결한 요소가 되고, 인간의 운명을 구성하는 큰 인자가 된다. 주인과 노예 관계라면 모를까, 이제 어떤 인간 사회도 관련된 사람들의 이익을 골고루 반영하지 않고는 아예 존재하기도 어렵다. 평등한 사람들이 모여 사는 사회는 모든 사람의 이해관계를 평등하게 고려해야 한다는 전제 위에서만 존립이 가능하다.(중략) 다른 사람의 이익을 완전히 무시하는 것은 불가능하다. 남에게 심각한 해를 끼쳐서는 안 되고, 서로 견제하며 사는 것 정도만 허용된다는 인식이 널리 퍼지고 있다.

또한 사람들은 타인과 협력하며 개인적 이익만이 아니라 집단적 이익을 행동의 목표로 삼도록 자신에게 다짐하는 일에 익숙하다. 그들이 서로 협력하는 한 각자의 목표가 서로 일치하게 된다. 다른 사람들의 이익이 곧 자신의 이익이 된다고 하는 감정이 일시적으로나마 존재하는 것이다. 사회적 유대가 강화되고 사회가 건강하게 발전하면 각자가 타인의 복리에 대해 실제적으로 더욱 관심을 갖게 될 뿐 아니라, 타인의 좋은 일에 대해 더욱 감정적 일체감을 느끼거나 아니면 적어도 그런 일에 대해 점점 더 관심을 갖게 된다. 그래서 마치 본능처럼 다른 사람에 대해 당연히 관심을 가지고 배려하는 존재로 자신을 느끼게 된다. 그들에게 좋은 일을 위해 자연스럽게 그리고 반드시 관심을 가지는 것이 마치 생존을 위한 물리적 조건인 것처럼 받아들여진다. 그 결과 이런 감정을 얼마나 가지고 있든지 간에 사람들은 그것을 겉으로 드러내고 강화시키는 데 뜨거운 관심을 가지고 강력한 충동을 느끼게 되는 것이다. 그리고 있는 힘을 다해 다른 사람들도 그런 감정을 가지도록 촉구할 것이다. 혹은 설령 자기는 그런 감정을 가지지 못하더라도 다른 사람은 그래서는 안 된다는 사실을 어느 누구 못지않게 진지하게 느낄 것이다. 결과적으로 동정심이 확산되고 교육의 영향력이 커지면서 아주 작은 감정의 씨앗이 뿌려지고 자라난다. 그리고 강력한 외부적 제재에 힘입어 집단 협력이 광범위하고 긴밀하게 일어난다.

　문명이 발전하면서 우리 자신과 인간의 삶을 이런 식으로 인식하는 일은 점점 더 자연스럽게 느껴진다. 이해관계의 대립을 초래하는 요소들을 제거하고 대다수 사람들의 행복을 무시하는 개인 또는 계급 사이의 법적 불평등을 발전적으로 극복함으로써, 정치적 진보가 한 걸음 한 걸음 더욱 그런 방향으로 역사를 몰아간다. 인간 정신의 발전과 발을 맞추어 각 개인의 마음속에 사회의 다른 모든 사람과 일체감을 느끼고 싶어하는 마음이 지속적으로 강해진다. 이런 일체감이 완벽해진다면, 다른 사람을 배제한 채 자기에게만 유리한 상황을 생각하거나 갈망하는 것은 아예 불가능해진다.

존 스튜어트 밀, 『공리주의』

─────────────── e-1 ───────────────

현대인들은 자신의 사생활이 일련의 올가미에 걸려 있다는 느낌을 자주 갖는다. 올가

미에 걸렸다는 이런 느낌의 근저에는 전체 사회구조 자체의 비개인적인 것처럼 보이는 변화가 작용하고 있다. 한 사회가 산업화되면 농부는 노동자가 되고 봉건 영주는 완전히 파산하든가 아니면 기업가로 변한다. 자본투자율이 오르고 내림에 따라 용기를 얻는 사람이 있는가 하면 파산을 하는 사람도 있다. 전쟁이 발발하면 보험 회사 외무사원이 로켓 발사 대원이 되기도 하며 상점 점원이 레이더 대원이 되기도 한다, 또 아내는 독수공방하고 아이들은 아버지 없이 자라게 된다. 따라서 한 개인의 삶과 한 사회의 역사는 그 두 가지를 함께 이해하지 않고는 이해할 수 없다.

그런데도 사람들은 대개 자신이 겪고 있는 고통을 역사적 변동과 제도적 모순으로 규정하려고 하지 않는다. 그들이 누리는 안락 역시 자신이 살고 있는 사회의 큰 흥망성쇠 탓이라고 생각하지 않는다. 사람들은 자기들의 생활양식과 세계사 행로 간의 복잡 미묘한 관계를 별로 의식하지 못하기 때문에, 이 관계가 자신의 미래와 장차 자신이 주체적으로 참여할지도 모를 역사 형성에 어떤 의미를 갖는지 일반적으로 모르고 있다. 그들은 인간과 사회, 개인의 일생과 역사, 그리고 자아와 세계 사이의 상호작용을 파악하는데 긴요한 정신적 자질이 부족하다. 그들은 개인적 문제를 그 이면에 항상 존재하는 사회 구조적인 요인을 변화시키는 방식으로 다루어야 한다는 것을 모른다.

C. 라이트 밀즈, 『사회학적 상상력』 재구성

---

e-2

사냥터지기의 주요 임무는 관리하도록 맡겨진 땅에 인간이 간섭하지 못하도록 지키는 것이다. 이른바 땅의 '자연적 균형', 즉 신이나 자연의 무한한 지혜의 체현물을 보호하고 보존하는 것이 그 목적이다. 그의 임무는 자연의 균형이 영구적으로 보존될 수 있도록 하기 위해 밀렵꾼의 덫을 찾아내 제거하고 불법 사냥꾼이 침입하지 못하게 하는 것이다. 사냥터지기의 일은, 만사는 어설프게 손을 댈 바에야 손대지 않는 것이 가장 좋다는 신념에 기초하고 있었다. 전근대 시대에 그들은, 비록 신의 설계에 담긴 지혜와 조화, 질서를 완전히 이해할 수는 없으나 세계는 삼라만상이 적재적소에 놓여있는 신성한 존재의 사슬이므로 그것을 보존해야 한다는 신념을 가지고 있었다.

그러나 정원사는 그렇지 않다. 그는 자기가 끊임없이 보살피고 노력하지 않으면 이 세상에는 질서가 없을 거라고 가정한다. 정원사는 자기가 가꾸는 정원에 어떤 종류의 식물이 자라야 하고 어떤 식물이 자라면 안 되는지 더 잘 안다. 그는 우선 머리에 바람직한 배치도를 마련한 다음에 정원을 그 이미지에 맞춘다. 그는 적합한 종류의 식물들은 성장하도록 하고, 그 외의 식물들, 즉 '잡초'라고 개명된 것들은 뿌리를 뽑아버림으로써 대지를 자신이 생각해놓은 디자인으로 재구성한다. 정원은 언제나 정원사가 머릿속에서 그려낸 청사진 속의 이상적으로 조화로운 이미지에서 그 원형을 드러낸다.

사냥꾼은, 위의 두 유형과는 달리 전체적인 '균형'에는 신경을 덜 쓴다. 사냥꾼이 추진하는 유일한 일은 자루를 최대한 채워 줄 만큼 큰 사냥감을 포획하는 것이다. 그는 자신의 사냥이 끝난 다음에도 숲에 사냥감이 어슬렁거리도록 그것을 다시 채워놓아야 할 의무가 있다고 생각하지 않는다. 그는 분별없이 사냥감을 마구 잡은 탓에 숲에서 사냥감이 고갈되면, 사냥감이 남아있는 또 다른 숲으로 옮겨갈 수 있다. 막연한 먼 미래에 사냥감이 남아있는 숲이 완전히 사라질지 모른다는 생각이 들 때도 있겠지만, 설령 그렇더라도 그렇게 급한 문제로 여기지는 않을 것이다. 더구나 자기가 걱정할 문제라고는 생각하지 않을 것이 분명하다.

지그문트 바우만, 『모두스 비벤디』 재구성

--------------------------------- e-3 ---------------------------------

인간 행위의 고차원적 형태는 집단적 기원을 가지므로, 인간 행위는 근본적으로 집단적 목적을 갖는다. 인간 행위는 사회에서 유래되므로 사회를 준거로 한다. 즉 이러한 행위들은 우리들 각자 안에서 구체화되고 개별화된 사회 그 자체이다. 따라서 사회가 병이 든다면 개인도 감염되지 않을 수 없다. 사회는 전체이기 때문에 사회의 병은 각 부분에 전염된다. 사회의 해체는 개인들에게 있어 일반적인 생활을 위한 정상적인 조건이 손상된다는 것이다.

이와 관련하여 우리는 다음과 같은 세 가지 명제를 차례로 확인하였다.

1. 자살은 종교 사회의 통합 정도에 반비례한다.

2. 자살은 가족 사회의 통합 정도에 반비례한다.

3. 자살은 정치 사회의 통합 정도에 반비례한다.

이 세 명제를 한데 묶어 보면 우리는 자살의 감소에 영향을 미치는 것이 각 사회의 개별적이고 특수한 원인 때문이 아니라, 하나의 공통된 요인 때문임을 알 수 있다. 종교가 종교적 감정의 특수성으로 자살 감소에 효과를 미치는 것이 아님은, 가족 사회와 정치 사회도 강력하게 통합되었을 때에 같은 효과를 일으키는 것으로 보아 알 수 있다. 역으로, 자살 경향성을 억제하는 것이 가족적, 정치적 특수성 때문이 아니라는 것은, 종교 사회도 같은 영향을 미친다는 것을 보면 알 수 있다. 자살의 진정한 원인은 집단마다 정도의 차이는 있지만 공통된 하나의 특성에서 찾을 수 있다. 그 유일한 특성은 세 집단이 모두 강력하게 통합된 사회적 집단이라는 것이다. 그러므로 우리는 자살은 사회 집단의 통합 정도에 반비례한다는 보편적 결론에 도달할 수 있다. 집단적인 힘, 즉 사회의 통합이 자살을 가장 잘 억제하는 요소라면, 그 힘의 약화는 자살의 증가로 이어진다. 사회가 강력하게 통합되어 있을 때 사회는 개인을 통제하며 지배할 수 있기 때문에 개인이 자살하는 것을 막는다. 사회는 개인이 죽음을 통해서 사회적 의무를 회피하지 못하게 한다. 집단 감정이나 국가적 신념과 관련된 일이 발생하면 통합의 강도는 높아지고 개인은 자살보다 공동의 목적을 더 생각하게 된다.

에밀 뒤르켐, 『자살론』

개인이 사회에 미치는 영향의 정도에 따라 다음의 제시문을 분류하시오.

(1) 개인에 있어서의 합리적인 선택 원칙을 사회 전체에 적용할 수 있으려면 공평한 관망자(impartial spectator)의 관점이 필요하다. 공감력과 상상력을 갖춘 이상적 존재로서 공평한 관망자는 다른 사람들의 욕구를 자신의 욕구인 것처럼 경험하고 동일화할 수 있는 완전히 합리적인 개인이다. 그는 사회 속의 다양한 욕구들의 강도를 확인하고 하나의 욕구체계 속에서 각각의 개인이 가져야 할 응분의 비중을 할당한다. 이에 따라서 사회 체제의 규칙들이 조정되며 그 욕구체계의 만족이 극대화된다. 그 결과 개개인의 욕구를 최대한으로 만족시킬 수 있는 규칙에 따라서 권리와 의무가 할당되고, 욕구 충족의 희소한 수단들이 배분된다. 사회에 대한 이러한 견해는 개인의 선택 원칙을 사회로 확장해서 얻은 성과이며, 또한 공평한 관망자가 가진 상상력의 작용을 통해 이러한 확장이 제대로 보장된 결과이다.

존 롤스, 『정의론』

(2) 우리는 누구나 특정한 사회적 정체성을 지닌 사람으로서 자신을 둘러싼 환경을 이해한다. 나는 누군가의 아들이거나 딸, 또는 사촌이거나 삼촌이다. 나는 이 도시나 저 도시의 시민이며, 이 단체나 저 단체의 회원이다. 나는 이 친족, 저 부족, 이 나라에 속한다. 따라서 내게 이로운 것은 그러한 역할과 관련된 사람들에게도 이로워야 한다. 이처럼 나는 내 가족, 내 도시, 내 부족, 내 나라의 과거에서 다양한 빚, 유산, 적절한 기대와 의무를 물려받는다. 이는 내 삶에서 주어진 조건이며 도덕의 출발점이다. 또한 내 삶에 도덕적 특수성을 부여하는 것이기도 하다.

매킨타이어, 『덕의 상실』

(3) 사람들은 각자 자신의 행위를 결정할 때 자기 자신의 이익이 아닌 다른 사람의 이익을 고려하기도 한다. 이처럼 자신의 이익보다 다른 사람의 이익을 먼저 생각할 수 있다는 의미에서 사람들은 도덕적이다. 사람들은 본래 동정심과 다른 사람을 배려하는 마음을 어느 정도 갖고 있다. 동정심과 배려의 마음은 교육을 통해 성장하기도 한다. 그리하여 사람들은 그들의 이해관계가 얽혀있는 사회상황을 비교적 객관적인 눈으로 볼 수 있게 된다. 그러나 사회 집단의 경우, 이와는 다른 양상으로 나타난다. 모든 사회 집단은, 집단을 형성하는 개인이 자신의 개인적인 관계에서 나타내는 것에 비해서, 충동을 견제하고 극복할 만한 이성이나 다른 입장을 헤아릴 능력이 적어서 무한한 이기심을 보인다. 이렇게 사회 집단이 개인보다 비도덕적인 이유 중 하나는 자연적 충동을 억제할 만큼 강력한 사회 세력을 만드는 것이 어렵기 때문이다. 또 다른 이유는 개인들의 이기적 충동들이 합쳐져 집단적 이기심으로 나타나는 데 있다. 즉 이기심은 개인적으로는 온건하게 나타나지만 집단적으로는 보다 이기적인 모습을 보인다.

니부어, 『도덕적인 인간과 비도덕적 사회』

(4) (아리스토텔레스의 시민적 '우의'(友誼, philia)는 정치적 결속과 윤리적 결속을 아우르는 개념이다.)

시민적 우의는 선에 관한 공유된 개념을 가지고 그 선으로 인하여 폴리스의 자유 시민이 되는 선한 사람들 사이에서 구현되기 때문에, 정치는 친구들 사이의 일이며 정치 공동체는 유사한 생각을 가진 시민들이 '이익에 관해 합의하고, 동일한 정책을 채택하며, 공동의 의지를 구현하는'장이다. 따라서 시민들이 도덕적으로 건전하지 않으면 시민적 화합은 달성될 수 없다. 자기 이익에만 관심을 가진 부정의하고 탐욕스런 사람들은 공동선이나 타인과의 협력에 무관심하지만 덕스러운 사람들은 공동체적 유대가 강할수록 불의에 더욱 엄격해진다. 진정한 우의를 소중히 여기는 시민들은 공동체적 유대가 강하다고 해서 집단적 이기주의로 전락하지 않는다. 왜냐하면 진정한 우의라는 덕은 스스로의 부도덕은 물론 친구의 부도덕도 바라지 않기 때문이다.

아리스토텔레스, 『니코마코스 윤리학』

평등한 자유는 가능한가
정치적 자유와 평등의 문제

연습문제 1. 불평등이 만들어지는 과정을 설명하라.<경희대학교 기출>
   윌리엄 피터스 지음, 『푸른 눈, 갈색 눈』
2. 자유에 제한이 필요한 이유는 무엇인지 설명하고
   비판하라.<고려대학교 기출>
   황순원, 『인간접목』

4장에서 밝힌 대로 근대사회가 시작되면서 개인이 등장하고 개인과 사회의 관계를 자각하게 되었다. 자유와 평등은 개인이 등장하면서 첨예하게 대립하고 확장되어 온 개념이다. 자유와 평등을 이해하기 위해서도 기본적인 개념들에 대한 이해가 선행되어야 하는데, 소극적 자유와 적극적 자유, 기회의 평등과 결과의 평등의 차이 등의 개념을 미리 숙지하면서 이 장을 읽기를 권한다.

이 장에서는 주로 정치적 자유와 평등이라는 주제를 다룰 것이다(이후에 성장과 분배를 다루면서 경제적 자유와 평등을 다룰 것이다).

먼저, a를 통해 자유와 평등에 대한 동서양의 고전을 통해 그 차이와 공통점을 이해하는 것이 필요하다.

b에서 루소와 밀, 아렌트의 글은 개인의 자유가 필요한 이유를 설명하고 있다. 독자들은 각각의 글을 읽고 핵심주장과 근거를 요약하기 바란다.

c는 a를 비판하기 위한 근거로 활용하여 글을 완성해 보기 바란다. 시대적 차이가 있지만, 맹

자의 견해를 루소의 주장을 통해 비판할 수 있다면, 자유와 평등에 대한 독자 개인의 근거를 쌓는데 도움이 될 것이다.

d는 소극적 자유와 적극적 자유를 설명한 글인데, 그 차이가 무엇인지를 정확히 이해하여 소극적 자유와 적극적 자유가 무엇인지 설명할 수 있도록 한다.

e를 읽고 인간의 평등에서 여성의 평등이 제외되었던 이유를 찾아 설명하고,

f를 통해 남녀평등이 사회에 어떤 영향을 미친다고 주장하고 있는지를 요약해 보면 평등에 대한 논거가 잡힐 수 있을 것이다.

e는 자유에 제약이 필요한가에 대한 롤스와 하이에크의 대답이다. 이 두 제시문을 읽고 공통점과 차이점을 비교해 보기 바란다.

이 장의 연습문제는 두 문제인데, 각각 자유에 제한이 필요한 이유와 그에 대한 비판을 독자 스스로 찾아보기 바라며, 불평등이 생산되는 과정을 통해 불평등에 대한 이해가 증진되기 바란다.

평등한 자유는 가능한가
정치적 자유와 평등의 문제

---
a-1

[허행을 따르는] 진상이 맹자를 찾아뵙고는 허행이 한 말을 그대로 전하면서 말하였다.

진상:(중략) 현명한 임금이라면 백성들과 같이 직접 농사지어야 하며, 아침저녁도 손수 지어 먹으면서 나라를 다스려야 합니다. 그러나 지금 등(滕)나라에는 양곡창고와 재물창고가 가득 차 있는데, 그것은 바로 백성들을 착취해서 자신의 배를 불리는 것이니, 어찌 현명한 임금이라고 할 수 있겠습니까?

맹자: 허자는 손수 농사를 지어서 먹고 사는가?

진상: 그렇습니다.(중략)

맹자: 허자는 솥과 시루로 밥을 짓고, 쇠로 만든 농기구로 밭을 가는가?

진상: 그렇습니다.

맹자: 그것들을 손수 만드는가?

진상: 아닙니다. 양식을 주고 그것들과 바꿉니다.

맹자: 농부가 양식을 솥이나 시루, 농기구와 바꾼다고 해서, 그것이 옹기장이나 대장장이에게 손해를 입히는 것이 아니라고 한다면, 옹기장이나 대장장이가 그들의 솥이나 시루, 농기구를 양식과 바꾼다고 해서 그것이 어찌 농부에게 손해를 입히는 것이 되겠는가? 또한 허자는 왜 손수 옹기를 굽고 쇠를 달구어 그릇이나 기구를 만들어 쓰지 않는가? 무엇 때문에 허자는 그처럼 번거롭게 일일이 여러 장인(匠人)들과 교역을 하는가? 왜 허자는 그런 일을 번거롭게 여기지도 않는가?

진상: 여러 장인들이 하는 일은 농사지으면서 함께 할 수 없기 때문입니다."

맹자: 그렇다면 천하를 다스리는 일만 농사지으면서 할 수 있다는 말인가? 세상에는 대인(大人)의 일이 있고, 소인(小人)의 일이 있네. 그리고 또, 한 사람이 살아가는 데

는 여러 장인들이 만들어 낸 온갖 물건들이 다 구비되어 있어야 하네. 그런데, 각자가 필요한 물건을 일일이 손수 만들어 쓰게 한다면, 이는 곧 천하의 모든 사람들을 이리 저리 끌고 다니면서 고달프게 만드는 것이 되네. 그래서 "어떤 사람은 머리로 일하고, 어떤 사람은 육체로 일한다"고 한 것이네. 머리로 일하는 사람[勞心者]은 남을 다스리고, 육체로 일하는 사람[勞力者]은 남에게 다스림을 받네. 다스림을 받는 사람은 남을 먹여 살리고, 남을 다스리는 사람은 남에게 부양을 받게 되는 것이 천하에 통하는 일 반적인 원칙이네.

맹자, 『孟子』

──────────────── a-2 ────────────────

정무관으로 재직하면서 개인들에게 동화되고자 하는 자들은 개인들과 정무관들 사이에 아무런 구분이 없도록 하는 개인들을 찬사로써 칭송하고 명예를 주어서 영예롭게 만든다. 그 결과 아버지가 아들을 두려워하고 아들은 아버지를 무시하며, 전혀 수치심이 없어져서 완전히 자유롭게 되어 시민인지 외국인인지 전혀 구별이 없게 된다. 선생은 제자를 무서워하고 그들에게 잘 보이고자 애쓰며 제자들은 선생을 멸시한다. 청년들이 노인들의 비중을 차지하고 반면 노인들은 청년들에게 혐오감을 주고 부담되지 않도록 청년들의 놀이에 끼어든다. 이로부터 심지어 노예들이 더 자유롭게 행동하고 여자들도 남자와 동등한 권리를 부여받으며, 이 같은 큰 자유의 상태에서는 심지어 개, 말, 나귀도 마음대로 뛰어다니므로 그것들에게 길을 양보해야 하는 일도 발생한다. 따라서 이러한 무제한적인 방종에서 이 전체가 이끌려 나오므로, 결과적으로 시민들의 마음은 참을성이 없고 유약한 것으로 드러나서 어쩌다 최소의 지휘권이 행사되면 화를 내게 되고 끝까지 직무를 완수하지 못한다. 이로부터 사람들은 법률을 무시하기 시작하여 분명 아무 주인이 없는 상태에 이른다. 이 지나친 방종에서 참주가 생기고 태어난다. 왜냐하면 지나치게 자유로운 인민의 자유는 노예상태를 초래하기 때문이다. 다시 말하자면 기후에서든 토지에서든 신체에서든 풍족한 상태에 있을 때 지나친 것은 모두 반대의 상태로 전환하는 것이다. 따라서 이런 최대의 자유에서 참주가 발생하며 가장 부당하고 가혹한 노예상태가 생겨난다. 사실상 지배받지 않는 또는 야만스러운 인민에서 선출된 우두머리는 과감하고, 불순하며, 뻔뻔하고, 매우 번번이 국가에서 혜택을 추구하면서 남의 것으로나 자신의 것으로 인민의 환심을 산다.

플라톤, 『국가』

---------------------------------- b-1 ----------------------------------

국가도 결국 구성원의 단결 속에서만 생명을 유지할 수 있는 하나의 정신적 인격체이며 또 국가의 가장 중요한 관심이 자신의 생명을 보존하는 일이라면, 국가는 마땅히 전체에 가장 유리한 방법으로 각 부분을 동원, 배치하기 위해서 포괄적이며 강권적인 권한을 필요로 한다. 마치 자연이 모든 사람에게 자신의 신체 부분들에 대해 절대권한을 부여한 것처럼, 사회계약은 정치체(政治體)에게 그 단체의 전 구성원을 지배할 절대적인 권력을 부여한다. 전체의사의 지도 아래에 있는 바로 이 권한을 우리는 주권이라고 부르고 있는 것이다.

그러나 우리는 이 공적 인격(公的人格) 이외에, 이를 구성하고 있는 사적 인격(私的人格)을 고려하지 않으면 안 된다. 이들 사인(私人)의 생명과 자유는 본래 공적 인격과는 관계가 없는 것이다. 그러므로 우리는 시민의 권리와 주권자의 권리를 명백하게 구분해야 한다. 즉 시민이 백성의 자격으로 이행해야 할 의무와 인간으로서 향유해야 할 자연권(自然權)은 명백히 구분되어야 한다.

사회계약에 의해 각 개인은 공동체에 자신이 소유하고 있는 능력과 재화 그리고 자유 모두가 아니라 공동체가 필요로 하는 정도에 따라 다만 그 중 일부분만을 양도하는 것이며, 그 필요의 정도는 오직 주권자만이 결정할 수 있다는 점을 우리는 인정하게 된다.

우리를 사회단체에 묶어놓고 있는 계약이 의무적인 이유는 오직 그 계약이 쌍무적(雙務的)이기 때문이다. 그래서 이런 계약을 이행하는 경우에 사람들은 남을 위해 일하는 동시에 또한 자신을 위해 일하는 셈이 된다. 전체의 의사가 언제나 옳은 것이고 또 사람들은 모두가 제각기 각자의 행복을 항상 추구해마지 않는다는 것은, 누구나 '각자'라는 말을 자기로 생각하고 또 모든 사람을 위해 투표할 때 실은 제 자신을 생각한다는 데에 그 이유가 있는 것이다. 이와 같은 사실은 권리의 평등과 거기에서 비롯되는 정의의 개념이 각인이 가지고 있는 소원(所願)에서 유래한다는 것, 그러니 결과적으로는 인간의 본성에서 유래한다는 것을 증명해 주고 있다. 그러므로 전체의사는 전체에서 비롯되어 전체에 적용되어야 한다. 전체의사가 어느 개인적인 제한된 목적에 편중되어 사용되는 경우에는 그 본래의 정당성을 상실하고 만다.

의사(意思)가 전체성을 갖는 데 있어 찬성 투표인수보다는 투표인 상호간을 결속시키고 있는 공통된 이해관계가 더욱 큰 요소가 된다. 왜냐하면 이와 같은 제도 안에서는 자기가 타인에게 강요하고 있는 계약 조항이라면 자신도 필연적으로 거기에 복종해야 하기 때문이다. 이는 이익과 정의의 훌륭한 일치로서 공동의 결의에 공정성을 부여한다. 따라서 주권자의 권력은 절대적이고 신성불가침한 것이긴 하지만, 일반 계약의 한계를 넘지 않으며 또 넘을 수도 없다. 또 사람은 누구나 계약상 자신의 몫으로 남겨진 자기의 재산과 자유를 자유로이 처분할 수 있다.

장 자크 루소, 『국가론』

---

b-2

나는 이 책에서 자유에 관한 아주 간단명료한 단 하나의 원리를 천명하고자 한다. 이를 통해 사회가 개인에 대해 강제나 통제, 즉 법에 따른 물리적 제재 또는 여론의 힘을 통한 도덕적 강권을 가할 수 있는 경우를 최대한 엄격하게 규정하는 것이 이 책의 목적이다. 그 원리는 다음과 같다. 인간 사회에서는 개인이든 집단이든 다른 사람의 행동의 자유를 침해할 수 있는 경우는 오직 한 가지, 자기 보호를 위해 필요할 때뿐이다. 다른 사람에게 해를 끼치는 것을 막기 위한 목적이라면, 당사자의 의지에 반해 권력이 사용되는 것도 정당하다고 할 수 있다. 이 유일한 경우를 제외하고는 문명사회에서 구성원의 자유를 침해하는 그 어떤 권력의 행사도 정당화될 수 없다. 본인 자신의 물리적 또는 도덕적 이익을 위한다는 명목 아래 간섭하는 것도 일절 허용되지 않는다. 당사자에게 더 좋은 결과를 가져다주거나 더 행복하게 만든다고, 본인의 의사와 관계없이 무슨 일을 시키거나 금지해서는 안 된다. 선한 목적에서라면 그 사람에게 충고하고, 논리적으로 따지며, 그 사람을 설득하면 된다. 그것도 아니면 간청할 수도 있다. 그러나 말을 듣지 않는다고 강제하거나 위협을 가해서는 안 된다. 그런 행동을 억지로라도 막지 않으면 다른 사람에게 나쁜 일을 하고 말 것이라는 분명한 근거가 없는 한, 결코 개인의 자유를 침해해서는 안 되는 것이다. 다른 사람에게 영향을 주는 행위에 한해서만 사회가 간섭할 수 있다. 이에 반해 당사자에게만 영향을 미치는 행위에 대해서는 개인이 당연히 절대적인 자유를 누려야 한다. 자기 자신, 즉 자신의 몸이나 정신에 대해서는 각자가 주권자인 것이다.

존 스트어튜 밀, 『자유론』

──────────── b-3 ────────────

인간의 유일무이한 개성은 자연과 의지 그리고 운명이 동등한 비율로 참여하여 만든 것으로서 모든 인간관계의 자명한 전제 조건이 되기 때문에 심지어 똑같이 생긴 쌍둥이도 보는 사람으로 하여금 불편한 심기를 느끼게 할 정도이다. 그러나 이런 개성의 말살은 법적, 정치적 인간의 분노와 도덕적 인간의 절망보다 훨씬 강렬한 전율과 공포를 야기한다. 실제로 강제 수용소의 경험은 인간이 인간적 동물종의 표본으로 바뀔 수 있고 인간의 천성은 인간에게 극히 부자연스러운 것이며, 인간이 될 수 있는 가능성을 열어놓는 상황에서만 인간적이 된다는 사실을 보여준다. 수용소는 사람들을 말살하고 인간의 품위를 떨어뜨릴 목적으로만 만들어진 것이 아니다. 그것은 또한 기술적으로 통제된 조건에서 인간 행동의 자발성 자체를 제거하고 인격을 단순한 사물로 만드는 무서운 실험실이다.

정상적인 상황에서라면 이런 일은 결코 일어날 수 없다. 왜냐하면 자발성은 그것이 인간의 자유뿐만 아니라 삶 자체, 즉 단순히 살아 있다는 의미에서 삶 자체와 연결되어 있는 한 완벽하게 없앨 수 없기 때문이다. 강제 수용소의 경험과 같이 철저한 자의성과 독단성은 어떤 압제권력이 할 수 있었던 것보다 더 효과적으로 인간의 자유를 부정한다. 압제권력 하에서 의견의 자유는 자기 목숨을 걸만큼 용감한 자들에게만 허용된다. 이론적으로 이러한 상황에서도 반대를 선택할 수 있다. 그러나 자발적인 행위가 다른 모든 사람에게 견딜 수 없는 형벌만을 초래한다면 그런 자유는 무효가 된다.

한나 아렌트, 『전체주의의 기원』

c

사람들을 구별하는 차이 중에 몇 가지는 자연적인 것으로 보이나, 실제로 그것은 단순히 습관과 사회 속에서 사람들이 받아들이는 갖가지 생활양식의 산물이라는 것을 쉽게 알 수 있다. 그러므로 체질의 강약이나, 힘의 차이는 근본적인 체격의 문제라기보다 교육방법의 강도에 달려있다. …중략… 그런데 현재 사회상태의 여러 계층을 지배하고 있는 교육과 생활양식의 놀라운 다양성을, 모두 같은 음식을 먹고, 똑같이 생활하고, 정확하게 같은 일을 하고 있는 동물이나 원시인의 생활에서 보이는 단순함 및 획일성과 비교해보자. 그러면 사람 사이의 차이가 자연상태 쪽이 사회상태에서 보다 훨씬 적고, 또 인류에 있어서는 제도의 불평등에 의해 자연의 불평등이 얼마나 심화되는지를 이해할 수 있다. …중략… 연애가 전혀 존재하지 않는 곳에서 미(美)가 무슨 소용이 있었겠는가? 전혀 이야기를 하지 않는 사람들에게 재치가, 또 거래를 하지 않는 사람들에게 전략이 무슨 쓸모가 있었겠는가? 강자가 약자를 압박할 것이라고 되풀이하는 말을 나는 여러 번 들었다. 그런데 이 압박이란 말의 뜻을 설명해 주기 바란다. 어떤 자가 폭력으로 지배하면 다른 자는 강자의 모든 처사에 굴복하여 한탄하고 괴로워할 것이다. 이것은 바로 내가 우리 사회에서 보아온 바이다. 그러나 나는 이러한 일이 원시인에게도 일어나는지 알 수 없다. 그들에게는 복종과 지배라는 것이 어떤 것인가를 이해시키는 데도 상당히 힘이 들 것이다. 한 인간이 다른 인간이 따온 과일이나, 죽은 짐승이나, 숨어 살던 동굴을 가로챌 수는 있을 것이다. 그러나 그가 그 인간을 어떻게 복종시킬 수 있겠는가? 그리고 아무것도 소유하지 않는 사람들 간에 어떠한 종속관계의 속박이 있을 수 있겠는가? 종속관계란 것은 사람들의 상호 의존과 그들을 연결시키는 각자의 욕망이 없이는 형성되지 않는다. 그러므로 어떤 사람을 복종시키는 일은 미리 그 사람을 다른 사람이 없으면 지낼 수 없는 그런 상황에 두지 않는 이상 불가능하다는 것은 자명하다. 그러나 이 같은 상황은 자연상태에는 존재하지 않으므로 그곳에서는 누구나 속박으로부터 자유로우며 강자의 법률은 쓸모없는 것이 된다.

루소, 『인간불평등기원론』

——————————————— d-1 ———————————————

다른 사람 어느 누구도 내 활동에 개입하여 간섭하지 않는 만큼 내가 자유롭다는 것이 소극적 자유의 어법이다. 이러한 의미에서 보면 정치적 자유는 한마디로 한 사람이 다른 사람의 방해를 받지 않고 행동할 수 있는 영역을 의미한다. 가만히 놔두었더라면 내가 할 수 있었을 일을 다른 사람으로 인하여 내가 못하게 되었다면 그만큼 나는 자유롭지 못하다. 밀은 다음과 같이 주장한다. 적어도 '자신에게만 관련되는 행동에서' 각자 원하는 대로 살도록 허용되지 않는다면 문명의 발전이란 있을 수 없다. 그러한 상황에서는 사상의 자유 시장이 형성되지 않을 것이기 때문에 자발성, 창의성, 천재적 영감 따위가 애초에 불가능하게 될 것이다. 그는 말한다. "한 사람이 남의 충고를 듣지 않아서 저지르는 실수는 남들이 그 사람을 좌지우지함으로 발생하는 해악에 비하면 아무 것도 아니다."

'자유'라는 단어의 적극적 의미는 자신이 주인이 되기를 원하는 각 개인의 소원에 뿌리를 둔다. 나는 내 인생 및 결정이 나 자신에 의하여 좌우되기를 바라지, 어떤 종류가 되었든 외부의 힘에 의존하기를 바라지 않는다. 나는 객체가 아닌 주체가 되고 싶다. 나는 개성을 가진 인격체이기를 원하지 아무 의지 없는 기계가 되고 싶지 않다. 무엇보다도 나는 사고하며, 의지를 가지고, 능동적인 존재로 나 자신을 인식하고 싶은 것이다. 내가 나 자신의 주인이 되기 위해서는 극복해야 할 것이 많다. 나는 걷잡을 수 없는 열정에 쉽게 예속되며, 자연법칙, 비합리적 충동, '저급한' 본능에 예속된다. 따라서 자유를 성취하기 위해 나는 이성, '고귀한' 본성, 장기적 안목을 따르는 진정한, 이상적인 자아에 도달해야 한다. 그러기 위해서는 욕망 또는 쾌락에 휩쓸리는 부분을 엄격하게 훈육하여 버릇을 잡아야 한다. (중략)

칸트의 자유로운 개인은 자연적 인과성 너머에 있는 일종의 초월적 존재이다. 그렇지만 그 경험적인 형태, 즉 일상생활과 관련되는 인간의 관념에서 이 신조는 자유주의적 인문주의의 핵심에 위치한다. 자유주의적 인문주의는 도덕적으로나 정치적으로 18세기 칸트와 루소에게서 깊은 영향을 받았다. 선험적인 측면에서 이 신조는 세속화된 프로테스탄트 개인주의가 발현되는 하나의 형태이다. 신의 자리를 합리적 삶이라는 개념이 대신하고, 신과 합일하기 위해 매진하던 개인 영혼의 자리에는 오직 이성에 의해서만 규율되는 개인의 개념이 자리를 잡는다. 즉 개인은 타율적 존재가 아니라 자율적 존재, 행동의 대상이 아니라 행동의 주체라는 것이다. 지금 논의하는 방식으로 생각하는 사람들에게, 열정의 노예라는 생각은 하나의 은유 이상이다. 공포, 사랑, 또는 순응하고픈 욕망을 나에게서 제거한다는 것은 내가 통제할 수 없는 어떤 것의 지배에서 나 자신을 해방하는 일이다. 플라톤이 전한 바에 따르면 소포클레스는 나이가 든 다음에야 사랑의 열정, 그 잔인한 상전의 멍에에서 해방될 수 있었다고 했다는데, 그의 경험은 어떤 지배자 또는 노예 소유자에게서 해방된 경험과 마찬가지로 진짜였다. 어떤 저급한 충동에 굴복하고, 나 스스로 싫어하는 동기에 따라 행동하고, 또한 무언가를 하는 바로 그 순간에 그 일을 역겹게 여기고, 나중에 가서 그 당시에 내가 '나 자신이 아니었다.'라든지 '자제력을 잃었다.'라고 반성하는 등의 심리적 경험이 이런 방식의 어법과 사고방식에 속한다. 내가 비판적이고 합리적일 때의 모습이 곧 나 자신이다. 내 행동의 결과는 내가 통제할 수 없으니 중요하지 않다. 오직 동기만이 중요하다. 이는 세상사를 일축해 버리고 사람과 사물의 사슬에서 스스로 해방된 고독한 사상가의 신념이다. 이와 같은 형태로 나타날 때 이 신조는 일차적으로 윤리적이지 정치적인 신념은 아닌 것처럼 보일 수 있다. 그러나 그 정치적 함축은 명백하다. 적어도 자유에 관한 소극적 개념만큼 이 신조는 자유주의적 개인주의의 전통에 깊이 스며들어 있는 것이다.

이사야 벌린, 『자유론』에서 발췌, 수정

---

d-2

이사야 벌린은 자유를 소극적 자유와 적극적 자유로 구분하였는데, 그의 자유에 대한 논의는 이후 서구 정치철학에 큰 영향을 미쳤다. 소극적 자유란 외부 강제의 부재다. 즉, "어떤 사람 또는 집단이 다른 사람의 간섭 없이 스스로 할 수 있도록 방임되어야 할 영역은 무엇인가"라는 질문을 통해 소극적 자유의 의미와 내용이 드러난다. 이는 외부의 강제가 없는 상태, 다시 말해 타자에 의해서 방해받지 않는 상태이다. 한 개인의 행동을 강제하는 것은 자유의 박탈이다. 우리는 보통 누군가가 내 활동에 개입하거나 간섭하지 않는 만큼 자유롭다고 여긴다. 즉, 개인은 불간섭의 범위 안에서만 자유로운 것이다. 타자가 개입하지 않으면 개인에게 더욱 많은 선택과 기회가 가능하므로 더 자유롭다고 할 수 있다. 노예는 자신의 영역에서 극히 제한을 받거나 강제를 받는다.

적극적 자유란 "한 사람에게 이것 말고 저것을 하게끔, 이런 사람 말고 저런 사람이 되게끔 결정할 수 있는 통제와 간섭의 근원이 누구 또는 무엇인가"라는 질문을 통해 그 의미와 내용이 드러난다. 적극적 자유란 자신이 자신에 대해 온전한 주인이 되어 자신의 본래 의지를 실현하고자 하는 개인의 소원에 뿌리를 둔다. 나는 내 인생 및 결정이 나 자신에 의하여 좌우되기를 바라지, 어떤 종류가 되었건 외부의 힘에 의존하기를 바라지 않는다. 나는 객체가 아닌 주체가 되고자 하는 것이다. 나는 이성을 가진 존재로서 내가 선택한 것에 책임을 지고, 나 자신의 생각과 선택에 따라 결정하는 능동적인 존재로서 나 자신을 인식하고 싶어 한다. 소극적 자유가 '~로부터의 자유'라고 한다면, 적극적 자유는 '~로의 자유'이다.

정재각, 『왜 다시 자유여야 하는가? - 밀의 자유론: 사유와 비판』

----- **d-3** -----

자유를 행위자에게 주어진 형식적인 선택지의 범위로 파악하는 것은 실제로 행위자가 그 자유를 달성하거나 향유할 수 있는지 없는지에 대한 매우 중요한 문제를 회피하게 만든다. 문이 밖에서 잠겨 있지 않다는 것과 행위자가 실제로 그 문에 접근할 수 있느냐 없느냐의 문제는 명백히 다른 것으로서, 외적 간섭의 부재는 행위자가 그 선택지를 실현할 수 있는 상태에 놓여 있다는 것을 반드시 보장하지는 않는다. 걷기가 어려운 장애인이 실제로 이동의 자유를 누리기 위해서는 그의 이동을 돕는 무언가가 있어야 하며, 장기실업자가 실제로 직업 선택의 자유를 누리기 위해서는 노동시장이 요구

하는 지식과 기능을 습득해야만 하는 것이다.

'간섭의 부재로서의 자유'와 '실제로 자유를 누리기 위한 조건'을 구별한다면, 사람들 사이에서 자유의 조건이 매우 불평등할 수 있다는 사실을 인정하지 않을 수 없다. 사람들이 원하는 것을 실제로 달성할 수 있는 것이 자유라고 한다면, 외부 개입의 부재는 자유의 조건 중 한 부분에 불과하다. 자유를 실질적으로 향유하기 위해서는 어떤 자원이 반드시 필요하므로, 사람들이 독자적으로 향유할 수 있는 자유란 존재하지 않는다.

실제로 사람들은 자원에 접근하는 능력이나 획득된 자원을 자유로 전환하는 능력에서 평등하지 않다. 동일한 자원이 주어진다 하더라도, 가령 심신장애나 병의 유무 등에 따라 사람들이 획득할 수 있는 역량, 즉 사람들이 누릴 수 있는 실질적인 자유에는 엄청난 차이가 발생한다. 바꿔 말하면, 장애나 질병 등 남보다 불리한 조건을 갖고 있는 사람들이 남들과 실질적으로 동일한 자유를 누리기 위해서는 더욱 많은 자원을 필요로 한다.

사이토 준이치, 『자유란 무엇인가: 벌린, 아렌트, 푸코의 자유 개념을 넘어서』

───────────────── e ─────────────────

산업화와 더불어 과거에 지배적이던 '노동과 삶의 통일'은 깨지고 가족은 노동 및 경제 공동체라는 기능을 상실하게 되었다. 남성은 다양한 형태의 직업을 가짐으로써 가정 밖에서 일하는 경우가 점점 많아지게 되었고, 여성의 노동 및 삶의 상황 역시 심대한 변화를 겪게 되었다. 여성들의 활동 중심이 집으로 국한되게 되었다. 이 때 여성의 노동 영역은 매일처럼 요구되는 재화를 생산하는 것에서 완성된 상품을 구입하고 소비하는 것으로 축소되었고, 동시에 감정적인 과제가 확대되었다. 이제 여성의 과제는 매일의 생존을 보장하는 일에 직접적으로 기여하는 데 국한되지 않고 점차 보이지 않는 차원으로 옮겨가게 된 것이다. 그리하여 여성은 눈에 띄지 않고 언제나 준비되어 있는, 가족을 위한 존재가 되었다.

이와 같이 남녀 사이에 새 노동 분업이 탄생하였다. 남성이 외부 세계와 직업과 사회를 담당하고, 여성은 가정과 집안일과 가족을 맡게 되었다. 직업적인 활동 영역만 분리된 것이 아니라 남성과 여성의 본성에 대한 관념까지도 구분되었다. 여기서 남성적 본성이란 활동성과 추진력과 힘과 이성이며, 여성적 본성이란 온순함과 겸손함과 감정과 감수성이다.

새로운 성역할은 이념의 차원에 국한되는 것이 아니라 매우 실질적인 토대를 지닌 것이었다. 이는 우연이 아니다. 왜냐하면 새로운 성역할은 임의로 생겨난 것이 아니라 새로이 부상하는 산업사회의 토대에 속하는 것이기 때문이다. 부상하는 산업사회가 작동하기 위해서는 두 가지 전제가 필요하다. 바로 노동시장의 삶과 타인을 돌보는 일, 즉 '자유로운 시장'과 '평화의 오아시스로서의 가족'이 그것이다. 여기에서 발생하는 딜레마를 해결하기 위해 남성과 여성에 대해 정반대되는 성적 특성이 구성되고, 그에 상응하는 대조적인 미덕들이 사회 속에서 만들어졌다. 신분의 제약을 넘어선 개인의 자유와 평등이라는 근대의 원칙은 출생에 따라 한쪽 성에게는 주어지고 다른 쪽 성에게는 주어지지 않았다. 남성에게는 자기 주장인 것이 여성에게는 자기 포기가 되는 것이다. 여성은 오로지 아이 돌봄, 곧 모성을 바탕으로 정의되기 시작했다. "모성을 위한 자아 포기가 여성의 지고의 행복"이라는 모성애 이데올로기는 18세기에 시작돼 19세기에 번성했으며 20세기에도 지속되어 교육서와 문학서, 예술에 스며들었고, 지금도 온존하고 있다.

엘리자베트 벡 게른스하임, 『모성애의 발명』

─────────────────────────────── **f** ───────────────────────────────

남성과 여성의 타고난 본성 때문에 그들이 각각 현재와 같은 기능과 위상을 가지게 되었고 그것이 그들의 본성에 적합하다고 말할 수 있는 근거는 아무 것도 없다. 현재와 같은 남녀관계가 유지되는 한, 상식과 인간 정신의 본질에 비추어 볼 때 어느 누구도 남녀의 본성에 대해 안다거나 알 수 있다고 말할 수 없다. 만일 여성이 남성의 지배를 받지 않는 사회가 존재했다면, 각각의 본성 속에 들어 있는 정신적·도덕적 차이에 대해 어느 정도 분명히 알 수 있었을지도 모른다. 오늘날 여성의 본성이라고 알려져 있는 것들은 확실히 인위적으로, 그리고 어떤 방향으로 부자연스럽게 영향을 준 결과로 만들어진 것이다. 단언하건대, 종속 상태에 있는 그 어떤 계급도 그들을 지배하는 집단과의 관계 때문에 자신의 타고난 본성이 이처럼 철저하게 왜곡되는 경우는 없었다.

오늘의 사회를 관통하는 모든 원리에서 보면, 여성과 관련된 문제는 여성 자신들의 경험과 판단에 따라 풀어나가야 한다. 그런 문제는 어떤 한 사람 또는 여러 사람이 풀 수 있는 것이 아니고 그저 본인들이 직접 부딪혀가며 해결해야 하는 것이다. 아무도 여성의 행복한 삶을 위한 비결을 대신해서 찾아줄 수는 없다. 한 가지는 분명하다. 그것은 자기 본성에 따라 행동하도록 내버려둔다면 여성이 그 본성에 어긋나는 일은 결코 하지 않는다는 점이다. 여성이 할 수 있는 일이지만 남성만큼 잘하지 못하기 때문에 경쟁 원리에 따라 배제된다면 그것에 대해서는 뭐라 할 말이 없다. 만일 여성이 천성적으로 어떤 일에 대해 남성에 비해 특별한 강점을 가지고 있다면 법이나 사회적인 교육을 통해 일부러 여성에게 유리한 방향으로 유도할 필요는 없다. 무엇이든지 여성이 상대적으로 경쟁력을 가지고 있는 일이라면 자유경쟁에 맡기는 것이 여성에게 가장 도움이 된다. 여성은 자신에게 가장 잘 맞는 일을 가장 잘 할 수 있다. 여성이 그런 일을 할 수 있게 되면 남성과 여성이 지닌 능력이 사회 전체에 가장 유익한 결과를 낳을 수 있을 것이다.

존 스트어튜 밀, 『여성의 종속』 발췌 구성

———————————————— g-1 ————————————————

기본적 자유들은 하나의 전제이자 하나의 체제로서 고려된다는 것이 중요하다. 한 가지 자유의 가치는 일반적으로 다른 자유들을 명시하는 것에 달려 있으며, 이러한 사실은 헌법 제정과 입법 일반에서 고려되어야 한다. 대체로 봐서 보다 큰 자유가 바람직하다는 것은 사실이지만, 이것은 일차적으로 자유의 전체적인 측면에서 그렇다는 것이지 어떤 특정한 자유에서는 반드시 그렇지는 않다. 자유들이 제한을 받지 않는다면 이들은 분명히 서로 충돌하게 마련이다. 예를 들면, 지적이고 유익한 토론을 위해서는 질서를 위한 특정한 규칙이 필요하다. 질문과 논쟁의 적절한 절차를 받아들이지 않고서는 언론의 자유가 그 가치를 상실하게 된다. 이 경우에 질서를 위한 규칙과 언론의 내용을 제한하는 규칙 간에 구분을 하는 것이 중요하다. 질서를 위한 규칙은 우리가 말하고 싶을 때 말하지 못하게 함으로써 자유를 제한하긴 하지만 그러한 규칙은 이러한 자유가 가진 이익을 얻기 위해서 필요한 것이다. 그래서 제헌위원회의 대표들이나 입법 기구의 성원들은 평등한 자유에 대한 최선의 전체 체계가 만들어지도록 여러 가지 자유가 규정되는 방식을 결정해야 한다. 그들은 여러 자유들 간의 균형을 잡도록 해야 한다. 여러 자유들이 최선의 체계를 이루는 것은 부과되는 제한의 총체가 규정 내용에 따라 전체 체계 내에서 상호 관련을 맺는 방식에 달려 있다.

자유의 가치는 모든 이에게 다 동일한 것이 아니다. 더 큰 권력과 부를 가진 자는 그들의 목표를 달성할 더 큰 수단을 갖는다. 그리고 거기에 도달하지 못한 사회 성원도 이러한 불평등한 상태를 받아들임으로써 보다 작은 자유의 가치라도 보상받게 된다. 그렇다고 해서 보다 작은 가치의 자유를 보상하는 것을 불평등한 자유를 정당화하는 것과 혼동해서는 안 된다. 두 원칙을 함께 생각할 때 기본 구조는 모든 이가 공유하는 평등한 자유의 완전한 체계가 최소 수혜자에게 부여되는 가치를 극대화하도록 편성되어야 한다는 것이다.

존 롤스, 「사회정의론」

---

g-2

좀 더 나은 사회를 건설하기 위해서는 어느 정도 개인의 자유를 제한하는 것이 불가피하다는 인식이 만연해 있다. 이는 사회를 규율하는 질서와 원리가 의도적 설계의 산물이라고 보는 사고방식의 결과이다. 이것은 명백한 오류이자 위험천만한 발상으로서 20세기 문명을 전체주의로 빠져들게 한 주범이다. 전지전능한 사람이 존재해서 사회의 모든 구체적 사실과 상황, 결과 및 그 사이의 인과 관계를 완벽하게 알고 있다면 사회가 추구해야 할 가치와 목적을 정하고 그 목적에 따라 사회를 설계할 수 있을 것이다. 그러나 어떤 개인이나 집단도 그런 능력을 갖고 있지는 못하다.

사회의 기본 질서는 누군가 의도적으로 설계한 것이 아니라 무한히 복잡하고 불확실한 상황에 개인들이 적응하는 과정에서 다양한 시행착오를 통해 형성되어 온 것이다. 오늘날 우리가 지키고 있는 관습이나 도덕은 모두 이것을 지키는 것이 좋다는 반복적 경험과 학습을 통해서 나온 것이지 의도적으로 만들어 낸 것이 아니다.

사회가 진보의 방향으로 나아가는 것도 이러한 자율적 성격에 힘입어서이다. 사회를 발전시키는 동력은 정부가 주입하는 사고와 제도가 아니라 사회 구성원들이 새로운 생각과 행동 방식을 끊임없이 시험하는 과정 그 자체이다. 개인들은 각자의 목표를 달성하기 위해 저마다의 지식을 활용해 자유롭게 행동을 결정하며, 이 과정을 통해 사회는 점차 진보해 간다. 이러한 사회 운영의 원리를 지키기 위해서는 구성원 각자에게 개인의 자유와 사적 영역을 보장할 필요가 있다. 개인은 무엇이 자신에게 중요한지, 어떻게 행동해야 하는지 스스로 판단할 능력과 권리가 있으며, 또한 생각과 행동의 자유를 침해받지 않을 자격이 있다. 예외적으로 정부의 개입이 정당화되는 것은 개인의 사적 영역을 타인의 침해로부터 지키기 위해서 필요한 경우에 한한다.

사회 구성원 사이의 자율적 조정에 대비되는 것이 간섭, 즉 의도적 개입이다. 간섭은 명령권자가 의도한 특정 결과를 달성하기 위한 행위로서 그대로 두었더라면 성취되지 않았을 방향이나 속도를 강제하는 것이다. 우리는 시계에 기름을 치거나 태엽을 감는 것처럼 어떤 기계 장치가 적절히 기능하는 데 필요한 일을 하면서 이를 간섭이라고 부르지는 않는다. 시계 바늘을 한 시간 뒤로 돌리는 것과 같이 통상적인 작동 원리와는 부합하지 않는 방식으로 어떤 부분의 위치나 기능을 바꿔 놓았을 경우에만 간섭했다고 말한다. 이처럼 간섭의 목적은 외부 개입 없이 본래의 원리에 따르도록 내버려 두었을 때 발생했을 결과와는 다른 특정 결과를 산출하는 데 있다.

간섭의 극단적 형태는 노예에 대한 주인의 지배 혹은 국민에 대한 독재자의 지배처럼 한쪽의 의지에 다른 한쪽을 강제로 복종시키는 것이다. 정도의 차이는 있지만 현대 사회에서도 간섭의 예를 찾아볼 수 있다. 장발과 짧은 치마 단속, 심야 통행금지, 과외 교습 금지 등이 그것이다. 오늘날에도 정부는 국민의 복리를 증진시킨다는 명목으로 국민 생활의 다양한 부문에 개입하고 있다.

사회의 특정 부문에 간섭함으로써 생겨나는 결과는 자유의 원리와 공존할 수 없다. 의도적 개입은 단기적으로는 목적한 효과를 거두는 것처럼 보일지 모르지만 예상치 못한 부작용을 유발함으로써 결국에는 더 큰 문제를 초래하게 된다. 간섭으로는 바람직한 사회를 이룰 수 없다. 오랜 시간 시행착오를 거쳐 형성된 자생적 질서만이 보편적이고 일관된 원칙들의 체계를 점진적으로 만들어 갈 수 있는 것이다. 간섭은 각자가 처한 상황에 자발적으로 대응할 수 없게 함으로써 개인들 사이의 자율적 조정을 방해한다.

하이에크, 『법, 입법 그리고 자유』

아래 제시문에서 불평등이 만들어지는 과정을 설명하시오.

그는 숨을 깊게 들이쉰 뒤 자신의 계획을 실행에 옮겼다. "우리 반을 푸른 눈과 갈색 눈 그룹으로 나누도록 하자. 오늘은 푸른 눈을 가진 사람이 낮은 사람이고 갈색 눈을 가진 사람이 높은 사람이야. 갈색 눈을 가진 사람이 푸른 눈을 가진 사람보다 낫다는 거야. 갈색 눈을 가진 사람은 푸른 눈을 가진 사람보다 깨끗해. 그리고 더 교양이 있단다. 갈색 눈을 가진 사람은 푸른 눈을 가진 사람보다 똑똑해. 정말이야. 진짜로 그렇거든."

갈색 눈의 아이들은 의자에 몸을 더 곧추세우고 앉았다. 푸른 눈의 아이들은 무슨 말인지 잘 이해하지 못한 채 얼굴을 찡그렸고 불편한 듯 몸을 뒤틀었다. 푸른 눈의 소년 하나가 의자에 철퍼덕 주저앉았다. "네 눈이 무슨 색이지?" 그가 소년에게 물었다. "푸른 색요." 소년이 대답했다. "너는 교실에서 그렇게 앉으라고 배웠니?" "아니요." "푸른 눈을 가진 사람은 교실에서 뭘 배웠는지 기억이나 하고 있니?" 그가 학급 아이들에게 물었다. 사태가 어떻게 진행되는지 알아차린 갈색 눈의 아이들 쪽에서 합창이라도 하듯 "아니요!" 하는 대답이 나왔다. 그 푸른 눈의 소년은 이제 꼿꼿하게 앉은 채로 손을 책상 위 정중앙에 단정히 포개어 놓았다. 반에서 그와 가장 친한 친구인 갈색 눈의 소년이 그의 근처에 앉아 있었는데, 멸시하고 업신여기는 듯한 눈초리로 그 소년을 바라보았다. 일은 그렇게 빨리 시작되었다.

그날의 규칙을 열거할수록 갈색 눈을 가진 아이들의 기쁨은 커져 갔고, 푸른 눈을 가진 아이들의 불편함은 늘어났다. 갈색 눈의 아이들은 교실의 분수식 식수대를 평소처럼 사용할 수 있었다. 푸른 눈의 아이들은 종이컵을 사용해야 했다. 갈색 눈의 아이들은 쉬는 시간을 5분 더 가질 수 있었다. 그들은 점심도 먼저 먹으러 갔으며 점심 먹는 줄에 누구랑 같이 설지 선택할 수 있었고, 음식을 더 먹을 수 있었다. 교실 앞쪽에는 갈색 눈의 아이들만 앉을 수 있고, 줄반장도 갈색 눈의 아이들이 맡았다. 푸른 눈의 아이들은 이 중 무엇도 할 수 없었다.

　　그날 일은 그렇게 진행되었다. 갈색 눈의 아이들은 푸른 눈의 급우들을 놀려먹는 데 특별한 즐거움을 느꼈다. 푸른 눈의 아이들을 쉬는 시간에 함께 놀자고 초대한 갈색 눈 아이는 아무도 없었다. 가장 인기 있는 아이 중 하나였던 사랑스럽고 총명한 푸른 눈의 소녀는 그 중압감을 이기지 못해 거의 정신이 분열될 지경이었다. 갑자기 구부정하게 걷기 시작했고 행동이 어색해졌으며, 뭐든 두 번씩 했고 수업을 따라오는 데 애를 먹었다. 쉬는 시간에 절망적인 모습으로 운동장을 가로질러 걸어가던 그 소녀는 전날까지만 해도 가장 친한 친구였던 갈색 눈의 소녀가 일부러 뻗은 팔에 등을 부딪혔다.

윌리엄 피터스 지음, 『푸른 눈, 갈색 눈』

다음 소설에서 자유에 제한이 필요한 이유는 무엇인지 설명하고, 이를 반박하시오.

"우리들이 하구픈 대로 내버려 두면 될걸 왜 하필 여기 끌어다 가둬 놓구 이러시는 거예요?"

"그게 잘못된 생각야. 너희를 가둬 두다니? 부모 없는 너희를 보호해 주기 위해 이러는걸. 너희 하나하나가 한 사람 구실을 할 때까지 말야."

"가둔 게 아니면 가시철망은 뭘 하러 쳤어요?"

"그건 밖에서 너희를 노리는 사람이 있어서 그러는 거지."

"야경은요? 밤에 우리가 어쩔까 봐 그걸 지키는 게 아녜요?"

"그것 역시 밖에서 너희를 노리는 사람이 있어서 그걸 막자는 거다."

"사실은 야경대가 있기 땜에 더 달아나구 싶은 생각두 들구, 뭘 훔치구 싶은 생각두 들게 돼요. 어디 누가 견디나 보자 하구요."

"그게 또 무슨 소리야. 야경하는 애는 누구구 너희는 누구야. 이곳은 너희들의 집이야. 너 나 할 것 없이 모두가 지켜야 하는 거야."

종호는 계속해서 이 소년에게 무슨 말이고 한마디 해 줘야 할 걸 느끼며,

"좀 전에 너는 너희들이 하구 싶은 대로 그냥 내버려 달라구 했지? 그러나 세상에는 자기 하구 싶은 대루 해선 안 되는 일이 얼마든지 있어. 가령 여기 어떤 사람이 병원에 입원해 가지구 수술을 했다구 하자. 아니, 내가 이 팔을 짤리었을 때 일을 얘기하지. 마취약 기운이 없어지니까 수술한 자리가 어떻게나 쑤시구 아픈지 모르겠어. 나는 참다 못해 의사더러 진통제든지, 아픈 걸 없어지게 하는 약 말이야, 그렇잖으면 잠자는 수면제라두 달라구 졸랐지. 나두 의학을 공부한 일이 있어서 그런 약을 함부루 써서는 안 된다는 것쯤 모르는 바 아니지만 참다못해 그런 거야. 물론 의사는 내 말을 들어줄 리 없지. 내 편에서 보면 꼭 그 약을 썼으면 아픈 걸 잊겠는데 의사는 들어주지 않는단 말야. 그건 의사가 내 고통을 몰라서 그러는 게 아니거든. 결국 날 위해서 그러는 게

지. 만일 그런 약을 내가 달라는 대루 주면 그때그때의 내 고통은 잊어버리겠지만 그것 땜에 내 몸에 딴 이상이 생겨두 그걸 깨달을 수 없게 되니 말야. 그리구 이건 또 배 수술 할 때 얘긴데 배 수술 환자에게는 어느 시간까지 음식물을 안 먹이게 돼 있어. 목이 타 죽을 지경이라두 물 한 방울을 주지 않어. 꼭 물 한 모금만 먹으면 살 것 같은데두 주지 않어. 어떤 사람은 견디다 못해 간호하러 와 있는 집안 식구를 졸라 대어 물을 먹구서 죽는 수두 있어."

종호는 이 수술 환자의 예를 빌린 자기의 이야기 뜻이 얼마큼이나 눈앞의 소년에게 전해졌을까가 의심스러웠다. 좀 더 알아듣기 쉬운 적절한 말이 있을 것 같았다. 그러나 그게 안 되는 것이었다. 종호는 자기의 부족함을 느껴야만 했다.

황순원, 『인간접목』

법은 정의인가

정의란 무엇이고, 법이란 무엇인가,
법은 반드시 따라야 하는가의 문제

근대의 국가는 법치주의 국가를 기본으로 한다. 법치주의는 절대주의를 부정하고 성립한 근대 시민국가의 기본적인 정치 원리이다. 법치주의란 인간이 아니라 법이 지배하는 국가를 말하고, 법치주의는 피지배자와 지배자 모두가 법에 의해 강제되는 국가다. 법이란 국가권력에 의해 강제되는 사회 규범이며, 법이 가진 강제력의 근거는 법이 정의를 실현한다는 데에 있다. 즉 법의 목적은 정의의 실현이다. 하지만 법이 언제나 정의를 실현하는 것만은 아니다. 논술에서 문제가 되는 주제는 주로 법과 정의가 일치하지 않을 때를 다루는 경우가 많다.

이 장에서는 법치주의의 의미를 통해 법의 의미를 이해하고, 법이 정의를 실현하지 못하는 경우 저항할 수 있는 시민불복종을 주로 다루게 될 것이다.

a에서 독자들은 동서양 고전에 등장하는 법의 정당성을 비교하여 각각의 근거가 무엇인지 정확히 파악하여 요약해 보자.

b는 초기 법치주의와 오늘날의 법치주의의 큰 차이를 이루는 형식적 법치주의와 실질적 법치주의를 비교하여 실질적 법치주의가 필요한 이유를 한 편의 논술로 완성해 보자.

c는 d의 시민불복종의 조건이 되는 상황을 설명하는 글인데, 독자들은 두 제시문을 읽고 법과 정의의 근거가 무엇인지를 찾아 요약해보고, d의 세 제시문을 읽고 시민불복종의 조건에 대해서 설명해 보기 바란다.

e의 제시문들은 법을 통한 형벌의 목적이 무엇인지에 대한 두 가지 입장인데, 독자들은 두 입장을 분류하여 각각의 입장을 비교 요약해 보기 바란다.

연습문제는 형식적 법치주의와 실질적 법치주의의 개념을 이해하여 법에 대한 개인의 복종이 일으킨 문제를 다룬 사건을 평가하는 문제이다. 이 장의 제시문을 이해한 후 홉스와 아리스토텔레스의 입장에서 아이히만에 대한 평가가 어떻게 가능한지에 대한 논술을 완성해 보기 바란다.

법은 정의인가
정의란 무엇이고, 법이란 무엇인가, 법은 반드시 따라야 하는가의 문제

---
a-1

소크라테스: 법률은 아마도 나에게 말할 걸세. "소크라테스여, 지금 그대가 꾀하는 것으로 그대는 우리한테 올바르지 못한 짓을 하게 된다는 것을 생각하라. 우리는 그대를 태어나게 하여 양육하고 교육하였으며, 우리가 할 수 있는 것이면 온갖 훌륭한 것들을 그대에게 나눠 주었으니까. 그렇기는 하지만, 우리는 아테네인들 가운데 누구든 원하는 사람에게는 우리가 그의 마음에 들지 않을 경우에는, 자신의 것들을 갖고서 어디든 자기가 원하는 곳으로 떠나갈 수 있다는 것을 공포하고 있으며 우리 법률의 어느 조항도 그의 이주를 방해하거나 금지하지 않지. 하지만 그대들 가운데 누구든, 우리가 나라를 경영하는 방식을 보고서 머무른다면, 우리는 이미 이 사람이, 우리가 시키는 것을 이행하기로 우리와 사실상 합의한 것이라고 여기지. 그래서 우리에게 복종하지 않는 자는 삼중으로 잘못을 저지르는 것이라고 간주하지. 그 자는 자기를 태어나게 한 우리에게 불복하고, 자기를 양육한 우리에게 불복할 뿐 아니라, 우리에게 복종하지 않는 타당한 이유를 들어 우리를 납득시키지도 않는다는 것이지. 소크라테스여, 그대가 의도하는 바를 그대가 행할 경우에는, 그대도 이 비난들을 고스란히 받게 되지. 그것도 아테네인들 중에 가장 비난을 많이 받을 것이야." 그래서 내가 만일 법률에게, "그건 무엇 때문이죠?" 하고 묻는다면, 아마도 법률은 내가 아테네인들 중 어느 누구보다도 더 법률과의 합의에 동의했기 때문이라고 말하면서 나를 나무랄 거야. 법률은 내가 아테네를 사랑하는 증거들을 들면서 말하겠지. "소크라테스여, 그대는 그처럼 열렬하게 우리를 택하였고, 우리를 따라 시민 생활을 하기로 합의했는데, 이는 이 나라가 그대의 마음에 들었기 때문이지. 그러니까 이번 재판의 경우만 해도 그대는 그 재판에서 국외추방의 형량을 제의할 수 있었지. 지금 그대가 나라의 뜻을 거스르며 국외로 탈출

하려는 바로 그 일을, 그때는 나라가 기꺼이 허락하는 가운데 할 수 있었다는 말이지. 하지만 그 재판에서 그대는 설령 죽게 되더라도 결코 화를 내지 않을 것이라고 뻐기면서 국외추방보다는 죽음을 택했지. 그러나 지금 그대는 자신이 했던 말을 부끄러워하지도 않거니와 법률인 우리를 존중하기는커녕 파멸시키려 하고 있어. 그대는 우리와 맺은 합의 사항들을 어기고 도망하려 함으로써, 가장 미천한 노예나 함직한 짓거리를 하고 있느니라. 그러니 먼저 이 질문에 대답하라. 그대가 우리와 시민 생활을 하기로 합의한 것이 말뿐이 아닌 실제 행동으로써 그러기로 한 것이라고 우리가 주장한다면, 우리는 진실을 말한 것인가" 크리톤, 나는 이에 대해 뭐라고 말할 것인가? 동의할밖에?

크리톤: 소크라테스, 물론 동의하지 않을 수 없지.

플라톤, 『크리톤』

---

a-2

섭공: 모처럼 먼 길을 오셨으니, 오늘은 제가 선생님께 정치를 하는 바른 도리에 대해 듣고 싶습니다.

공자: 허허, 공께서 그리 청하시니 말씀드리겠습니다. 먼저 가까이 사는 백성들이 늘 기쁜 마음으로 살도록 해주십시오.

섭공: 그거야 당연한 것 아니겠습니까. 저의 백성들은 모두가 기뻐하며 잘 살고 있습니다.

공자: 그렇다면 멀리 사는 사람들이 공의 덕을 흠모하여 가까운 곳으로 이주할 수 있도록 하실 수 있겠습니까?

섭공: 아니, 이거 부끄럽습니다. 아직 거기까지는 제 힘이 미치지 못하고 있습니다. 앞으로 한층 더 신경을 쓰도록 하겠습니다. 그런데 정치란 백성을 기쁘게 하는 것만이 능사는 아니지 않습니까? 백성을 올바르게 하는 게 더 중요하지 않겠습니까?

공자: 말씀하신 그대로입니다. 정치(政治)란 잘못된 것을 바로잡는 정치(正治)인 것이기도 하지요.

섭공: 예, 부끄럽지만 저는 백성을 바르게 이끄는 일에서는 아주 자신합니다.

공자: 그거 잘된 일입니다. 그런데 공께서 백성들을 어떤 식으로 바르게 이끄는지 구체적으로 말씀해 주실 수 있겠습니까?

섭공: 바로 얼마 전에 일어났던 일을 말씀드리겠습니다. 어떤 사람이 길을 잃은 양이 자기 집에 들어오자 시치미를 뚝 떼고 제 것인 양 챙겼습니다. 물론 이웃은 고발을 했지만 증거가 없었기에 달리 방법이 없었습니다. 그런데 그 사람의 아들이 관청에까지 나와 "국법을 속일 수 없다"라고 하면서 제 아비가 거짓말을 했다는 것을 알려주었습니다. 그래서 관청에서는 아비에게 벌을 주고 아들에게는 상금을 주어 처리했습니다. 우리나라에서는 이런 사람을 바르다고 말합니다. 그 젊은이는 국법을 지키고자 했던 것입니다. 법이 지켜지지 않으면 나라의 기강을 어떻게 세우겠습니까? 그 젊은이는 가족이라는 사적인 관계보다 공적인 것을 더 먼저 생각한 것이니 장하지 않습니까? 법이란 반드시 지켜야 하는 것입니다. 군주라 해서, 아버지라 해서 숨겨주고 덮어준다면 그게 어찌 법이겠습니까?

공자, 『논어:자로편』

---

b-1

법치주의란 국가의 운영이 국회가 미리 제정한 법률에 근거하여 수행되어야 한다는 민주 정치의 원리를 말한다. 법치주의에 따르면 국민의 기본권을 국가가 함부로 제한할 수 없고, 자의적인 지배가 금지되며 법률에 근거한 공권력 행사만이 허용된다. 또한, 법률로 금지되는 행위와 그에 따른 결과를 분명히 함으로써 국민이 법률에 의하지 않고는 어떠한 불이익이나 제재를 받지 않기 때문에 안정적인 생활을 영위할 수 있게 된다. 이렇듯 법치주의는 국가 권력에 의한 자의적이고 독단적인 지배를 지칭하는 '인(人)의 지배'를 배척하고, 국가 권력을 법에 구속함으로써 국민의 자유와 권리를 옹호하는 것을 목적으로 삼고 있다.

(중략)

초기의 법치주의에서는 형식적인 합법성이 크게 강조되어, 행정과 재판이 법률에 적합하기만 하면 그 법률 자체의 목적이나 내용을 문제 삼지 않는 경우가 있었다. 이

때의 법치주의는 법률을 도구로만 이용한 합법적 지배, 즉 법률주의에 머무를 가능성이 있다.

(중략)

외형상으로는 통치의 합법성을 갖춘 것처럼 보이지만, 국민의 자유와 권리를 보장하지 못하기 때문에 법의 내용적인 측면에서 그 정당성이 결여된 법치주의 형태를 뜻한다.

(중략)

오늘날의 법치주의는 국민의 권리·의무에 관한 사항을 법률로써 정해야 한다는 형식적 법치주의에서 그치는 것이 아니라,(중략) 정의의 실현을 목적과 내용으로 하는 법의 지배가 이루어지게 함으로써 인간의 존엄성을 추구하고 실질적 자유와 평등을 실현하고자 하는 것이다. 따라서 현대의 법치주의에서는 헌법을 최고 규범으로 인정하여 개인의 기본적 자유를 국가의 침해로부터 보호하는 가운데 법의 내용과 절차적 정당성까지 요구하고 있다.

손병로 외, 『법과 정치』

---

b-2

고향을 떠나 세상 곳곳에서 여러 가지 형태의 정체를 경험하고 공부한 리쿠르고스는 마침내 그의 백성들에게로 돌아와 스파르타의 정체를 혁명적으로 바꾸기 시작했다. 입법은 삼 단계로 진행되었다. 지도자를 포함하여 서른 명으로 구성된 원로원이 법안을 발의하면, 시민들이 투표로 법안의 채택 여부를 결정하고, 이 투표 결과에 대해 다시 원로원과 왕이 거부권을 행사할 수 있었다. 리쿠르고스가 주도한 입법의 핵심은 시민들을 혼자서는 살고 싶지도 않고 살 수도 없도록, 그리하여 늘 공동체의 유기적 구성원이 되어 지도자를 중심으로 뭉치고, 전적으로 조국을 위해 헌신하는 데 익숙해지게 만드는 것이었다. 리쿠르고스는 개인의 소유물을 모두 공동 소유로 해서 불평등의 뿌리인 개인의 탐욕을 없애는 한편, 계속되는 공동생활을 통해 사적인 삶의 영역이 남지 않도록 했다. 아이들도 아버지의 소유가 아니라 국가의 자산이었다. 아이가 태어나면 부족의 어른들이 공식적으로 심사하여 기를지 버릴지를 결정했다. 처음부터 건강과 체력을 타고나지 못한 아이는 아이 자신을 위해서나 나라를 위해서나 죽는 것이 더 낫다고 믿었기 때문이었다. 일곱 살이 되면 아이들을 나라가 맡아 집단생활을 하게 했으니 아이들은 같은 규칙과 제도 아래 놀고 배우는 데 익숙해졌다. 소년들의 교육은 일종의 복종 연습이었다. 읽고 쓰기는 최소한만 배웠고 나머지 교육은 오로지 복종하고, 어려움을 견디고, 전투에서 이기는 법을 배우는 일에 바쳐졌다. 이렇게 해서 국민들은 강해졌고 스파르타는 전쟁 준비보다 전쟁이 더 많은 휴식을 가져다주는 유일한 나라가 되었다.

마침내 리쿠르고스가 세운 제도들이 스파르타에 뿌리를 내려 충분히 성장함으로써 스파르타는 자력으로 체제를 유지할 수 있게 되었다. 이에 큰 기쁨과 만족을 느낀 리쿠르고스는 자신의 입법이 변하지도 멸하지도 않고 후세에 전해지기를 열망했다. 그는 민회를 소집해 놓고 백성에게 이르기를 이미 취해진 조치들로도 국가의 번영과 미덕을 증진하기에 충분하겠지만 델포이 신의 확인을 받는 절차가 아직 남았으니, 그 절차를 마친 후 그 내용을 공표하겠다고 했다. 그러니 자기가 델포이에서 돌아올 때까지 기존의 법을 준수하되 바꾸거나 변형하지 말라고 당부하며, 그곳에서 돌아오면 신이 좋다고 생각하는 대로 행하겠다고 했다. 백성들은 모두 이에 찬동했다. 그가 돌아올 때까지 기존의 정체를 유지하고 지키겠다는 맹세를 백성들로부터 받은 다음 그는 델포이로 떠났다. 신전에 도착하자 그는 신에게 제물을 바치고, 자기가 제정한 법이 과연 국가의 번영과 미덕을 증진하기에 충분할 만큼 훌륭하냐고 물었다. 그 법이 훌륭하여 국가가 그의 정체를 유지하는 동안에는 더없이 추앙 받게 될 것이라는 신의 대답이 돌아왔다. 그는 이 신탁을 받아 적어 스파르타로 보냈다. 한편 그는 조국으로 돌아가지 않고 자살하기로 결심했다. 그는 사는 것이 아직은 짐스럽지 않고 죽는 것도 두렵지 않은 나이였다. 하지만 그는 곡기를 끊고 굶어 죽었다. 정치가는 죽으면서도 나라에 봉사해야 하는 만큼 정치가의 인생 종말은 무익한 것이 아니라 일종의 덕행이 되어야 한다는 것이 그의 생각이었다. 그는 더없이 훌륭한 일을 성취한 만큼 자신에게는 죽음이 행복의 진정한 완성이 되고, 시민에게는 자신의 죽음을 통해 자신이 생전에 베푼 모든 축복의 수호자가 되고자 했다. 그들은 그가 돌아올 때까지 그의 정체를 준수하겠다고 맹세했기 때문이다.

플루타르코스의 영웅전, 『그리스를 만든 영웅들』발췌

b-3

국민이란 한 국가에 소속된 사람들을 말한다. 만약 왜 어떤 사람이 타인과 더불어 일정한 국가에 속하는가를 묻는다면 그가 타인과 더불어 상대적으로 집중화된 일정한 강제질서에 복종하기 때문이라는 기준 외에는 달리 기준을 찾을 수 없다. 언어나 인종, 종교 또는 세계관이 서로 다르고 계층 간의 대립 및 기타 다양한 이해관계의 충돌로 서로 분리되어 있는 사람들을 결합하여 하나의 통일체로 묶어 주는 또 다른 연결고리를 찾고자 하는 모든 시도는 실패할 수밖에 없다. 법적 구속의 문제를 제쳐 둔 상태에서, 한 국가에 속하는 모든 사람을 일정한 방식으로 결합시켜 주는 그 어떤 종류의 정신적 상호작용을 제시하기란 특히 불가능하다.

(중략)

어떤 사람이 국가의 일원인지의 여부는 심리학적 문제가 아니라 법적 문제이다. 국민을 형성하는 사람들의 통일체는 다름 아닌, 동일한 법질서에 의해 규율된다는 사실에서 인식될 수 있다. 국민이란 국가법 질서의 인적 적용 범위이다.

한스 켈젠, 『순수 법학』

b-4

아테네인: 나라를 세워가는 과정에서는 항상 지배하는 쪽이 법률을 제정한다고 사람들은 주장합니다. 그렇지 않습니까?

클레이니아스: 참된 말씀입니다.

아테네인: 따라서 혁명에 승리한 민중이든 정치가들 혹은 참주*든 그 누구라도 자신의 정권을 유지하는데 이익이 되지 않는 것을 목표로 삼아 법률을 제정하는 경우가 있을 것이라 생각하십니까?

클레이니아스: 어찌 그럴 수 있겠습니까?

아테네인: 그리고 법을 제정한 사람은 법을 범하는 자들을 올바르지 못한 일을 저질렀다면서 응징하지 않겠습니까? 그렇게 응징하는 것이 정의로운 일이라고 주장하면서 말씀입니다.

클레이니아스: 확실히 그럴 것 같습니다.

아테네인: 따라서 제정된 법률은 언제나 이런 방식으로 한 나라 안에서 정의로움을 유지할 것입니다. 그리고 이것은 통치자가 갖추어야 할 자격과 관련한 주장이기도 합니다. 어버이는 자식들을 다스리고, 원로들은 젊은이들을, 고귀한 사람들은 미천한 사람들을 다스려야 할 것이라고 우리가 앞서서 논의했듯이 말이지요.

클레이니아스: 예, 그런 문제들에 대해서 이야기했지요.

아테네인: 그러면 우리의 나라를 어느 쪽 부류의 사람들에게 넘겨야 할 것인지 생각해 보십시오. 누가 지배권을 행사해야 할 것인가를 두고 경쟁하는 과정에서 승리한 사람들은 나라의 관직을 독차지해 버립니다. 그리고는 패자들에게나 그들의 자식들에게 어떤 자리도 나누어 주지 않고 오히려 그들을 감시합니다. 혹시라도 그들이나 그들의 자식들 중 누군가가 관직에 오르더라도, 이전에 있었던 나쁜 일들을 기억하고 반란을 일으키는 일이 없도록 하기 위해서죠. 그러나 우리는 이런 것을 올바른 나라가 취해야 할 방식이라고 여기지는 않습니다. 게다가 사람들은 틀림없이 나라 전체의 선을 목표로 제정되지 않은 법률은 부정의하다고 생각할 것입니다. 법률이 일부의 사람들만을 위한 것일 경우에, 우리는 이 사람들을 패거리라고 부르지 시민들이라 부르지 않기 때문입니다. 사실 우리는 이러한 사람들을 올바르다 여기지도 않을 것입니다. 따라서 선생의 나라에서 누군가에게 관직을 맡길 때에는, 그 사람이 부유하다는 이유로, 또는 다른 그러한 조건들, 즉 힘이 세거나, 체격이 좋거나, 훌륭한 가문 출신이라는 이유로 통치하는 자리에 앉도록 해서는 안 됩니다. 오히려 그 나라 안에서 제정된 법률에 가장 잘 따름으로써 승자의 위치에 오른 사람들에게 나라를 다스리는 책임을 지워야 합니다. 제가 오늘날 통치자들을 법률에 대한 봉사자로 부르자고 제안한 것은 지금까지 우리가 사용하고 있는 명칭들을 쇄신하고자 해서가 아니라, 나라를 구하는 가장 좋은

방법이 바로 그렇게 하는 것이라고 믿고 있기 때문입니다.

　* 참주: 고대 그리스의 폴리스에서 비합법적으로 독재권을 확립한 지배자.

플라톤, 『법률』 발췌

─────────────────── **b-5** ───────────────────

법이 국민의 의사를 충분히 반영해서 만들어졌다거나 최소한 국민들이 법에 동의했다고 말할 수 있는 경우는 언제일까? 의회가 만든 법률은 과연 그러한 조건을 충족하는가? 만일 그렇다면, 단순다수결은 일반의지의 반영이라고 주장할 수 있는가? 법의 내용이 국민의 대표자 51퍼센트 다수에 의해 결정되면, 나머지 49퍼센트 국민에게도 마찬가지로 합의에 의한 구속력을 가지게 되는가? 의회에서 만장일치에 도달하지 못한 표결이 도대체 어떤 근거에서 정당성의 기준을 충족할 수 있다는 것인가? 우리는 마치 절대 변화하거나 변형되어서는 안 된다는 듯이 법률을 '철(鐵)'칙이라고 부른다. 그러나 돌이켜보면 인간이 만든 것에 변치 않는 것은 아무것도 없다. 법률도 그러하다. 어떤 법률도 '철'칙이 아니다. 법률은 인간이 만든 평범한 규칙에 불과하다. 우리는 당연하고 필수적인 것처럼 주장되고 받아들여졌던 법률이 사회의 문화적, 윤리적 가치가 변하면서 그 필요성과 정당성을 의심받게 되고 결국 다른 법률로 대체되는 것을 역사에서 자주 보아왔다.

칼 슈미트, 『합법성과 정당성』

─────────────────── **b-6** ───────────────────

동서고금을 막론하고 자의(恣意)에 의한 지배가 아닌 법치 또는 법의 지배는 좋은 통치 체제 이상의 핵심이다. 집행 이전에 미리 확립되었고 모두에게 똑같이 공평하게 적용되는 일반적이고 공적인 법규범을 통한 통치가 법치사상의 핵심이다. 우리는 "본질적으로 동등한 집단에 속하는 개인들을 동등하게 대우하라"는 규범을 형식적 정의 및 법치의 요청으로 풀이한다. 흔히 '법 앞의 평등'이라고 할 때는 "어떤 규율에서 정해진 요건을 동일하게 충족하는 개인들을 동일하게 대우하라"는 규율의 공평한 적용의 요청, 즉 형식적 평등을 떠올린다. 그리고 이 형식적 법치의 요청은 법규범이 반드시 갖추어야 할 필수적인 요건이며, 법에 본래부터 내장된, 그것이 충족되지 않으면 법이 아니게 되는 법형식이다. 그러나 이러한 법치, 즉 '법에 있어서의 정의(legal justice)'를 "본질적으로 유사한 집단에 속하는 것들은 동등하게 취급하라"는 형식적 정의 및 법의 요청으로만 파악하는 태도는, 법치와 정당성 사이의 관계를 매우 일면적으로만 이해했을 뿐이다.

만일 "모든 인디언을 죽이라"는 규율이 있을 때 동정심으로 어떤 인디언을 살려준다면 이 행위는 정의롭지 못한가? "여자는 선거권을 갖지 못한다"는 규율을 여자들 모두에게 적용한다면 공평하게 대우한 셈이므로 정의인가? 이러한 예들은 공평한 규율의 집행이 법치의 필요조건이기는 하지만 충분조건은 아니라는, 또는 '부분적 법치'에 지나지 않는다는, 아주 상식적인 결론에 도달하게 한다. 규율의 공평한 집행이 명백하게 부정의(不正義)를 낳는 경우를 '형식적 정의 및 법치의 역설'이라고 부를 수 있다. 정의의 근본 요청인 "각자에게 각자의 것을"이라는 표어가 독일 나치 시대 아우슈비츠 수용소 정문에 걸려 있었다는 사실은 '형식적 정의 및 법치의 역설'이 낳은 무시무시한 결과의 예이다.

우리는 인디언의 사례에서 "'정의롭지 않은 결과가 반복적으로 초래되는 경우를 제외한다면' 동등한 경우는 동등하게 대우하라"는 내용을, 여자 선거권의 예에서는 "규율의 공평한 집행은 '그 규율이 정의로운 규율 체계에 속하는 한에서만' 정의를 보장한다"는 내용을 첨가해야만 이 역설로부터 벗어날 길을 찾을 수 있을 것이다. 이렇게 본다면 형식적 법치의 요청, 즉 형식적 평등의 요청이 지향하는 바를 다음과 같이 요약할 수 있다. 어떤 법규범이 규정하는 요건을 동일하게 충족하는 관련 당사자들을 동등하게 처우하라는 요청이 정의로운 것은 이 균등대우가 동등한 인간존엄성의 가치를 실현하는 데 적합하다고 인정되는 경우에만 해당되는 것이지 그 자체가 정의 및 법치의 목표 이념은 아니다.

김도균 외, 『법치주의의 기초 : 역사와 이념』발췌 후 재구성

───────────────── c-1 ─────────────────

사회 속에 모인 민중은 질서 있는 삶, 즉 덕행을 통하여 그들의 목적에 도달한다. 이 공동 목적에 도달하는 것 또는 도달에 기여하는 것이 바로 공동선(共同善)이다. 그러므로 인간의 개별행위와 집단행위는 자연적으로 공동선에 기초하고 있다. 즉 개인의 고유한 선은 사회의 공동선과 독립적으로 실현되는 것이 아니며, 개인은 사회적 구성원이기 때문에 자기 고유의 선을 추구함에 있어서 사회 전체의 선을 고려해야 할 의무가 있다. 그러므로 개인의 선과 공동선의 조화가 요청되는 것이다. 토마스(St. Thomas)의 법 이론에 있어서 공동선이 특히 중요한 이유는 공동선이 개인 및 사회의 공동 행위에 목적을 부여하고, 법적 의무 이론의 기준이 되며, 동시에 독재 또는 압제에 대한 저항의 근거가 되기 때문이다.

유병화, 『법철학』

───────────────── c-2 ─────────────────

정의와 법적 안정성이 서로 충돌하는 경우 그 해결 방식은 다음과 같을 것이다. 실정적인, 즉 규정과 힘을 통해 정립된 법은 비록 그 내용이 정의롭지 못하고 목적에 부합하지 않더라도 일단 우선성을 가진다. 그러나 실정법이 너무도 참을 수 없을 정도로 정의에 위반하는 경우에는 '정당하지 못한 법'이 되며 이때에는 정의가 법적 안정성에 우선한다.

(중략)

그런데 정의가 단 한 번도 추구되지 않은 경우, 즉 실정법의 제정 때 정의의 근본을 이루는 평등이 의도적으로 부인되고 침해되는 경우에 그 실정법은 '정당하지 못한 법' 조차도 되지 못하며 법으로서의 자격 그 자체가 박탈된다.

구스타프 라드부르흐, 『법률적 불법과 초법률적 법』

───────────────── d-1 ─────────────────

한 인간의 의무가 어떤 악을 근절하는 데 자신의 몸을 바치는 것이라고는 할 수 없다.

그는 그밖에도 다른 일들이 있는 것이며 그것들을 추구할 온당한 권리가 있다. 그러나 그는 최소한 그 악과 관계를 끊을 의무가 있으며, 비록 더 이상 그 악에 관심을 기울이지 않더라도 그 악을 실질적으로 지원하는 일이 없도록 할 의무가 있다.

(중략)

불의가 정부라는 기계의 필수불가결한 마찰의 일부분이라면 그냥 내버려 두라. 모르긴 하지만 그 기계는 매끄럽게 닳아서 돌아갈 것이다. 그렇지 않더라도 결국에는 닳아 없어질 것이다. 그러나 그 불의가 당신으로 하여금 다른 사람에게 불의를 행하는 하수인이 되라고 요구한다면, 분명히 말하는데, 그 법을 어기라. 당신의 생명으로 하여금 그 기계를 멈추는 반대의 마찰이 되도록 하라. 당신이 해야 할 일은, 당신이 극력 비난하는 해악에게 자신을 빌려주는 일은 없도록 하는 것이다.

(중략)

국가가 개인을 보다 커다란 독립된 힘으로 보고 국가의 권력과 권위는 이러한 개인의 힘으로부터 나온 것임을 인정하고, 이에 걸 맞는 대접을 개인에게 해줄 때까지는 진정으로 자유롭고 개화된 국가는 나올 수 없다.

(중략)

우리는 먼저 인간이어야 하고, 그 다음에 국민이어야 한다고 나는 생각한다. 법에 대한 존경심보다는 먼저 정의에 대한 존경심을 기르는 것이 바람직하다. 내가 떠맡을 권리가 있는 나의 유일한 책무는, 어떤 때이고 내가 옳다고 생각하는 일을 행하는 것이다. 단체에는 양심이 없다는 말이 있는데, 그것은 참으로 옳은 말이다. 그러나 양심적인 사람들이 모인 단체는 양심을 가진 단체이다. 법이 사람들을 조금이라도 더 정의로운 인간으로 만든적은 없다. 오히려 법에 대한 존경심 때문에 선량한 사람들조차도 매일매일 불의(不義)의 하수인이 되고 있다.

사람 하나라도 부당하게 가두는 정부 밑에서 의로운 사람이 진정 있을 곳은 역시 감옥이다. 매사추세츠 주(州)가 보다 자유분방하고 풀이 덜 죽은 사람들을 위해 마련해놓은 유일한 장소, 또 현시점에서 가장 떳떳한 장소는 감옥이다. 주 정부는 법령에 의해 그곳에 그 사람들을 몰아 가두었지만, 그들은 이미 자신들의 원칙에 따라 스스로를 추방했던 것이다. 도망노예나, 가석방된 멕시코인 죄수나, 자기네 종족이 당하는 억울함을 호소하기 위해서 온 인디언이 그 사람들을 만날 수 있는 감옥이다.

격리되어 있으나 실은 더 자유롭고 더 명예스러운 곳, 매사추세츠 주가 자기에게 동조하지 않고 반대하는 사람들을 가두는 곳, 노예의 나라에서 자유인이 명예롭게 기거할 수 있는 유일한 집이 감옥인 것이다. 감옥 안에서 그들의 영향력이 상실되고 그들의 목소리가 더 이상 정부를 괴롭히지 못하며 그들이 그곳의 담장 안에서는 더 이상 정부의 적이 되지 못하리라고 생각하는 사람들이 있다면, 그 사람들은 진리가 오류보다 얼마나 더 강한가를 모르는 것이요, 감옥 안에서 불의를 직접 겪어본 사람이 얼마나 더 큰 설득력을 가지고 효과적으로 싸울 수 있는가를 모르는 것이다. 당신의 온몸으로 투표하라. 단지 한 조각의 종이가 아니라 당신의 영향력 전부를 던져라. 소수가 무력한 것은 다수에게 다소곳이 순응하고 있을 때이다. 그때는 이미 소수라고 할 수도 없다. 그러나 소수가 전력을 다해 막을 때 거역할 수 없는 힘을 갖게 된다.

헨리 데이빗드 소로우, 『시민불복종』

---

d-2

정당한 법과 부당한 법의 구체적인 사례를 살펴봅시다. 부당한 법은 수와 힘의 측면에서 다수에 속하는 그룹이 소수 그룹에 대해서 준수를 강요하면서도 자신들은 전혀 구속받지 않는 법입니다. 마찬가지로 정당한 법은 다수 그룹 자신이 자발적으로 준수하면서도 소수 그룹에게 대해서 준수를 강요하는 법입니다.

(중략)

표면상으로 정당하지만 실제 적용에서는 부당한 법도 있습니다. 저는 허가받지 않은 시위행진에 참석한 혐의로 체포된 적이 있습니다. 시위행진을 허가 사항으로 규정한 법령 그 자체는 부당하지 않습니다. 하지만 만일 이 법령이 흑백 차별을 유지하고 (미연방헌법) 수정 헌법 조항 제1조의 평화적인 집회와 항의를 할 권리를 제한하기 위해서 이용한다면, 그것은 부당한 것이 됩니다.

(중략)

저는 극단적인 인종 차별주의자들처럼 법률을 빠져나가거나 무시하라고 주장하는 것이 아닙니다. 그렇게 되면 우리 사회는 무정부 상태가 될 것입니다. 부당한 법률을 위반하는 사람은 솔직하고 겸허한 태도를 가져야 하며 어떤 형벌도 달갑게 받아들여야 합니다. 양심적으로 부당하다고 판단되는 법률을 위반하되 지역 사회의 양심에 그 법률의 부당성을 호소하기 위해서 징역형도 불사한다는 사람이야말로 법률을 지극히 존중하는 사람입니다.

마틴 루서 킹 연설, "왜 우리는 기다릴 수 없는가"

───────────────────────── d-3 ─────────────────────────

19세기 후반 남아프리카의 약 7만 명의 인도인들은 백인에게 차별 대우를 받고 있었다. 마하트마 간디(Gandhi, M.K., 1869~1948)는 인도인의 지위와 인권을 보호하고자 남아프리카 연방에 대한 인종 차별 반대 투쟁 단체의 지도자로 활동하였다. 이때 간디는 '사티아그라하(Satyagraha)', 즉 진리의 힘이라는 원칙을 정립했다. 이는 불의에 맞서는 용기와 강인한 정신의 행동을 의미한다. 그것은 '한 개인이 고난을 견딤으로써 적을 무릎 꿇게 만들 수 있다.'라는 믿음에 뿌리를 둔 것이었고, 이 행동에서 중요한 것은 감옥행을 기꺼이 받아들이는 태도였다. 또한 간디는 '아힘사(ahimsā)', 즉 살아 있는 모든 것을 살생하지 말 것을 제시하였다. 비폭력은 사티아그라하에서 절대적으로 요구되는 것이었는데, 왜냐하면 폭력은 항의의 윤리적 순수성을 손상시키기 때문이다.

앤드루 커크, 『세계를 뒤흔든 시민 불복종』

───────────────────────── e-1 ─────────────────────────

법관의 형벌은 결코 범죄자 자신을 위해서건 시민사회를 위해서건 어떤 다른 선(善)을 조장하기 위한 단순한 수단일 수 없다. 도리어 그것은 언제나 범죄자가 죄를 범하였기 때문에 그에게 과하여지는 것이어야 한다. 형벌은 일종의 정언명령*이다. 공리론이 형벌관념 속에 뱀처럼 기어들어와 형벌이 약속해 줄 수 있는 어떤 유익을 통해 이 정언명령을 형벌에서 벗어나게 하거나 마치 '전체 백성이 죽는 것보다 한 사람이 죽는 것이 나오니라'라고 한 바리새인의 말에 따라 그 정도를 완화하려는 시도에 대하여 경계하고 방어할지어다! 왜냐하면 정의가 몰락한다면 인간은 더 이상 이 땅 위에 살 가치가 없기 때문이다.

시민사회가 그 구성원의 합의에 의해 해체된다 하더라도(예컨대 한 섬에 사는 백성들이 그 섬을 해체하고 다른 세상으로 흩어지기를 결의한 경우처럼) 감옥에 남아 있는 마지막 한 사람의 살인자만은 미리 처형하고 나와야 한다. 이로써 모든 사람은 자신의 범행이 어떤 값을 치루어야 할까를 경험하게 되고, 이 처형을 하지 않음으로써 피흘린 죄가 전체 백성에게 돌아가는 것을 막기 위함이다. 왜냐하면 처형을 하지 않은 백성도 정의에 대한 공공연한 침해에의 동참자들로 간주될 수 있기 때문이다.

　*정언명령: 무조건적 명령

칸트, 「국가 형벌의 목적과 책임의 구성적 기능」

--------- e-2 ---------

범죄는 이성적 존재가 보편적 입법원칙에 위반하여 타인의 자유를 침해하는 것이며, 형벌의 목적은 범죄의 예방이나 범죄자의 재사회화가 아니라 정의의 실현에 있다. 공적 영역에서 정의의 실현을 가능하게 하는 유일한 원리는 등가성의 원리이다. 따라서 타인에게 무고한 해악을 가했을 때 가해자는 동일한 해악을 자신에게 가하는 것으로 간주하여야 한다. 또한 인간을 수단이 아니라 목적으로 대해야 하기 때문에 범죄자의 인격을 위해서라도 인간이라면 누구나 자신의 행동에 대한 응분의 대가를 치러야 한다. 살인자를 처벌하지 않는 것은 정의를 침해하는 것이므로, 사회 구성원 모두가 살인죄의 동조자가 되지 않으려면 반드시 사형이 부과되어야 한다.

칸트, 「윤리형이상학」

--------- e-3 ---------

국가의 목적은 모든 시민 상호간의 자유보장, 다시 말해 각 개인이 자신의 권리를 완전하게 행사할 수 있으며, 권리에 대한 침해로부터 안전한 상태를 달성하는 데 있다.

따라서 모든 권리 침해는 시민 공동체의 본질적 목적과 모순되며, 그 때문에 국가 내에서 어떠한 권리 침해도 발생하지 말아야 한다는 점은 그 목적에 따른 필연적인 요청이다. 그 결과 국가의 임무는 그러한 침해를 완전히 저지할 수 있는 수단을 찾아내는 데 있다.

(중략)

국가는 인간의 그러한 욕구 능력에 효과적으로 대처할 수 있는 수단을 강구해야만 하며, 그로써 시민으로 하여금 심리적으로 어떤 범법행위도 저지르지 않도록 결정하게 해야 한다. (중략)인간은 자신이 선호하는 일정한 쾌락을 얻으려고 노력하는 반면에 자신의 본능에 반하는 것으로서의 불쾌나 고통으로부터는 달아나려는 존재이다. 그 때문에 인간은 더 큰 쾌락을 얻을 수 있을 때에만 상대적으로 경미한 쾌락을 거부하며, 그 큰 고통을 피할 수만 있다면 그보다 약한 불쾌는 감수한다(중략)따라서 일정한 행위 욕구를 충족시키지 못했을 때 겪게 될 불쾌보다 그 욕구를 충족시킬 때, 즉 법을 위반했을 때 뒤따르는 해악이 상대적으로 더 크다는 점을 모든 시민들이 확실히 인식한다면, 범법 행위는 저질러지지 않을 것이다.

포이어바흐, 「국가 형벌의 목적과 책임의 구성적 기능」

e-4

범죄에 대한 형벌은 오직 법률에 의해서만 규정되어야 하며, 이 권한은 사회 계약에 따라 결합한 사회 전체를 대표하는 입법자에게만 속한다. 형벌은 범죄에 비례하여야 하며, 필요한 정도를 넘어서는 형벌은 그 어떠한 것도 본질상 정의롭지 못하다. 형벌의 목적은 이미 범해진 범죄를 원상태로 회복하려는 것이 아니다. 형벌의 목적은 오직 범죄자가 시민에게 새로운 피해를 입히는 것을 예방하고, 다른 사람들이 유사한 행위를 하지 못하도록 하는 데 있을 뿐이다. 범죄를 예방하는 가장 효과적인 방법은 형벌의 잔혹성이 아니라 확실성과 지속성에 있다. 형벌이 잔혹하지만 피할 수 있는 경우보다 잔혹하지 않더라도 확실한 처벌을 하는 경우가 사람들에게 훨씬 강한 인상을 줄 것이다. 훌륭한 입법은 다수의 행복을 극대화하고 불행을 극소화하는 것이다. 강제는 오직 일시적인 복종만을 얻어낼 뿐이기 때문이다.

베카리아, 『범죄와 형벌』

(1)에 나타난 개념들을 이용하여 (2)와 (3)의 주장을 설명하고, (2)와 (3) 각각의 입장에 따라 (4)에 제시된 아이히만의 행위를 평가하시오.

(1) 법치주의란 국가의 운영이 국회가 미리 제정한 법률에 근거하여 수행되어야 한다는 민주 정치의 원리를 말한다. 법치주의에 따르면 국민의 기본권을 국가가 함부로 제한할 수 없고, 자의적인 지배가 금지되며 법률에 근거한 공권력 행사만이 허용된다. 또한, 법률로 금지되는 행위와 그에 따른 결과를 분명히 함으로써 국민이 법률에 의하지 않고는 어떠한 불이익이나 제재를 받지 않기 때문에 안정적인 생활을 영위할 수 있게 된다. 이렇듯 법치주의는 국가 권력에 의한 자의적이고 독단적인 지배를 지칭하는 '인(人)의 지배'를 배척하고, 국가 권력을 법에 구속함으로써 국민의 자유와 권리를 옹호하는 것을 목적으로 삼고 있다.

    (중략)

    초기의 법치주의에서는 형식적인 합법성이 크게 강조되어, 행정과 재판이 법률에 적합하기만 하면 그 법률 자체의 목적이나 내용을 문제 삼지 않는 경우가 있었다. 이때의 법치주의는 법률을 도구로만 이용한 합법적 지배, 즉 법률주의에 머무를 가능성이 있다. (중략) 외형상으로는 통치의 합법성을 갖춘 것처럼 보이지만, 국민의 자유와 권리를 보장하지 못하기 때문에 법의 내용적인 측면에서 그 정당성이 결여된 법치주의 형태를 뜻한다.

    (중략)

    오늘날의 법치주의는 국민의 권리·의무에 관한 사항을 법률로써 정해야 한다는 형식적 법치주의에서 그치는 것이 아니라, (중략)정의의 실현을 목적과 내용으로 하는 법의 지배가 이루어지게 함으로써 인간의 존엄성을 추구하고 실질적 자유와 평등을 실현하고자 하는 것이다. 따라서 현대의 법치주의에서는 헌법을 최고 규범으로 인정하여 개인의 기본적 자유를 국가의 침해로부터 보호하는 가운데 법의 내용과 절차적 정당성까지 요구하고 있다.

(2) ① 홉스에 의하면, 인간의 모든 욕구와 행동은 '자기 보존'이라는 하나의 목적을 갖는데, 이와 같은 자기 보존 본능으로 말미암아 인간은 이기적일 수밖에 없다. 인간은 본질적으로 이기적이고, 자신의 생명을 보존하기 위해서는 어떤 일도 할 수 있는 준비가 되어 있으며, 때때로 공격적이고 파괴적인 행위도 서슴지 않을 만큼 반사회적 성격을 지니고 태어난다. 인간의 본성이 이렇기 때문에 자연 상태에서 인간은 저마다 자신의 생존과 이익만을 추구하며, 그 결과 '만인의 만인에 대한 투쟁' 상태를 피할 수가 없다. 그리고 '만인과 만인의 투쟁 상태'에서는 법과 공통 권력이 없기 때문에 옳고 그름, 정의와 부정의 같은 것도 존재하지 않는다.

② 그래서 사람들은 자신의 생존을 유지하고 자연 상태의 불안한 삶으로부터 벗어나기 위해 절대적 권력(리바이어던)에 자신의 권리를 양도하고, 이 권력이 제정한 법과 규범에 따르기로 사회 계약을 맺게 된다. 그리고 이렇게 사회 계약을 맺은 이후에는 계약을 준수하는 것이 곧 정의이자 이를 어기는 것은 부정의가 되며, 이는 계약의 준수가 근본적으로 자기 보존에 도움이 되기 때문이다.

(3) 아리스토텔레스는 "니코마코스 윤리학" 10권 후반부에서 좋은 인간이 되기 위해서는 공동체의 올바른 법률이 필요함을 주장한다. 그는 우리를 선하게 만드는 것으로 본성, 습관, 교육을 각각 검토한다. 만약 본성에 따라 우리가 선해진다고 하면, 우리가 할 수 있는 일은 없으며 오직 타고난 사람들만 선해질 수 있게 된다. 또한 교육은 욕구가 이끄는 대로 사는 사람들에게는 아무런 영향을 줄 수 없다. 따라서 우리는 먼저 선한 습관을 길러야 한다.

이를 위해서 아리스토텔레스는 올바른 법률이 필요하다고 말한다. 어릴 때부터 올바른 법률에 의해 양육된 사람은 선한 습관을 가지게 되며, 어른이 되어서도 선한 행위를 하게 된다는 것이다. 또한 양육 이외의 모든 영역에도 일반적으로 법률이 필요한데, 대부분의 사람들은 고귀하고 아름다운 것을 따르기보다 처벌을 따르기 때문이다. 이처럼 공동체의 올바른 법률은 좋은 인간을 만드는 데 꼭 필요하다.

(4) ① 아돌프 아이히만(Eichmann, K. A., 1906~1962)은 히틀러의 나치 독일에서 유대인들을 학살한 책임자였다. 그는 독일이 패전한 후 아르헨티나에서 숨어 살다가 1960년에 이스라엘의 비밀경찰에 붙잡혀 재판을 받았다. 그 재판을 참관한 철학자 한나 아렌트(Arendt, H., 1906~1975)는 "예루살렘의 아이히만"에서 아이히만은 재판에서 자신이 전 생애에 걸쳐 칸트의 의무에 대한 정의에 따라 살아왔다는 것을 강조했다고 서술하였다. 아이히만은 재판을 받으며 칸트에 대해 언급하면서 "제가 말하려한 것은, 나의 의지의 원칙이 항상 일반적인 법의 원칙이 될 수 있도록 해야 한다는 것입니다."라고 말했다고 한다. 그러나 아이히만은 실천 이성이 부여한 도덕 법칙이 아니라 히틀러에 대한 복종을 도덕 법칙으로 삼았다.

② 화이트(Whyte, W. H., 1917~1999)는 "조직 인간"이라는 책에서 "조직의 요구는 강력하고 끊임없다. 조직 생활에 빠져 있을수록 조직의 요구에 저항하거나 그 요구를 알아차리기 어렵다. 조직에 굴복해야만 마음의 평화를 얻는 것이다."라고 하였다. 그리고 출간 5년 후 유대인을 학살한 나치 전범 아이히만(Eichmann, K. A., 1906~1962)의 재판은 '조직 인간'에 대한 뜨거운 논쟁을 불러일으켰다. 한 잡지사의 특파원 자격으로 이 재판 과정을 취재한 한 기자는 아이히만이 유대인 학살이라는 반인륜적 범죄를 저지른 것은 그의 타고난 악마적 성격 때문이 아니라 아무런 생각 없이 자신의 직무를 수행하는 '사고력의 결여' 때문이며, 그는 평범한 가장으로서 자신의 직무에 충실한 모범적 시민이었다고 주장하였다.

인간은 합리적인가

합리적 이성에 대한 믿음,
경제적 합리성, 비합리적 행위

이성은 인간만이 가진 특징으로 다른 존재와 구분짓는 기준이 된다. 이성적이고 논리적이며 필연적인 것을 중시하는 합리주의는 세계를 합리적으로 조직된 하나의 전체로 이해하고, 그 부분들이 논리적 필연성으로 연계되어 인식할 수 있다고 생각한다. 합리주의에 따르면 논리학, 수학 등의 지식이 정신이 획득할 수 있는 확실한 지식이다. 이때 선천적인 지식은 예외 없이 적용되기 때문에 필연적인 동시에 보편적이다. 근대 합리주의의 전통은 데카르트로부터 비롯된다. 비합리주의는 이성이 아닌 감정, 직관, 본능, 심리 등을 통해 인간을 이해해야 한다는 사조이다. 이성만 강조하는 합리주의에 대한 대립항으로서 이성의 결함을 지적하고, 객관적인 도덕과 합리적인 세계에 균열을 내고자 한다.

논술에서 문제가 되는 합리성과 비합리성은 주로 경제적 합리성의 영역에서 다루어진다. 경제적 합리성은 인간이 자신에게 이익이 되는 것을 추구하고, 손실을 최소화하려는 경향을 말한다. 그러나 최근 회자되는 행동경제학이 밝힌 바에 따르면, 인간은 합리적인 행위만 하는 것은 아니다. 행동경제학은 주류경제학의 합리적 인간을 부정하는 데서 시작하며, 인간이 온전히 합리적이라는 주장을 부정하고, 이를 증명하는 것이 행동경제학이다. 경제적 주체의 합리성은 제한적이며 감정적으로 선택하는 경향이 있다는 것이다.

이 장의 주제는 합리적 인간과 비합리적 행위이다.

먼저, a에서 데카르트가 정교하게 설계한 제1원칙을 이해하여 근대적 합리주의 전통의 시작을 알아볼 필요가 있다. 독자들은 경험론자로 분류되는 존 로크의 글과 데카르트의 글을 비교하면서 근대 철학이 지식의 확실성의 기원을 어디에 두는지 살펴보자.

b에서 케인즈의 글은 현실이 확정적이고 미래가 예측 가능하다는 고전 경제학자들의 가정이 근

거가 박약하다고 비판하는 글이다. 독자들은 글을 정확하게 읽고 요약하면서 케인즈가 미래 예측이 불가능하다고 보는 근거를 살펴보도록 하자. 또한『맨큐 경제학』과 『대중의 지혜』를 통해 경제적 합리성을 비판하는 근거를 요약 정리해 보기 바란다.

c에는 인간이 비합리적인 선택을 하는 다양한 이유가 소개되고 있다. 독자들은 각각의 글을 요약하면서 인간의 합리성에 개입하여 합리적 판단을 방해하는 요소가 어떤 것이 있는지 정리해 보자.

첫 번째 연습문제는 인간이 이익과 손실 상황에서 어떤 선택을 하는지를 알아보고, 두 번째 연습문제는 개인의 합리적 선택이 사회에 비합리적 결과를 초래하는 사례가 등장한다. 독자들은 이익/손실 선택의 차이가 왜 일어나는지 분석하고, 개인의 선택이 사회에 미치는 영향에 대해서도 정확히 이해하여 각각 800자 분량의 답안을 작성해 보기 바란다.

07

인간은 합리적인가

합리적 이성에 대한 믿음, 경제적 합리성, 비합리적 행위

---

a-1

나는 오직 진리 탐구에 전념하려고 하므로, 조금이라도 의심할 수 있는 것은 모두 전적으로 거짓된 것으로 던져 버리고, 이렇게 한 후에도 전혀 의심할 수 없는 것이 내 신념 속에 남아 있는지를 살펴보아야 한다고 생각했다. 그러므로 우리 감각은 종종 우리를 기만하므로, 감각이 우리 마음속에 그리는 대로 있는 것은 아무것도 없다고 가정했다. 그리고 아주 단순한 기하학적 문제에 있어서조차 추리를 잘못하여 오류 추리를 범하는 사람이 있으므로, 나 역시 다른 사람들과 마찬가지로 잘못을 저지를 수 있다고 판단하고, 전에 증명으로 인정했던 모든 근거를 거짓된 것으로 던져 버렸다. 끝으로, 우리가 깨어 있을 때에 갖고 있는 모든 생각은 잠들어 있을 때에도 그대로 나타날 수 있고, 이때 참된 것은 아무것도 없음을 알았기 때문에, 지금까지 정신 속에 들어온 것 중에서 내 꿈의 환영보다 더 참된 것은 아무것도 없다고 가상하기로 결심했다. 그러나 이런 식으로 모든 것이 거짓이라고 생각하고 있는 동안에도 이렇게 생각하는 나는 반드시 어떤 것이어야 한다는 것을 알게 되었다. 그리고 '나는 생각한다. 그러므로 나는 존재한다'라는 이 진리는 아주 확고하고 확실한 것이고, 회의론자들이 제기하는 가당치 않은 억측으로도 흔들리지 않는 것임을 주목하고서, 이것을 내가 찾고 있던 철학의 제1원리로 거리낌 없이 받아들일 수 있다고 판단했다. 그런 다음에, 내가 무엇인지를 주의 깊게 고찰했으며, 이때 다음과 같은 것을 알게 되었다. 즉, 나는 신체를 갖고 있지 않으며, 세계도 없으며, 내가 있는 장소도 없다고 상상할 수 있지만, 그렇다고 해서 내가 전혀 존재하지 않는다고 생각할 수는 없고, 오히려 반대로 내가 다른 것의 진리성을 의심하려고 생각하고 있다는 사실 자체에서 내가 존재한다

는 것이 아주 명백하고 확실하게 귀결되고 있음을 알게 되었다. 그러나 내가 그때까지 상상했던 나머지 다른 것들이 설령 참이라고 하더라도, 내가 단지 생각하는 것만 중단한다면, 내가 존재하고 있었다는 것을 믿게 할 만한 아무런 근거도 없음을 알았다. 이로부터 나는 하나의 실체이고, 그 본질 혹은 본성은 오직 생각하는 것이며, 존재하기 위해 하등의 장소도 필요 없고, 어떠한 물질적 사물에도 의존하지 않는 것임을 알게 되었다. 그래서 이 나, 즉 나를 나이게끔 해 주는 정신은 물체와는 전적으로 다른 것이며, 심지어 물체보다 더 쉽게 인식되고, 설령 물체가 존재하지 않는다고 하더라도 정신은 스스로 중단 없이 존재하는 것이다.

르네 데카르트, 『방법서설』

---

a-2

우리는 직관에 의해서 자명한 명제나 이성의 연역에 의해서 증명의 확실성이 성립되는 명제를 참이라고 여기기 위해 계시의 도움을 받을 필요가 없다. 왜냐하면 그러한 명제들은, 신이 우리에게 그것들을 직접 계시하지 않았다면, 우리의 자연스러운 지식 형성 방식에 따라 최대한의 확실성을 가진 지식으로 우리 마음속에 정착된 것들이기 때문이다. 그리고 설령 신이 우리에게 그러한 명제들을 계시했다 하더라도, 그것이 신의 계시라는 사실을 신앙으로 받아들이는 것은 그 사실을 지식으로 받아들이는 것보다 결코 더 명증적일 수 없다.

계시라고 불리는 어떤 것도 확실한 지식을 동요시키거나 파괴할 수 없다. 그리고 우리의 마음에 명증하다고 여겨진 지식과 모순되는 것을 참이라고 여기도록 합리적으로 설복시킬 방법도 없다. 계시를 받아들이는 우리 마음의 능력은 어떤 계시를 직관적 지식 정도만큼은 확실하다고 여길지 모르지만, 이를 지식보다 더 명증한 것으로 수용하지는 않는다. 따라서 뚜렷하고 분명한 지식에 부합하지 않는 내용을 우리는 결코 진리라고 생각하지 않는다. 예를 들어, 하나의 동일한 물체가 서로 다른 두 장소에 동시에 존재한다는 명제가, 신의 계시라는 권위에 의존하여 제시된다고 하더라도 우리는 절대로 그 명제에 동의할 수 없다. 신이 그런 계시를 통해 우리를 속이지 않을 것이라는 기대와, 신에 의해서 계시된 명제를 우리가 올바르게 이해할 수 있을 것이라는 믿음은 직관이나 연역에 의해 획득되는 지식보다 더 명증적일 수는 없기 때문이다. 우리는 직관적 지식을 통해 하나의 동일한 물체가 동시에 두 장소에 있을 수 없다는 사실을 분명히 안다.

그러므로 어떤 명제가, 직관적으로 분명한 지식이나 연역적으로 확실하게 증명된 명제와 모순된다면 이를 '신의 계시'라는 이유로 받아들여서도 안 되고 동의해서도 안 된다. 만약 그것을 받아들이거나 그것에 동의한다면, 모든 지식의 토대와 명증성, 그리고 어떤 명제에 동의할 때 지켜야만 할 원칙이 전복될 것이기 때문이다. 의심스러운 명제가 자명한 명제보다 우위에 놓이게 된다면, 우리가 살아가는 세상에는 참과 거짓의 차이가 있을 여지가 없고, 무엇인가를 신뢰할 수 있거나 없음을 결정할 척도도 없을 것이다. 게다가 우리가 확실하게 아는 지식이, 오해했을 가능성이 있는 명제에 의해 밀려날 위험조차 있다. 따라서 우리가 지닌 관념들 중 직접적 지각과 상반되는 명제를 신앙의 문제라고 강변하면서 납득시키려 하는 일은 쓸모없는 일이다. 그런 명제는 신앙이라는 명목뿐 아니라 다른 어떤 명목에 따른다 하더라도 우리가 동의할 수 없는 것이다.

존 로크, 『인간지성론』

---

b-1

경제학자들은 사용 가능한 생산요소들의 양이 주어져 있다는 가정 하에 그 요소들이 어떻게 사용되는지, 그리고 그것들의 상대가격이 어떻게 결정되는지를 탐구한다. 그들은 대개 관련 사실들이 상당 부분 확실하게 알려져 있는 체계를 분석 대상으로 삼는다. 이는 경제학이 변화의 가능성 혹은 예상이 어긋날 가능성을 완전히 배제한 체계만을 분석 대상으로 삼는다는 의미는 아니다. 경제학자들은 대체로 특정 시기에 사실과 예상이 확정적이고 계산 가능한 형태로 주어지며 위험도 통계적으로 정확히 계산될 수 있다고 가정한다. 또한 그들은 확률의 계산을 통해 불확실성을 확실성과 동일한 지위, 즉 계산 가능한 지위로 바꾸는 것이 가능하다고 암묵적으로 가정한다. 이는 벤담 철학에서 고통과 쾌락의 계산 혹은 이익과 불이익의 계산이 가능하고, 그것이 일반적으로 인간의 윤리적 행동에 영향을 미치고 있다고 전제하는 것과 같다.

그런데 우리는 우리 행동의 가장 직접적인 결과 이외에 대해서는 매우 불확실한 지식 밖에 가지고 있지 않다. 예를 들어 3차 세계대전의 발발 가능성, 20년 후 구리 가격 혹은 이자율 수준, 새로운 발명품이 더 이상 쓸모없어질 전망, 장래 사회에서 각자의 경제적 지위 등은 불확실하다. 이러한 문제들에 대해서는 계산 가능한 확률을 구축할 수 있는 어떠한 과학적 기반도 없다. 우리는 그냥 모르는 것이다. 그런데도 우리는 실천적 주체로서 어떠한 행동 또는 결정을 해야 한다는 현실적인 필요성 때문에 이러한 거북한 사실을 무시한 채 마치 우리가 예상되는 이익들과 불이익들을 열거하고 여기에 각각의 결과들이 일어날 확률을 곱하는 벤담 식 계산을 하고 있는 것처럼 행동하려고 최선을 다한다.

개인적이든, 정치적이든, 혹은 경제적이든 미래에 영향을 미치는 인간의 결정은 그 확률적 기댓값을 수학적으로 엄밀히 계산하기 힘들다. 그런 계산을 가능케 하는 기초가 존재하지 않기 때문이다. 미래는 계산 가능하지 않다. 불확실한 환경에서는 결정의 순간과 결정의 결과가 나타나는 순간 사이에 예측할 수 없는 변화가 일어날 수 있기 때문이다. 다른 모든 조건들이 동일하다면 결정의 시점과 결과의 시점이 서로 떨어져 있을수록 환경은 더 불확실해진다. 결국 인간은 미래 전망에 대해 신뢰할만한 정보가 현재 존재하지 않는다고 생각하는 것이다.

어떤 현상에 근본적인 불확실성이 존재하고 그 예측이 매우 어려운 이유는 무엇인가? 복잡한 현상에는 영향을 미치는 요소가 너무 많다는 점을 들 수 있다. 예컨대 일기예보의 경우 불과 며칠 후의 날씨조차도 예측하는 것이 어려운데, 이는 날씨에 영향을 미치는 변수가 매우 다양하기 때문이다. 예측이 어려운 또 다른 이유는 인간이 충분히 합리적이지 않다는 데에 있다. 경제학 모형에서는 인간이 합리적으로 행동한다고 가정한다. 이러한 합리성 가정에 의하면, 인간은 매우 복잡한 계산을 순식간에 처리할 수 있을 뿐만 아니라 다른 사람들의 예상 등에 대해 많은 정보를 가지고 있으며 행동이나 믿음이 일관적이다. 하지만 인간은 무한한 계산 능력도, 신과 같은 전지력(全知力)도 가지고 있지 못하며, 인간의 결정은 종종 변덕이나 감정 혹은 우연의 영향을 받는다. 합리성 가정에 기초한 모형의 예측이 빗나가는 이유는 바로 이 때문이다.

세상은 불확실하지만 인간은 실천적 주체로서 행동해야만 하며, 세상의 바퀴를 굴러가게 하는 것은 행동하려는 인간의 내재적인 충동이다. 인간의 합리적 자아는 가능한 최선의 방식으로 대안들 중에서 어느 것을 선택하는데, 계산이 가능하다면 계산을 하겠지만, 종종 변덕이나 감정 혹은 우연에 의존한다. 그러면 불확실한 상황에서 인간은 어떤 식으로 행동하는가? 이와 관련하여 인간이 생각해 낸 중요한 기법 중 하나는, 우리가 자신의 판단보다는 더 나은 정보를 가지고 있을 법한 다른 사람들의 판단에 의지해서 행동하는 것이다. 이런 식으로 다른 사람들을 따라하려는 개인들이 내리는 판단을 '관행적 판단'이라고 한다.

예컨대 주식시장에서 일어나는 관행적 판단을 살펴보자. 주식시장에서의 투자는, 100매의 사진 가운데서 얼굴이 가장 아름다운 6인을 선택하되 그 선택이 투표자 대다수의 선호에 가장 가까운 사람에게 상품이 수여되는 인기투표에 비유될 수 있다. 이 경우 각 투표자는 자신이 생각하기에 가장 예쁜 얼굴을 고르는 것이 아니라 대다수 투표자들의 호감을 얻을 가능성이 가장 높은 얼굴을 골라야만 한다. 마찬가지로 주식시장에서 투자자가, 대다수 투자자들이 가격이 오를 것이라고 생각해서 매입할 것으로 예상되는 종목에 투자하는 경우들이 있다. 이런 식으로 내리는 판단이 관행적 판단의 예라 할 수 있다.

관행적 판단에 기초해서 만들어진 미래에 관한 실용적 이론은 그 기반이 취약하기 때문에 갑작스럽고 과격한 변화를 보인다는 특징이 있다. 평온과 부동(不動), 확실과 안전의 관행은 느닷없이 무너지고, 새로운 두려움과 희망이 예고 없이 인간 행동을 지배한다. 이런 상황에서는 돌연 가치 평가의 새로운 관행적 기반이 강요될 수도 있다. 잘 작동하는 시장을 위해 마련된 멋진 기법들조차도 단번에 무용지물이 되고 만다. 애매하고 발작적인 두려움과, 모호하고 불합리한 희망은 진정되지 않은 상태로 표면 아래에 항상 놓여 있다.

케인즈, 『일반이론』

─────────────── **b-2** ───────────────

인간이 완벽하게 합리적이지 못하다는 점이 경제 현상을 설명하는 데 중요한지의 여부가 논쟁거리가 되어 왔다. 이와 관련된 한 가지 재미있는 사례를 미국 근로자들의 퇴직저축 신청 결과에서 찾아볼 수 있다. 어떤 기업에서는 근로자들이 퇴직저축에 가입하려고 할 때 간단한 신청서를 작성하게 한 데 비해, 다른 기업에서는 근로자들을 자동적으로 이 저축에 가입시킨 뒤 오히려 탈퇴할 때 간단한 신청서를 작성하도록 하였다. 그 결과 후자의 경우에 더 많은 비율의 근로자들이 가입한 것으로 나타났다. 퇴직저축은 세금 감면 혜택이 있는 것으로 근로자들의 이익에 부합하는 것이다. 따라서 근로자들이 완벽하게 합리성의 극대화를 추구했다면 자동 가입이든지 아니든지에 관계없이 양쪽 모두 똑같은 비율로 가입했을 것이다. 이런 사실로 보면 사람들은 합리적인 판단보다 타성에 따르는 경우가 많은 것처럼 보인다.

M.G. 맨큐, 『맨큐의 경제학』

─────────────── **b-3** ───────────────

　전통적으로 경제학자들은 사람들이 본래 합리적으로 활동한다고 가정했다. 물론 경제학자들은 소비자들이 하나같이 완벽하게 합리적이지는 않다는 것을 알고 있다. 하지만, 적어도 전체적으로 보면 '합리적인 것처럼' 행동한다고 보았다. 사람들이 얼마나 비합리적으로 행동하는지 정확히 알 수 없었기 때문에 시장이 작동하는 방식을 아주 정밀하게 그려내기 어려웠던 것도 사실이다. 그러나 최근 들어 사정은 크게 달라졌다. 경제학자들은 투자자와 소비자의 심리와 행동을 연구하기 시작했으며, 수많은 사람들이 확실히 비합리적으로 행동하는 사례가 많다는 사실을 밝혀냈다. 예를 들어, 투자자들은 종종 장기적인 추세나 사건의 중요성을 과소평가하면서 눈에 띄는 최신 뉴스에만 지나친 관심을 쏟는다. 사람들이 비행기 사고는 걱정하면서 자기 몸의 콜레스테롤 수치는 걱정하지 않는 것도 같은 이치다. 투자자들은 수익을 거둘 때보다 손실을 볼 때 더 고통스러워하며, 그래서 안 좋은 주식을 지나치게 오래 보유하곤 한다. 주식을 팔지 않는 한 손실이 현실화된 것은 아니라고 믿는다. 결국 투자자들은 자신을 과신하면서 주식 시장에서 절제하지 못하다가 손실을 뒤집어쓴다.

제임스 서로위키, 『대중의 지혜』

─────────────────── c-1 ───────────────────

사람들은 어처구니없는 실수를 저지르는 것도 모자라 실수를 통해 무엇을 배우려고 하지도 않는다. 그 때문에 우리 인간은 끊임없이 자신에게 실망하면서도, 자신의 역량을 훨씬 넘어서는 이성과 행동을 스스로에게 기대하는 역설적인 상황에 빠진다. '당연하지!'라는 말이 있다. 사람들이 토론할 때 자주 쓰는 말로, 자신이 설마 그 사실을 모르겠느냐는 의미와 모두가 그 사실을 놓치고 있을 거라는 의미를 동시에 내포한다. 우리는 상대방의 어리석음을 쉽게 찾고, 또 그것을 즐기며 지적한다. 그러고는 한밤중에 혼자 있는 동안 자신이 더 어리석은 게 아닌지 불안해한다. 오류는 누구나 저지를 수 있다는 점에서 민주적이고 평등하다. 최고의 학벌을 자랑하는 사람들의 의견조차도 단지 소문과 권위와 편견과 정당화가 교묘하게 합쳐진 하나의 집합체일 수 있다. 문제는 날마다 말하고 행동하는 익숙한 것들에서 노골적으로 저지르는 잘못이다. 우리는 별 생각 없이 그런 잘못을 저지르고는 그럴듯한 변명을 늘어놓는다. 그리고 실제로는 잘 알지 못하는 어떤 막연한 대상들이나 사건들에 책임을 전가한다. 목적을 달성하기 위해 전혀 관계없는 이유를 끌어다 대기도 한다. 또한 다른 사람들이 온갖 미사여구와 사실이 아닌 통계수치를 들이댈 때, 우리는 쉽게 현혹되기도 한다.

마이클 캐플런, 앨런 캐플런, 『뇌의 거짓말』

─────────────────── c-2 ───────────────────

우리는 자신이 왜 그런 식으로 행동했는지, 왜 그런 식으로 판단했는지, 어떤 것을 왜 좋아하고 싫어하는지에 대해 잘 알지 못한다. 우리는 놀라울 정도로 "내가 왜 이렇게 했지?"라는 질문에 대해 내 행동을 관찰한 사람보다 더 속 시원한 대답을 하지 못한다. 우리는 자신의 행동을 충분히 정당화하지 못하면 그렇게 행동할 수밖에 없었다고 스스로 믿어버린다. 그리고 이런 믿음이 자기 행동을 합리화하기 위한 것이라는 사실을 잘 알지 못한 채 다른 사람이 그것을 지적하면 그 믿음을 설명하려고 또 다른 이유를 갖다 붙인다.

사람들이 자신의 행동을 설명하기 위해 어떤 이유를 만들어내는지 알아보기 위한 실험이 있었다. 실험 참가자들에게 동일한 전기 자극을 가하되 그 중 일부에게만 어떤 약을 주면서 이것이 자극을 느끼는 데 도움이 될 것이라고 말했다. 전기 자극을 받은 후, 약을 먹은 참가자들은 그 약 때문에 더 큰 자극을 받았다고 말했다. 그러나 실제로는 그들에게 다른 사람들과 똑같은 전기 자극을 주었으며 자극의 강도는 약과 아무 상관이 없었다. 이 사실을 말해 주자 그들 중 일부는 다음과 같이 또 다른 이유를 제시했다. "과거에 전기 장치를 가지고 일을 한 적이 있다. 그래서 자극에 더 민감한 것 같다."

존 브루만, 『위험한 생각들』

---

c-3

언론학자인 월터 리프먼(Walter Lippmann)은 『여론』에서 세상의 의미를 가장 단순하고 빠르게 찾도록 만드는 것이 '고정관념'이라고 정의했다. 그는 밖에 실제로 존재하는 세상과 우리 머릿속에 들어 있는 세상을 구분한 후, 사람들의 머릿속에 들어 있으면서 인식에 영향을 주는 고정관념의 예로 '독일인(딱딱하다)', '남부 유럽인(게으르다)', '니그로(우둔하다)', '하버드 출신(똑똑하다)', '선동가(과격하다)' 등을 들었다. 그에 따르면 이런 고정관념이 사람들을 정서적으로 만족시키는 면이 있다고 한다. 일상 생활에서 무언가 불안하고 무질서하다고 느낄 때 사람들은 좀 더 단순하고 일관된 생각에 의존하는 경향이 있는데, 이것이 바로 고정관념이다. 고정관념은 사건을 복잡하게 만드는 것이 아니라 단순화시킨다. 이처럼 고정관념은 사람들에게 안정감을 주지만 사람들의 판단과 경험의 폭을 제한한다는 문제가 있다.

다니엘 부어스틴, 『이미지와 환상』

---

c-4

미합중국의 형성 초기에 미국 정신을 날카롭게 관찰했던 토크빌은 "미국인들 대부분은 자신의 행동을 이익 원칙에 따라 한다고 설명하기를 즐긴다."고 말했다. 그는 미국인들이 그렇게 설명함으로써 자신들이 실은 관대하다는 점을 감추고 있다고 여겼다. 그가 보기에 미국인들은 남을 도우려는 자연스러운 자발성에 따라 움직이기도 했기 때문이다. 하지만 유럽인들과는 달리 미국인들은 자신들이 "그런 식의 자연스러운 감정에 따라 움직인다는 사실을 좀처럼 인정하려 하지 않았다."고 토크빌은 지적했다.

미국인이 자기 이익의 원칙에 호소하는 경향은 매우 강력해서, 그 변형된 한 형태가 이타주의적 기부에 의존하는 비영리 단체에서도 통용될 정도다. 심리학자 레베카 래트너와 제니퍼 클라크는 <음주운전반대학생협회> 회원들에게 두 학생의 가입 신청서를 검토해달라고 부탁했다. 두 신청서는 한 가지 점, 즉 가입 동기에서만 달랐다. 하나에는 자신의 여동생이 음주운전에 희생되어 죽었다고 적혀 있었고, 다른 하나에는 음주운전반대가 매우 중요하다고 생각하기 때문이라고만 적혀 있었다. 회원들은 둘 중 자기 여동생이 죽었다고 적은 지원자에게 더 공감과 지지를 보냈다. 보다 일반적인 이타주의적 가입 동기에는 불신이 뒤따랐다.

하지만 일상생활에는 수없이 많은 이타주의와 배려의 행동이 나타난다. 낯선 사람에게 대가없이 헌혈하거나 기부하는 일이 그리 드문 일이 아니라는 사실은 자기 이익의 원칙이 일상적인 인간 행동과 맞지 않는 이데올로기라는 점을 보여준다. 그럼에도 불구하고 사회학자인 로버트 우드는 이타적으로 행동하는 사람조차도 자기 행동을 때로는 억지까지 쓰며 자기 이익의 원칙으로 설명하는 경향이 있음을 발견했다. 예를 들어 비영리 단체에서 봉사하는 사람들은 자신 행동의 이유를 "뭔가 좀이 쑤셔서", "바깥 행동이 하고 싶었기에" 등으로 둘러댄다. "도움 주는 행동을 하고 싶었어요."라는 말은 그저 마지못해 할 뿐이다.

우리는 이기적이 되어야 '정상'이라는 생각에 얽매여 있다. 우리 대부분은 다른 사람들이 하는 대로 맞춰서 하기를 좋아하므로 순전히 동정심 때문에 누군가를 도왔다는 식의 이야기를 이기주의의 색안경을 쓰고 본다. 그 결과 자기 이익의 원칙은 자체 강화되는 경향을 보인다. 불행히도 이 경향은 사회적으로 유해하다. 아무도 이타적으로 행동하지 않는다고 믿게 되면, 우리 스스로 이타적으로 행동할 가능성이 그만큼 적어지기 때문이다.

피어 싱어, 『물에 빠진 아이 구하기』

제시문 (1)의 실험 결과를 적용하여 제시문 (2)에 나타난 일본의 선택과 제시문 (3)에 나타난 '을'의 선택을 설명하시오.

(1) 다음 표는 사람들이 위험을 감수하는 정도가 상황에 따라 어떻게 달라지는지를 알아보기 위한 실험의 가상적 결과이다. 총 200명의 피험자는 무작위로 100명씩 나뉘어 상황 1과 상황 2에 배정되었으며 각 상황에서 두 가지 가운데 하나를 선택해야 한다. 상황 1은 이익을 추구하는 서로 다른 두 방식 사이의 선택이고, 상황 2는 손실을 줄이려는 서로 다른 두 방식 사이의 선택이다. 상황 1의 경우, 선택 A의 기대 이익은 1만 1천 원으로 B를 선택할 경우 얻는 1만 원보다 높다. 그럼에도 불구하고 100명 중 80명은 B를 선택하였다. 상황 2의 경우, 선택 A의 기대 손실은 1만 1천 원으로 B를 선택할 경우 잃게 되는 1만 원보다 크다. 그럼에도 불구하고 100명 중 75명은 A를 선택하였다.

상황 1		상황 1		총 사람수 (명)
선택	사람수(명)	선택	사람수(명)	
A: 10%의 확률로 11만 원을 얻는다	20	A: 10%의 확률로 11만 원을 잃는다	75	
B: 100%의 확률로 1만 원을 얻는다	80	B: 100%의 확률로 1만 원을 잃는다	25	
합계	100	합계	100	200

* 상황 1에서 선택 A의 기대 이익은 이익금 11만원 x 10% 확률 = 1만 1천 원으로 계산.
** 상황 2에서 선택 A의 기대 손실은 손실금 11만원 x 10% 확률 = 1만 1천 원으로 계산.

(2) 1941년 12월 7일 일본이 미국 하와이에 있는 진주만을 기습 공격함으로써 태평양전쟁이 발발했다. 이러한 일본의 결정에는 복잡한 배경과 계산, 전략이 깔려 있었다.

1937년 중일전쟁을 도발한 일본은 중국의 주요 지역들을 장악하고 연합국의 대 중국 보급로를 봉쇄하였다. 당시 태평양과 중국에 진출하려는 정책을 추진하던 미국과 유럽 열강들은 중국에 대한 군사 원조를 증대시키고 일본에 대해 경제 제재 조치를 취하는 등 적극적인 대응책으로 맞섰다. 한편 1940년에 일본은 독일, 이탈리아와 함께 삼국동맹 관계를 수립하고 불가침조약을 체결했다. 일본의 수뇌부는 1940년 가을 중국 총통과의 마지막 협상이 결렬된 이래 중국과의 전쟁만큼은 완전한 승리를 쟁취한다는 목표를 갖고 있었다. 이와 같은 상황에서 일본을 고립시키려는 미국과 유럽 열강들의 일련의 움직임은 일본에게 큰 위협이자 장애였다.

1941년 7월 미국은 자국 내의 일본인 재산을 동결했고 극동군 사령부를 창설했다. 영국과 영국의 자치령들도 일본과의 교역을 중단했다. 네덜란드의 인도 식민지 역시 일본에 대한 수출입 금지 조치에 동참했다. 각국의 원산지로부터 주석, 천연고무, 원유 등의 공급이 중단되었다. 원자재 수입에 절대적으로 의존하고 있었던 일본에게 있어 이는 큰 타격이었다. 이 무렵 일본은 원유 보유량이 고갈 직전의 위기에 처해 있었다. 일본은 중대한 선택의 기로에 놓이게 되었다. 즉, 일본은 미국에 정치적인 방식으로 항복하거나 아니면 군사적인 수단으로 동남아시아의 원자재 공급원을 강점하는 전략을 택하지 않을 수 없었다. 더욱이 1941년 11월 말 미국은 중국 문제와 관련해 '10개항 강령'을 제시했는데, 이는 일본이 결코 수용할 수 없는 화해 조건들을 담고 있었다.

일본의 군부 지도자들은 미국과 장기전에 돌입할 경우, 자신들이 승리할 가능성이 극히 적다는 것을 알고 있었다. 그렇지만 만일 일본이 전쟁이라는 대안을 포기한다면, 미국의 정치적, 군사적 지위는 더욱 강고해지고 일본은 그 영향력 아래 복속될 수밖에 없을 것이다. 물론 미국에 대한 공격은 커다란 위험을 수반하는 결정이었다. 당시 미국, 영국, 네덜란드, 중국은 실질적인 군사동맹 관계를 맺고 있었다. 게다가 이 네 국가는 소련과도 유사한 관계를 맺기 위해 많은 노력을 기울이고 있었다. 따라서 일본의 미국 공격은 다섯 개 강대국과 아시아 전역에서 전쟁을 벌여야 한다는 의미나 다를 바 없었다. 그럼에도 일본은 만일 선제공격을 감행한다면 자기들이 초반에 승리할 확률이 70~80% 정도라고 보았다. 미국과 장기전을 벌일 수는 없지만, 전쟁 초반에 큰 타격을 입히고 평화협상에서 유리한 입지를 차지하겠다는 계산이었다. 일본의 진주만 기습 결정은 이러한 맥락에서 이루어졌던 것이다.

(3) 갑과 을은 산에서 나는 야생약초를 캐어 팔아 생활을 꾸렸다. 어느 날 갑이 으스대며 을에게 말했다. "자네는 좋은 약초를 어디서 캐야 할지를 모르는가? 사람의 발길이 많이 닿은 낮고 가까운 산에는 희귀한 약초가 없다네. 나도 전에는 하루 종일 죽도록 힘을 들여 산을 뒤졌지만 귀한 약초는 캐지 못했지. 그래서 가까운 산을 훑는 일은 제쳐두고 다른 사람의 발길이 닿지 않은 높고 깊숙한 산속으로 들어갔다네. 처음에 깊은 산 속에 발을 들여 놓았을 때는 어디로 가야 할지 막막했고 낭떠러지에 맞닥뜨리거나 벼랑을 탈 때는 발이 떨리고 가슴이 두근거렸지. 하지만 얼마 지나자 숲속이 조금씩 익숙해졌고 한 달 뒤에는 나무와 풀들을 어느 정도 분별할 수 있게 되었네. 나는 거기서 값나가는 약초들을 여러 번 발견했고 영지나 상황 같은 희귀한 버섯을 캔 적도 있다네. 비록 허탕을 치는 날도 없지는 않지만 분명 내가 자네보다 벌이가 나을 걸세. 언젠가는 산삼을 캐는 행운이 찾아올지도 모르고……."

이 말을 들은 을은 빙그레 웃으며 말했다. "그만 두게나. 나는 자네 말을 따르지 않겠네. 내가 값비싼 약초를 캐지 못한 것은 사실이지. 그러나 나는 조금도 불만스럽지 않다네. 사람들은 희귀한 약초를 캐고 싶어 하지만 희귀한 약초란 위험이 도사린 높은 곳에 있고 눈에 잘 띄지도 않아 사람의 애를 태우지. 나는 저녁 무렵에 자네가 빈 바구니로 산을 내려오는 것을 여러 번 보았다네. 낮은 산에는 희귀한 약초는 없다고 하더라도 야생도라지나 당귀, 구절초 같은 평범한 약초들이 얼마든지 많다네. 나는 이런 약초들의 군락지를 제법 여러 곳 알고 있지. 그래서 나는 한 번도 빈손으로 산을 내려 온 적이 없다네. 상황버섯이 당귀보다 훨씬 비싼 것이 사실이지만 나는 깊숙이 숨어 있는 그것들을 찾아 산을 헤매고 벼랑을 타는 짓은 하고 싶지 않다네."

(1)에서 제시된 '개인'과 (2)의 '합리적인 유권자'가 (3)의 ㄱ, ㄴ 중 어느 유형에 해당하는지를 설명하고 (2)를 근거로 하여 (1)의 주장을 반박하시오. 그리고 (3)의 실험 결과가 시사하는 바를 (2)와 관련지어 논술하시오.

(1) 우리가 식사를 할 수 있는 것은 정육점 주인, 양조장 주인, 빵집 주인의 자비심 때문이 아니라 자기 자신의 이익에 대한 그들의 관심 때문이다. 우리는 인간성에 호소하지 않고 그들의 이기심에 호소하며, 그들에게 우리 자신의 필요 대신 그들의 이익을 이야기한다. 거지를 제외하면, 어느 누구도 동료의 자비에 전적으로 의지하지 않으려고 한다.

사실 각 개인은 공공의 이익을 증진하려고 의도하지도 않았고, 또 그가 얼마나 이바지했는지도 알지 못한다. 그는 '보이지 않는 손'에 이끌려 자신이 전혀 의도하지 않은 목적을 달성하게 된다. 그는 자신의 이익을 추구함으로써 그 자신이 진정으로 사회의 이익을 증진하려고 의도할 때보다 더 효과적으로 사회의 이익을 증진하게 되는 것이다.

(2) 투표하는 것은 합리적인가? 경제학에서 말하는 합리성은 선택의 대안을 분석하고 각 대안의 편익과비용을 파악하는 것과 관련이 있다. 무언가를 선택했을 때 얻는 편익이 기회비용보다 클 때 합리적 선택을 했다고 말한다. 유권자가 원하는 후보자를 당선시키는 것을 투표의 편익, 투표하기 위해서 포기해야 하는 여가 시간을 기회비용이라고 한다면, 투표의 비용이 아무리 작다고 해도 투표를 하지 않는 것이 합리적이다. 개인의 한 표가 선거의 결과에 영향을 미칠 수 있는 확률은 매우 낮기 때문이다. 하지만, 시민들의 정치적 무관심과 투표율 하락 등의 현상은 국민의 대표로서의 정치인의 대표성을 약화시키고, 유권자에 대한 대표자의 무책임성을 높일 수 있다.

(3) 다음은 사회적 상호작용에 관한 실험이다. 연구자는 서로 모르는 피험자들을 둘로 짝을 지어 둘 중 한 명을 무작위로 선택해서 10달러를 준다. 돈을 받은 사람은 상대방에게 10달러의 일부 혹은 전부를 나누어 주고 나머지를 본인이 전부 가질 수 있다. 실험 결과 다음과 같은 두 가지 유형의 피험자들이 관찰되었다.

ㄱ. 상대방에게 돈을 하나도 나누어 주지 않았다.
ㄴ. 상대방에게 돈의 일부를 나누어 주었다.

피험자들은 평균적으로 받은 돈의 약 25%를 다른 사람에게 나누어 주었다.양전쟁이 발발했다. 이러한 일본의 결정에는 복잡한 배경과 계산, 전략이 깔려 있었다.

성장과 분배는
동시에 가능한가
경제적 성장과 분배의 문제

연습문제 1. 마이클 샌델, 『돈으로 살 수 없는 것들』의 사례에서 효율적
      배분이 갖는 문제는 무엇인가 <이화여대 기출>

      2. 박상우, 「매일 된장찌개 사 먹는 노인」의 주인공 (노인)을
      노직의 관점, 롤스의 관점에서 분석 평가 하시오
      <단국대학교 기출>

      3. 정약용, 「전론」을 불평등의 관점에서 논하시오
      <중앙대학교 기출> <경희대학교 기출>

5장에서 다룬 자유와 평등의 문제는 주로 정치적 자유와 평등에 관한 주제다. 정치적 자유와 평등은 대부분의 사회에서 큰 이견 없이 당연한 것으로 받아들여지고 있다. 그러나 경제적 자유와 평등에 대해서는 지금까지 많은 논쟁이 있어왔다. 개인의 이기심에 바탕을 둔 경제행위는 생산력의 원동력이 되지만 빈부격차를 초래할 수밖에 없기 때문이다. 성장과 분배는 경제적 자유주의와 평등주의의 대립으로 이해할 수 있다. 성장은 개개인의 자유로운 경제활동을 중시하고, 분배는 사회 구성원들의 평등을 중시한다.

논술에서 다루는 성장과 분배는 앞의 다른 주제와 마찬가지로 성장과 분배 중 하나를 선택하는 것이 아니다. 성장 없이 분배는 불가능하고, 분배가 보장되지 않으면 지속적인 성장이 불가능하기 때문이다. 사회가 유지되기 위해서는 성장과 분배 모두 필요하지만 현실적으로 동시에 추구하기 어렵다. 따라서 성장과 분배는 선후의 문제로 귀결된다.

이 장에서 다루는 주제는 성장과 분배를 동시에 추구할 수 있는가의 문제이다.

a에 두 제시문은 아담 스미스와 벤담이 쓴 글로, 각각 개인의 이익 추구가 결국 사회전체의 이익을 증진시킨다는 고전이다. 독자들은 두 글을 정확하게 읽고 개인과 사회의 이익이라는 주제로 요약해 보기 바란다.

b는 성장과 분배 중에 성장을 우선시하는 입장이다. 신자유주의의 대표 사상가인 하이에크와 노직의 글을 읽으면서 주장과 근거를 정확하게 정리하여 성장 위주의 분배에 대한 정확한 이해를 하기 바란다. 토마 피케티의 글은 쿠즈네츠의 주장을 소개하고 있는데, 독자들은 제시문을 요약하면서 불평등의 해결책을 제시하고 있는 쿠즈네츠의 주장과 근거를 찾아보기 바란다.

c는 불평등이 심화되는 과정과 분배가 이루어지는 과정에 필요한 조건을 설명하고 있다. 독자들은 두 제시문을 통합하여 불평등이 심화되는 이유와 그것을 해결하기 위한 과정을 서술할 수 있도록 한다.

d는 c와 비슷하게 불평등이 심화되는 이유와 그것을 해결하기 위한 과정을 서술하는 제시문들로 구성되었는데, 특히 '공정'을 분배의 조건으로 삼고 있다. 독자들은 c와 d를 연결하여 불평등이 심화되는 원인과 해결과정, 해결과정에서 공정을 조건으로 고려해야 하는 이유를 통합하여 글을 완성해 보기 바란다.

연습문제는 '불평등'과 '성장', '분배', '공정'을 핵심어로 구성된 문제이다. 독자들은 이 장에서 다룬 주제들을 바탕으로 연습문제가 요구하는 답안을 작성하면서 성장과 분배에 대한 이해를 적용할 수 있도록 하자.

성장과 분배는 동시에 가능한가
경제적 성장과 분배의 문제

---
a-1

모든 개인은 그가 좌우할 수 있는 모든 자본에 대해서 가장 유리한 용도를 발견하고자 끊임없이 노력하고 있다. 물론 그의 1차 관심사는 자기 자신의 이익으로 그 사회의 이익은 아니다. 그러나 그 자신의 이익추구가 자연적으로 또는 오히려 필연적으로 그에게 가장 유리한 용도를 선호하게 유도하는 것이다. (중략)

물론, 각 개인은 사회공공의 이익을 촉진하려고 직접 노력하지 않고, 실제로 자신이 어느 정도 사회공공의 이익을 촉진하고 있는지도 모른다. 그가 외국의 산업보다 국내의 산업을 도와주고 싶어 하는 것은 오로지 자기 자신의 안전을 위함이고, 그가 그 산업의 생산물이 최대의 가치를 갖게 되도록 그 산업을 운영하고자 하는 것은 그 자신의 이득을 취하기 위함이다. 그리하여 그는 이 경우에도 다른 경우와 마찬가지로 보이지 않는 손에 이끌려 자신이 전혀 의도하지 않았던 목적을 추구하게 되는 셈이다. 그것이 그가 의도한 바가 아니라는 것은 반드시 사회에 대해 나쁜 것은 아니다. 그는 자기 자신의 이익을 추구함으로써 실제로 사회의 이익을 직접 추구했을 경우보다 더욱 유효하게 사회의 이익을 증진하는 수가 많은 것이다.

아담 스미스, 『국부론』

---
a-2

사회 이익은 사회를 구성하고 있는 구성원의 이익의 총합에 지나지 않는다. 개인의 이익에 대해서 이야기하는 것은 무익하다. 어떤 일이 개인의 쾌락의 총합을 증대시키거나 고통의 총합을 감소시키는 경우에는 그 개인의 이익을 촉진하는 것이 사회 이익에 기여된다고 하는 것이다. 따라서 어떤 행위자가 사회의 행복을 증대시키는 경향이 그

것을 감소시키는 경향보다 큰 경우에는 그 행위는 사회 전체에 대해 공리성의 원리, 간단히 말하면 공리성에 적합하다고 할 수 있다. 어떤 정부의 정책(그것은 특정한 개인 또는 사람들에 의해서 이루어지는 특정한 종류의 행위에 지나지 않는다)은 앞의 경우와 같이 사회의 행복을 증대시키는 경향이 그것을 감소시키는 경향보다 큰 경우에는 공리성의 원리로부터 지도를 받고 있다고 할 수 있다.

제레미 벤담, 「도덕과 입법의 원리」

---

b-1

서구 사회에서 통제 범위를 벗어난 환경 때문에 발생하는 극한적인 빈곤과 기아로 위협받는 사람들을 위한 구제는 오래전부터 공동체의 의무로 받아들여지고 있었다. 우선 이러한 필요를 공급했던 지역시설들은 도시의 성장과 사람들의 대규모 이동이 과거의 근린유대(近隣紐帶)를 해체시키면서 부적합하게 되었다. 그리고 이러한 서비스들은 국가적으로 조직되어야 했고 서비스를 공급하기 위해 특수기관들이 만들어져야 했다. 현재 우리가 공적 부조, 또는 공적 구제로 알고 있는 것은 모든 국가들에서 다양한 형태로 제공되고 있는데, 이것은 단지 과거의 빈민법이 현대적 조건에 적응한 것일 뿐이다. 산업사회에서 그러한 시설의 필요성은 절망적 상황으로부터 보호를 요구하는 가난한 사람들을 위한 것이라면 문제가 되지 않는다. 여기까지는 가장 일관된 자유의 수호자들에게도 받아들여질 수 있을 것이다.(중략)

이전 시기의 사회적 문제들은 부의 성장으로 점진적으로 사라지지만, 우리가 도입한 치료방법은 모든 미래의 개선이 의존하고 있는 계속적인 성장에 위협을 가하기 시작했다. (중략) 비록 우리가 빈곤, 질병, 무지, 불결, 나태를 조금은 빠르게 정복할 수는 있을지라도, 인플레이션, 과중한 조세, 교육에 대한 점증하는 정부의 지배, 지나치게 자의적인 권력을 지닌 사회 서비스 관료로부터 주요 위험들이 분출할 때 앞으로 우리는 이 싸움조차 잘해 나갈 수 없게 될 수도 있다. 이러한 위험들은 개인이 스스로의 노력으로 피할 수도 없으며, 과도하게 확대된 정부기구의 힘은 그것을 완화시키기보다는 증가시키기 쉽다.

프리드리히 하이에크, 『자유헌정론』

────────────── b-2 ──────────────

현대 후기자본주의 시장 경제에서 노동 분업은 고도로 분화된 형태로 진행된다. 그리고 여러 가지 경제 요소들이 전 세계적으로 얽히고설켜 있어서, 다양한 재화의 수요와 공급에 영향을 주는 수많은 변화들을 세세하게 파악하는 일이 사실상 불가능하다. 이런 점에서 보자면, 정부가 전체 시장 경제를 효율적으로 통제하거나 계획할 수 있다는 생각은 환상에 불과하다. 결국 의사결정의 분권화는 불가피한 것이며, 다만 분권화에 따른 '조정'의 문제만이 남겨져 있을 뿐이다. 즉 개별 경제주체들이 각자 자신들의 노하우에 따라 자유롭게 자신들의 문제를 해결하도록 간섭하지 않으면서도, 그들 사이에 커다란 충돌이 발생하지 않도록 각 경제주체들의 의사결정을 적절히 조정하는 것이 필요하다. 그렇지만, 그 누구도 그 모든 의사결정을 의식적으로 조정할 수는 없다. 왜냐하면 그 누구도 각 경제주체들의 결정에 영향을 주는 모든 고려 사항들을 완전히 파악할 수 없기 때문이다. 따라서 조정의 문제는 각 경제주체들 사이의 자유로운 경쟁을 통해서 자동적으로 이루어지도록 해야 한다. 요컨대, 복잡성이 증대할수록 자유로운 경쟁을 통해 자동적으로 조정이 이루어지도록 해야 한다. 그래야만 다양성과 유연성이 있는 경제체제가 가능할 뿐만 아니라 높은 수준의 경제발전도 실현할 수 있다.(중략)

경쟁이 최대한 효율적으로 작동할 수 있는 조건을 창출하는 일, 경쟁이 유효하게 서비스를 제공할 수 없을 때에만 비로소 경쟁을 대체하는 일, 그리고 거대 사회에 매우 유익하지만 어떤 개인이나 소수의 개인들이 그 비용을 보상할 수 있을 만큼 이윤이 나지 않는 서비스를 제공하는 일, 이 일들은 확실히 국가가 해야 할 분야들이다. 국가가 아무런 일도 하지 않으면서 합리적으로 방어할 수 있는 체제는 없다. 효과적인 경쟁체제는 현명하게 제정되고 지속적으로 조정되는 법적 틀을 필요로 한다. 경쟁이 적절하게 작동하기 위한 조건은 사기나 (무지한 사람에 대한 착취를 포함한) 기만을 방지하는 것에 국한된다. 이것은 완벽하게 성취된 적은 없지만 반드시 달성되어야 할 목표다.(중략)

자유경쟁 사회에서 빈곤한 사람들에게 주어지는 기회는 부유한 사람들에게 주어지는 기회보다 훨씬 더 제한적이다. 그럼에도 자유경쟁 사회의 가난한 사람들이 전체주의 사회에서 더 큰 물질적 안락함을 누리는 사람보다 훨씬 더 자유롭다는 사실은 변하지 않는다. 자유경쟁 하에서는 가난하게 출발한 사람이 유산을 상속받은 사람보다 큰 부에 이르게 될 가능성이 훨씬 적은 것도 사실이다. 그러나 자유경쟁 시스템에서는 가난하게 출발한 사람도 큰 부를 쌓는 것이 가능하고, 그 성공 여부도 자신에게 달려 있지 정치권력자의 선처에 달려 있지 않다. 자유경쟁 시스템은 누군가가 큰 부를 이루려는 시도를 아무도 금지할 수 없는 유일한 시스템이다. 가짜 '경제적 자유'와 유사하지만 좀 더 타당성을 지닌 '사회경제적 보장'은 진정한 자유의 필수불가결한 조건으로 제시되곤 한다. 그러나 사회경제적 보장의 개념은 막연하고 불분명하다. 사회경제적 보장의 요구는 자유를 위험하게 할 수 있다. 경제적 보장이나 사회복지를 위한 일반적인 노력이 자유의 기회를 높이기는커녕 자유에 대한 가장 심각한 위협이 될 수 있다. 원칙적으로 사회경제적 실업의 문제를 해결하는 것은 매우 중요하다. 그러나 실업 문제의 해결을 위한 국가의 개입은 불필요하며, 이것이 시장의 체제를 대체해서는 안 된다. 일부 경제학자들은 국가의 대규모 공공사업 시행과 재정 지출을 통한 실업 문제의 해결을 주장한다. 그러나 이것은 자유경쟁 분야에 심각한 제약을 초래할 것이다. 왜냐하면 첫째, 하나의 통합된 목적 아래 사회 전체를 강압적으로 재편하기 때문이다. 둘째, 그런 목적들을 달성하기 위해 과도한 독재적 정치권력이 필요하기 때문이다. 셋째, 그러한 권력의 중앙집권화는 노예제와 구별하기 어려울 정도로 시민의 정치적·경제적 종속 상태를 초래할 것이기 때문이다.

프리드리히 하이에크, 『예종의 길』

―――――――――――――――――― b-3 ――――――――――――――――――

모든 자원을 통제할 자격을 가지고 있는 사람이나 집단이 있어 자원들이 어떻게 나뉘어져야 하는가를 함께 결정하는 중앙 분배는 존재하지 않는다. 각각의 사람이 얻는 것은 자신이 다른 사람과 어떤 것을 교환함으로써 얻는 것이거나 타인이 자신에게 선물로 주는 것이다. 자유사회에서는 다양한 사람들이 각기 다른 자원을 통제하고 있고, 새로운 소유물은 사람들 사이의 자발적인 교환과 행위로부터 생겨난다. 사람들이 자신의 결혼 상대자를 선택하는 사회에서는 배우자를 분배하는 일이 없는 것처럼 이 과정에서도 분배 행위나 몫의 분배란 존재하지 않는다. 전체 결과는 스스로 취할 수 있는 자격을 가진, 분배에 관여하고 있는 각각의 사람들이 내리는 많은 결정에 의해 생긴 것이다.

로버트 노직, 『자유주의 정의론』

──────────────── b-4 ────────────────

포괄적인 재분배국가는 개인의 권리를 침해한다. 도덕적으로 선호되는 국가, 도덕적으로 용인되는 합법적인 국가는 몽상가들과 공상가들의 유토피아적 열망을 가장 잘 실현할 수 있는 국가이다. 최소국가는 우리를 불가침의 개인들로 취급한다. 즉 우리는 이 국가 안에서 타인에 의해 어떤 방법으로도 도구나 수단, 자원으로 이용될 수 없다. 최소국가는 우리를 권리를 소유한 존엄한 인격으로 취급한다. 우리의 권리들을 존중함으로써 우리를 존중해주는 최소국가는, 개인적으로나 우리가 선택하는 사람들과 함께, 우리가 스스로 선택한 목표와 스스로가 바라는 이상적 인간상을 실현할 수 있도록 해준다. 그리고 우리는 이 과정에서 우리와 동일한 존엄성을 지닌 다른 개인들의 자발적인 협동의 도움을 받는다.

로버트 노직, 『아나키에서 유토피아로』

──────────────── b-5 ────────────────

쿠즈네츠의 이론에 따르면, 자본주의의 더 높은 발전 단계에서는 소득 불평등이 경제 정책 선택이나 국가 사이의 다른 차이와 무관하게 결국 납득할 수 있는 수준에서 안정될 때까지 자동적으로 감소하게 된다.(중략) 쿠즈네츠가 묘사하는 특수한 메커니즘은 다음과 같은 아이디어에 기초하고 있다. 먼저 점점 더 많은 노동자가 가난한 농업 부문에서 부유한 산업 부문으로 옮겨간다. 처음에는 소수만이 그 산업부문의 부에서 혜택을 받게 되어 불평등이 증가한다. 그러나 결국에는 모두가 혜택을 받게 되고 그 결과 불평등은 감소한다. 이 같은 양식의 작동 원리는 일반화될 수 있다. 예를 들어 노동자는 산업 부문 간에 이동하거나 저임금 일자리와 고임금 일자리 사이를 오갈 수도 있다.(중략)

"성장은 모든 배를 뜨게 하는 밀물이다." 1956년 로버트 솔로가 경제의 '균형성장 경로' 달성에 필요한 조건을 분석한 데서도 비슷한 낙관론을 찾아볼 수 있다. 이 경로는 생산, 소득, 이윤, 임금, 자본, 자산가격을 비롯한 모든 변수가 같은 속도로 움직이는 성장의 궤적이다. 이에 따르면 모든 사회 집단이 성장으로부터 같은 수준의 혜택을 보며 정상 궤도에서 크게 벗어나는 경우는 없다. 그래서 쿠즈네츠의 견해는 불평등의 악순환에 관한 리카도와 마르크스의 생각에 정면으로 반대하는 것이며, 19세기의 종말론적인 예언들과 완전히 상반되는 것이다.

토마 피케티, 『21세기 자본』

---
c-1

적법 절차란 개인의 권리 보호를 위해 정해진 일련의 법적 절차를 의미하는 것으로, 권리의 실질적 내용을 실현하기 위해 선택해야 할 수단적이고 기술적인 방법을 말한다. 적법 절차의 원리는 입법 과정이나 행정 등 국가 공권력이 작용하는 영역에서는 항상 규정 내용의 합리성과 정당성 못지않게 절차상의 적법성이 요구된다는 원리이다. 예를 들어 지방자치단체를 신설, 통폐합 또는 분리하는 경우에는 지방자치의회의 의견을 들어야 하고, 필요할 경우 지방자치단체의 장은 주민투표를 실시할 수도 있다. 그리고 이에 대한 법률을 제정할 때에도 주민의 의견을 묻는 절차를 반드시 밟아야 하는데, 이는 국민이 국가 활동의 단순한 객체로 취급되지 않도록 하려는 것이다. 공공복리를 이유로 지방자치단체의 구획을 변경하는 국가적 재편 계획에 대하여도, 일반적으로 상반되는 이해 관계자들의 참여 없이는 적절한 이익 조정이 곤란하므로, 어떤 결정을 내리기 전에 그들에게 입장 표명의 기회를 주어야 한다. 절차의 중요성을 보여주는 다른 예로 법정에서의 분쟁해결 과정을 들 수 있다. 소송의 당사자들에게 소송

과정이나 절차에 대한 통제력이 주어질 경우, 그렇지 못한 경우에 비하여 당사자들은 소송 결과의 승패에 관계없이 판결이 더 공정했다고 인식하며, 소송 결과에 승복하는 확률도 높아진다.

이창희 외, 『절차적 정의와 법의 지배』

---
c-2

경제개발의 초기에는 국민들의 관심이 성장에 쏠리지만, 점차 시간이 지나면서 분배에 대한 관심이 높아지고 불평등에 대한 참을성도 한계에 부딪히게 된다. 경제학자 앨버트 허쉬만은 이것을 '터널효과'라고 부른다. 두 개 차선의 일방통행 터널 안에서 차가 막혀 장사진을 이루고 있는 상황을 생각해 보자. 오랜 시간 기다린 뒤 드디어 한 차선의 차들이 앞으로 움직이기 시작하면 그 옆 차선의 사람들은 이제 막힌 것이 풀린다고 기대할 것이다. 그러나 시간이 지나도 자기 차선의 막힘은 풀리지 않고 옆의 차들만 앞으로 나아간다면, 사람들은 참을성을 잃고 기대가 오히려 불만으로 바뀔 것이다. 경제가 발전되는 초기에 사람들은 다른 사람들이 부유해지는 것을 보고 자기도 머지않아 돈을 벌 수 있으리란 기대를 갖고 다른 사람의 부의 축적을 참을 수 있다. 그러나 시간이 지나도 여전히 자신은 가난을 면치 못한다면 사람들의 참을성은 분노로 바뀐다.

이정우, 『불평등의 경제학』

---
c-3

평등은 허용되어야 한다는 것이다. 일반적인 정의관에서 적어도 이론상으로는 사람들이 자유를 어느 정도 포기하는 대신 사회 경제적으로 충분히 보상받는 것이 가능하다고 생각할 수 있다. 그러나 일반적인 정의관은 불평등이 허용될 수 있는 정도와 그 세세한 내용들에 대해 아무런 제한을 두지 않는다. 단지 모든 사람의 이익을 주장할 따름이다. 일반적인 정의관의 문제점은 노예제도마저 찬성하는 극단적인 예에서 선명하게 드러난다. 경제적 이익은 월등한데 정치적 권리 행사가 정책에 미치는 영향력이 보

잘것없다고 하여 사람들이 정치적 권리를 포기하는 사태도 있다. 따라서 일반적인 정의관을 고치고 다듬는 방향으로 정의의 원칙을 수립해야 한다. 그 원칙에서는 기본적 자유를 사회 경제적 이익과 교환하는 것을 배제해야 마땅하다. 정의의 원칙은 기본적 자유 다음으로 사회 경제적 분배의 문제를 고려한다. 사회 경제적 분배가 문제일 경우 사회계층들 사이에 현실적으로 존재하는 차이를 도외시하기는 어렵다. 예를 들어 자본주의 국가에서 기업가 계층의 일원으로 출발하는 사람은 미숙련 노동자 계층의 일원으로 출발하는 사람보다 훨씬 나은 미래를 기대할 것이다. 사회에 현존하는 부정의가 모두 말소된 상태가 되더라도 삶의 전망의 차이가 두 계층 사이에 여전히 존재할 것이다. 그렇다면 미래의 삶의 전망에서 나타날 불평등을 정당화하는 것은 무엇인가. 정의의 원칙은 미숙련 노동자와 같이 열악한 처지에 있는 사람이 미래의 삶의 전망에서 이익을 얻을 수 있는 경우에 불평등을 인정한다. 삶의 전망에서 나타나는 불평등은 그 불평등을 줄일 때 사회적 약자의 처지가 더욱 악화될 경우에만 허용될 수 있다.

존 롤스, 『정의론』 발췌, 편집

---

d-1

사회 집단에서 다수의 개인들이 선호하는 재화는 그 양이 한정된 경우가 많다. 이 경우 재화의 분배 문제가 필연적으로 발생하게 되며, 공정한 분배를 위해서는 일정한 규칙을 정립할 필요가 있다. 이 규칙은 몇 몇 이상적 요건들을 구비해야 하는데, 합리성 및 공공성 등이 그것이다. 그러나 이러한 요건을 구비하는 것이 현실적으로는 쉽지 않다. 개인의 이해와 공공의 이해가 상충될 가능성이 상존하기 때문이다. 그럼에도 불구하고 분배 규칙은 반드시 정립되어야 한다. 그 이유는 그 규칙이 개인들에게 아무리 부당하다 하더라도, 이른바 '게임의 룰'로서의 규칙이 없다면 더욱 더 많은 사회적 혼란이 생겨나기 때문이다. 자본주의 체제에서 가장 보편적으로 사용하는 분배의 규칙은 이른바 기여의 원칙이다. 즉, 개인이 기여한 정도에 따라 차별적으로 결과를 배분하는 것인데, 이를 흔히 분배의 공정성이라 일컫는다. 분배의 공정성이 달성되면, 모든 개인들에게 균등한 배분을 하기보다는 각자의 기여에 상응하는 몫을 제공해 줄 수 있게 된다. 이 경우에는 자신의 몫을 타인의 몫과 비교할 필요가 없다. 자신의 기여에 상응하는 몫을 주었음에도 불구하고 타인과 비교한 후 불평한다면, 이것은 질투나 불건전한 감정에 의한 것이므로 불평하는 개인의 책임으로 귀결된다. 분배의 공정성이 확보되면 각 개인은 자신의 분배 몫에 수긍하게 된다. 공정한 분배에 이르기까지의 과정 또한 중요한 것은 사실이지만 과정이 공정하다고 해서 결과의 공정성까지 보장할 수 있는 것은 아니다.

존 롤스, 『정의론』

───────────────── d-2 ─────────────────

부와 소득 불평등에 관한 어떤 경제적 결정론도 경계해야 한다. 부의 분배는 언제나 정치적 요인이 결부되어 있는바 순전히 경제적인 메커니즘으로 환원될 수 없다. 예컨대, 대부분의 선진국에서 1910년에서 1950년 사이에 불평등이 줄어든 것은 무엇보다 전쟁의 충격을 극복하기 위해 채택한 정책들이 불러온 결과였다. 이와 비슷하게 1980년 이후 불평등이 다시 커진 것은 대체로 지난 수십 년간 나타난 정치적 변화, 특히 조세 및 금융과 관련된 정책 때문이었다. 불평등의 역사는 경제적, 사회적, 정치적 행위자들이 무엇이 정당하고 무엇이 부당한지에 대해 갖게 된 견해들, 이 행위자들 사이의 역학 관계, 그리고 이로부터 도출되는 집합적 선택들과 밀접한 연관성이 있다. 역사는 불평등이 모든 관련 행위자들이 함께 만든 합작품이라는 사실을 보여준다. 불평등이 심화되는 것을 막는 자연적이고 자생적인 과정은 결코 존재하지 않는다.

토마 피케티, 『21세기 자본론』

───────────────── d-3 ─────────────────

장애인이 어떻게 대우받아야 하는가를 생각해 보자. 장애는 때때로 다른 사람과 다르게 대우받아야 하는 이유가 된다. 소방관을 뽑을 때 휠체어를 타야만 하는 사람을 배제하는 것은 정당화될 수 있다. 문서를 교정하는 사람을 구할 때 시각 장애자는 지원해도 채용될 가능성이 없다. 그러나 특정한 장애 때문에 특정한 직업을 가질 수 없다는 사실에 기초하여 장애인의 이익보다 장애가 없는 다른 사람의 이익을 더 중요하게 고려해야 한다고 주장하는 것은 장애인의 마땅한 몫을 빼앗는 것이나 다름없다. 어떤 장애가 특정 직업 활동과 관련이 없음에도 불구하고 단지 장애가 있다는 이유 때문에 차별하는 것 또한 마찬가지이다. 그러므로 인종이나 민족이나 성별을 근거로 차별하는 행위를 법적으로 금지해야 하는 것처럼, 장애를 근거로 부당하게 차별하는 행위도 반드시 법적으로 금지해야 한다.

그러나 좀 더 나아가야 한다. 인종이나 성별 때문에 불리한 대우를 받는 사람들에 대한 역차별 조치를 찬성하는 많은 논변이 장애인들에게는 더욱 강력하게 적용될 수 있다. 장애가 장애인으로 하여금 공동체의 동등한 구성원으로 대우받는 것을 어렵게 만드는 상황에서 동일한 기회를 주는 것만으로는 충분하지 않다. 그러므로 역차별 조치는 비장애인의 의견과는 무관하게 반드시 실시되어야 한다. 휠체어를 탄 장애인들이 대학에서 도서관에 들어가기 위해 높은 계단을 올라가야 한다면, 대학에 다닐 기회를 주었다고 해도 실제로는 큰 도움이 되지 않는다. 많은 장애 아동들은 일반 학교에 다님으로써 이득을 얻을 수 있다. 그러나 일반 학교는 이들의 특별한 필요를 충족시킬 수 있는 추가적인 재원이 부족하기 때문에, 장애인을 받아들일 수 없는 것이 현실이다. 그러한 필요가 장애인의 삶에서는 매우 중요한 것이기 때문에, 우리는 다른 사람들의 사소한 필요보다 그들의 필요에 더 큰 비중을 두어야 한다. 그렇기 때문에 일반적으로 장애가 없는 사람보다는 장애인을 위해 돈을 사용하는 것이 더 쉽게 정당화될 수 있다. 장애인을 위해 재원을 얼마나 더 사용해야 하느냐를 정하는 것은 물론 어려운 문제이다. 재원이 충분하지 않으므로 한계가 있을 수밖에 없다. 그러나 장애인의 몫을 공정하게 고려하는 것은 반드시 필요하다.

피터 싱어, 『실천윤리학』

다음의 사례에서 효율적 배분이 갖는 문제는 무엇인가

센트럴 파크나 국회 의사당에서 대리 줄서기와 암표 판매를 금지하려는 이유는 무엇일까? 센트럴 파크에서 열리는 무료 셰익스피어 공연의 대변인은 다음과 같은 근거를 댔다. "공원에서 셰익스피어 공연을 간절하게 보고 싶어 하는 사람들이 대리 줄서기와 암표 판매 때문에 입장권을 빼앗기고 있다. 우리는 그 사람들이 공연을 무료로 관람하기를 원한다."

이러한 주장에 대해 자유 시장 옹호자들은 다음과 같은 반응을 보일 수 있다. 극장 측이 연극을 열렬하게 관람하고 싶어 하는 사람들로 관람석을 채우고 공연이 주는 즐거움을 극대화하고 싶다면, 연극의 가치를 가장 높게 평가하는 사람에게 입장권이 돌아가게 해야 한다. 그런데 그 사람은 바로 입장권에 최고 가격을 지불하는 사람들이다. 따라서 공연에서 최대의 즐거움을 누릴 관객으로 극장을 채울 수 있는 최선의 방법은 입장권 분배를 자유 시장에 맡기는 것이다. 다시 말해 시장이 정하는 가격에 입장권을 판매하든지, 아니면 돈을 받고 대신 줄을 서는 사람과, 가장 높은 가격을 지불하려는 사람에게 입장권을 파는 암표상을 허용하는 것이다.

하지만 이러한 주장은 설득력이 없다. 사회적 효용을 극대화하는 것이 우리의 목표라 하더라도 자유 시장이 줄서기보다 미덥지 못할 수 있다. 어떤 재화에 기꺼이 돈을 지불한다고 해서 반드시 해당 재화의 가치를 높게 평가하는 것은 아니다. 시장 가격은 자발적으로 지불하려는 마음만큼이나 지불할 수 있는 능력도 반영하기 때문이다. 셰익스피어 연극이나 레드삭스 경기를 가장 간절하게 관람하고 싶어 하는 사람이라도 입장권을 살 만한 경제적 여유가 없을 수 있다. 또한 어떤 경우에는 최고 가격을 지불하고 입장권을 손에 넣은 사람이라도 그 경험의 가치를 전혀 높게 평가하지 않을 수도 있다.

따라서 재화가 그 가치를 가장 높게 평가하는 사람에게 돌아가게 하려면 줄서기보다 시장이 언제나 낫다는 경제학자들의 주장에는 의문이 생긴다. 공연이나 경기를 보기 위해 '돈을 지불하려는 마음'보다는 기꺼이 '줄을 서려는 마음'이 그것을 정말 보고 싶어 하는 사람인지를 판단할 수 있는 기준이 될 수도 있기 때문이다.

마이클 샌델, 『돈으로 살 수 없는 것들』

다음 소설에 등장하는 노인을 노직과 롤스의 관점에서 각각 분석, 평가하시오.

노인은 날마다 재래시장 어귀에 있는 돼지갈비 연탄 구이 집을 찾아갑니다. 저녁 6시경, 아직 손님이 붐비지 않을 때 구석 자리에 앉아 혼자 된장찌개를 먹습니다. 칠순이 넘은 나이에 홀로 식사를 하는 모습이 무척이나 쓸쓸하고 초라해 보이지만, 노인은 주변을 의식하지 않기 위해 의도적으로 고개를 들지 않고 식사를 합니다.

노인이 식당을 처음 찾아온 것은 지난 초겨울 어느 날 해질 무렵이었습니다. 돼지갈비를 주로 파는 집을 찾아와, 노인은 된장찌개를 먹을 수 있겠느냐고 물었습니다. 40대의 주인 여자는 연전에 돌아가신 친정아버지와 너무 닮은 노인을 보고는 순간적으로 장삿속과는 거리가 먼 대답을 하고 말았습니다. 메뉴에는 된장찌개가 없지만 고기를 먹고 난 손님이 식사를 할 때 내는 게 있다고 하자, 그거면 된다고 노인은 굳이 부탁을 하였습니다.

식사가 끝난 뒤, 주인 여자는 노인에게 식사비를 받지 않겠다고 하였습니다. 다른 식당 메뉴에 있는 변변한 된장찌개와는 거리가 멀다고 생각해서였는데, 노인은 3천원을 내밀며 연탄 두 장을 달라고 했습니다. 연탄을 건네주자 노인은 고맙다고 몇 번이나 인사를 하고는 재래시장 뒤쪽의 산동네로 천천히 걸어 올라갔습니다. 그날 이후 노인은 날마다 저녁 6시경 식당으로 내려와 된장찌개를 먹고 연탄 두 장을 손에 들고 산동네로 올라갔습니다. 하루 한 끼 식사만 하고 두 장 연탄으로 난방을 해결하는 노인이 몹시도 안쓰러웠지만, 내색을 하는 게 외려 노인의 마음을 불편하게 할 것 같아 주인 여자는 다만 지켜볼 수밖에 없었습니다.

그렇게 한 달쯤 지난 어느 날, 식사를 끝낸 노인이 주인 여자에게 작은 메모지 한 장을 건넸습니다. 거기에는 남자 이름과 전화번호가 적혀 있었습니다. 이를 확인하고 주인 여자가 고개를 들자 몹시 난처한 표정으로 서 있던 노인이 힘겹게 입을 열었습니다.

"내가 식당으로 사흘 이상 밥을 먹으러 내려오지 않거든 그곳으로 전화를 걸어 주시오. 나는 가족이 없는데, 그 사람은 오래 전 만나 잠시 우정을 나누었던 젊은 친구요.”

　노인은 오늘도 고개를 숙이고 된장찌개를 먹습니다. 식사가 끝난 뒤 3천 원을 내고 연탄 두 장을 받아 양 손에 들고 산동네로 올라갑니다. 함박눈이 펑펑 쏟아지는 길을 걸어 올라가는 노인의 뒷모습을 지켜보며 주인 여자는 자신도 모르게 안도의 한숨을 내쉽니다. 그날 주인 여자 옆에서 말동무를 하던 옆 가게 남자도 혀를 끌끌 차면서 노인을 안쓰러워했습니다. 주인 여자는 최소 생계비로 살아가는 노인의 삶이 달라질 것 같지 않다고 생각합니다. 그리고는 자신이 할 수만 있으면 노인의 여생을 돌보고 싶어집니다. 내일에는 언제든지 괜찮으니 내려오셔서 식사를 거르지 마시라고 말씀드리기로 작정합니다. 하지만 옆 가게 남자는 “가난은 나라님도 구제 못한다고 안 합디까” 하면서 주인 여자의 선행 의지를 오히려 나무랍니다. 주인 여자는 많이 가진 분들이 저렇게 어려운 분을 도우면 오죽 좋겠느냐고 하자, 남자는 그걸 왜 부자들 탓을 하느냐 하면서 그건 개인들이 아니라 사회가 보듬고 가야 할 일이라고 말합니다. 저렇게 된 건 노인 자신의 무능도 한 몫 했을 거라고 아픈 이야기를 보탰습니다.

　사흘 이상 식당으로 내려오지 않는다는 건 노인의 죽음을 의미합니다. 하지만 노인이 두려워하는 건 죽음이 아니라 방치당하는 주검일 것입니다. 그래서 죽음의 기별을 부탁한 것일 터이니, 주인 여자의 마음이 편할 리 없습니다. 하루 한 끼 식사와 두 장의 연탄으로 연명하는 여생, 주인 여자는 다시 한 번 사회의 특혜를 얻어 많은 재산을 쌓으신 분들이 나서서 저런 분들을 도와야 좋은 세상이 올 터인데 이들은 모두 어디에서 무엇을 할까, 생각합니다. 누추하고 남루한 노인의 여생을 어루만지듯 펑펑 함박눈이 내리는 밤입니다.

박상우, 「매일 된장찌개 사 먹는 노인」

연습문제3

다음 글을 '불평등'의 관점에서 논하시오.

농사짓는 이는 전지를 갖게 하고, 짓지 않는 자는 갖지 못하게 하려면 여전제(閭田制)를 실시해야 한다는 것이 나의 뜻이다. 여전법이란 무엇인가? 산골짜기와 둑의 형세를 보아 가며 일정한 구역을 정하여 경계선을 긋고, 그 일정한 구역 안에 포함된 곳을 여(閭)라고 부르자. 여 셋을 합쳐서 이(里), 이 다섯을 합쳐서 방(坊)이라 하고, 방 다섯을 합하여 읍(邑)이라 하자.

여에는 여장(閭長)을 두고, 1여의 전지는 1여에 사는 사람들에게 경작하게 하며, 내 땅이니 네 땅이니 하는 경계선을 없애고, 모든 일을 여장의 명령에 따르게 한다. 사람들이 하루 일할 때마다 여장은 개인의 노동량을 빠짐없이 장부에 적어 두었다가, 추수 때 수확물을 모두 여장의 마당으로 가져오게 한 뒤 곡식을 분배한다. 먼저, 관청에 바치는 세금을 제하고, 여장의 녹봉(祿俸)을 뺀 다음, 나머지 곡식을 노동량에 따라 사람들(여민, 閭民)에게 배분한다. (중략)

노력을 많이 한 사람은 그만큼 곡식을 많이 받고, 노력이 적은 사람은 그만큼 적을 것이니, 어찌 힘써 일하지 않겠는가? 사람들이 힘써 일하면 땅에서 얻는 이익도 늘어날 것이요, 그렇게 되면 백성들의 재산이 늘고, 재산이 늘면 풍속이 순후*해지고 효제**가 자리 잡을 것이다. 따라서 이 제도가 가장 좋은 제도라고 할 수 있다.

* 순후(淳厚): 온순하고 인정이 두터움.

** 효제(孝悌): 부모에 대한 효도와 형제에 대한 우애를 통틀어 이르는 말.

정약용, 「전론」

09

인간에게 노동이란 무엇인가

노동의 본래적 의미와 자본주의적 노동, 노동의 미래

a. 노동에 대한 고대의 생각들:
    1. 아우구스티누스, 『창세기 축자 해석』
    2. 헤시오도스, 『신통기』
    3. 장자, 『장자』, 「천지편」
    4. 한나 아렌트, 『인간의 조건』

b. 노동의 본래적 의미:
    1. 카를 마르크스, 『자본론』
    2. 마리 크리스틴 드부르그, 『인간과 노동』
    3. 박이문, 『일』,
    4. UN, [세계인권선언]

c. 자본주의 시대의 노동:
    1. 필립 아레스, 『사생활의 역사』
    2. 스베냐 플라스필러, 『우리의 노동은 왜 우울한가』
    3. 비판사회학회, 『산업사회의 이해:노동세계의 탐구』

d. 노동과 인간소외:
    1. N. 앤지어, 『벌처럼 부지런하다?』
    2. 시몬느 베이유, 『노동일기』

e. 노동의 미래:
    1. 앨빈 토플러, 『전망과 전제』,
    2. 마셜 맥루언, 『미디어의 이해』
    3. 제레미 리프킨, 『노동의 종말』,
    4. 롤프 옌센, 『드림소사이어티』

연습문제 자본주의에서 노동의 문제 <서강대학교 기출>
*조세희, 「잘못은 신에게도 있다」외

인간에게 노동은 자신의 욕구를 충족하기 위해 스스로 생산물을 만드는 활동이며, 이를 통해 사회적 역할을 수행함으로써 사회의 발전과 안정을 가능하게 하는 개인적 사회적 효용을 지니는 행위다. 역사적으로 볼 때, 산업혁명 이전에 장인의 노동은 생산과정에서 자아의 창조적 실행 과정이 가능했다. 그러나 산업혁명 이후 소유주가 따로 존재하는 공장제 생산이 확산되면서 자본가와 노동자가 새로운 계급으로 등장하게 되었고, 노동자들이 공장에서 분업을 맡아 집단작업을 하게 되면서 노동에서 자아실현의 성격은 현저히 줄게 된다.

논술에서 '노동'이 문제가 되는 것은 주로 자본주의가 등장하면서부터다. 원래 인간의 노동이 자신의 욕구 충족을 위해 스스로 생산물을 만드는 행위였다면, 자본주의는 상품을 생산하여 교환하는 것만을 노동의 목적으로 바꾸어 버렸다. 이로써 노동을 통한 자아실현은 사라지고 노동을 통해 소외가 일어나게 되는 문제가 발생한다. 노동의 과정, 결과에서 소외가 일어나고 결국 노동자 자신으로부터 소외가 발생한다.

이 장의 주제는 '노동'이다.

독자들은 a에서 아우구스티누스와 헤시오도스의 제시문에서 고대에 노동을 어떻게 인식하고 있었는지를 확인할 수 있을 것이다. 장자는 노동을 순전히 인간에게 의존하는 것으로 이해하고 있다. 독자들은 세 제시문을 요약하면서 노동에 대한 고대의 인식을 이해할 수 있을 것이다. 한편 한나 아렌트가 소개하는 고대의 노동은 앞의 세 제시문과 어떻게 다른가 비교하면서 읽어보면 도움이 될 것이다.

b에서는 고대의 노동에 대한 긍정적 인식에 바탕하여 노동의 본래적 의미를 정의하고 있다. 인간에게 노동이란 어떤 의미가 있는가라는 주제에 맞추어 요약하는 연습을 하기 바란다.

c는 자본주의가 등장하면서 노동의 의미가 어떻게 변하고 있는지를 보여준다. 독자들은 노동의 본래적 의미를 염두에 두고 자본주의가 노동에 미친 영향을 분석해 보기 바란다.

d는 자본주의 시대에 노동이 일으킨 대표적인 문제인 인간소외의 문제를 다루고 있다. 독자들은 소외의 정확한 의미를 이해하고, 노동이 어떻게 인간소외를 일으키는지 주의해서 내용을 요약해보기 바란다.

e는 정보화 시대를 앞두고 여러 학자들이 노동의 미래를 예견한 글이다. 이미 정보화 시대가 상당히 진전된 시대를 살고 있는 독자들은 이들의 글을 요약하면서 왜 이들의 예견처럼 되지 않았는지를 분석해 보면 예상 가능한 논제를 발견할 수 있을 것이다.

연습문제는 위에 등장한 제시문들을 바탕으로 자본주의와 노동, 소외의 관계를 이해하고 자신의 견해를 제시하는 것으로 앞의 제시문을 정확하게 이해하면 충분히 작성 가능한 논제다.

인간에게 노동이란 무엇인가
노동의 본래적 의미와 자본주의적 노동, 노동의 미래

a-1

낙원에서는 노동을 한다는 것이 고된 것이라기보다는 그저 즐겁기만 하였을 것이다. 인간의 노동 덕분에, 하느님이 창조하신 바는 자라나고 성숙하여 풍부한 결실을 맺게 되는 것이었다.(중략) 하느님이 인간을 낙원에 들여보내신 것은 일하게 하기 위함이었다. 노동하는 사람은 한 그루의 나무를 바라보면서 그의 시선을 창조계 전체로 옮겨간다. 정말 세계는 한 그루 나무와 같다. 세계에는 섭리가 이중으로 작용한다. 자연에 맡겨진 부분과 의지에 맡겨진 부분이 이중으로 작용한다. 그 모두가 인간이 교육을 받는 표지이고, 교양을 쌓는 밭이며, 인간이 발휘할 기술인 것이다. 이제 의미가 밝혀진다. 하느님이 인간을 낙원에 들여보내신 것은 일하게 하기 위함이었다. 거기서 농사를 지으라는 뜻에서였다. 그것은 노예가 하는 강제 노역이 아니라 자유 의지에서 우러난 지성인의 작업이었다. 이런 일에 종사하는 것처럼 순진무구한 일이 또 어디 있겠는가? 인간이 그것을 지혜롭고 현명하게 수행한다면 노동보다 고상하고 그보다 성취적인 일이 또 있겠는가?

아우구스티누스, 『창세기 축자 해석』

a-2

페르세스여, 고귀한 집안에서 태어난 이여, 그대는 늘 내 충고를 명심하고 일하시라.
기아가 그대를 싫어하고 고운 화관을 쓴 정숙한 데메테르 여신이 그대를 사랑하여
그대의 곳간을 식량으로 가득 채우도록 말이오!
왜냐하면 기아는 게으름뱅이의 충실한 동반자이기 때문이오.
일하지 않고 살아가는 자는 신들도 인간들도 싫어하는 법이오.

그는 빈둥빈둥 놀며 꿀벌들의 노고를 먹어치우는 침(針)이 없는 수벌들과 기질이 같소.

그대는 일을 사랑하되 시의(時宜)를 얻도록 하시라.

그러면 그대의 곳간들은 철철이 식량으로 가득 차게 될 것이오.

사람들이 양떼를 많이 갖게 되고 부자가 되는 것은 일 덕택이오.

그리고 일하는 자는 불사신들께 훨씬 더 사랑스런 법이오.

(그리고 인간들에게도. 그들은 게으름뱅이들을 싫어하니까요.)

일은 수치가 아니오. 일하지 않는 것이 수치요.

그대가 일하면 게으름뱅이는 곧 그대가 부자가 되는 것을 시기할 것이오.

하나 부에는 위엄과 명망이 따르는 법이오.

그대의 운수가 어떻든 간에 일한다는 것은 더 바람직한 것이오.

만약 그대가 그대의 어리석은 마음을 남의 재물로부터 일로 돌려 살림을 보살핀다면 말이오.

헤시오도스, 『신통기』

---

a-3

자공(子貢)이 초나라를 유람하다가 진나라로 돌아갈 때 한수의 남쪽을 지나가게 되었다. 그 때 한 노인을 만나니 그 노인은 바야흐로 밭이랑을 일구려고 굴을 파서 우물로 들어가 물동이를 안고 물을 퍼다 붓는다. 그런데 애써 힘들임이 심히 많으나 성과는 매우 적었다. 그래서 자공이 물었다. "여기 기계가 있는데 하루에 백 이랑에 물을 댈 수 있습니다. 그러면 힘들임이 매우 적어도 효과는 큽니다. 당신은 그것을 바라지 않습니까?"

밭이랑을 일구던 노인이 자공을 쳐다보고 물었다. "어떻게 하는 것인가?"

"그것은 나무를 파서 기계를 만든 것인데 뒤쪽은 무겁고 앞쪽은 가벼워 물을 끌어당기는 것이 물이 흐르듯 하고 빠르기가 넘치는 홍수 같습니다. 그 이름을 도르래라 합니다."

그 밭이랑을 일구던 노인이 버럭 성을 내다가 곧 웃으며 말했다. "내가 우리 선생님께 들으니 기계란 것이 있으면 반드시 꾀를 부리는 일이 있게 되고, 꾀를 부리는 일이 있으면 반드시 꾀를 내는 마음이 생기며, 꾀를 내는 마음이 가슴속에 있으면 순백한 마음이 갖추어지지 않고, 순백한 마음이 갖추어지지 않으면 신묘한 천성이 안정되지 않으며, 신묘한 천성이 안정되지 않으면 도가 깃들지 않는다 하시었네. 내 그것을 알지 못하는 것이 아니라 부끄러워 그것을 사용하지 않는 것이네."

자공이 뻘겋게 부끄러워져 고개를 숙이고 대답을 못했다.

장자, 『장자』, 「천지편」

---

a-4

고대인들은 삶의 유지에 필요한 것을 제공하는 노동과 직업은 모두 노예적 본질을 가지기 때문에 노예의 소유란 필수적이라고 생각했다. 그리고 바로 이 이유 때문에 고대 사회에서 노예제도는 옹호되고 정당화되었다. 노동한다는 것은 필연성에 의해 노예가 되는 것을 의미했다. 그리고 이런 노예화는 인간 삶의 조건에 내재한 것이었다. 인간은 삶의 필연성에 지배를 받기 때문에 필연성에 종속되는 노예들을 강제로 지배함으로써만 사람들은 자유를 획득할 수 있었다. 노예로의 전락은 운명이 초래한 충격이었으며, 이러한 운명은 죽음보다 못한 것이었다. 왜냐하면, 어떤 사람을 노예로 만드는 것이란 길든 동물과 비슷한 사물로 그 사람을 변형시키는 것이었기 때문이었다. 그러므로 주인이 노예를 해방함으로 이루어진 노예의 지위 상승, 또는 노예들이 수행하던 업무를 공적으로 적합하다고 여겨지는 직업 중 하나의 지위로 올려준 정치적 환경의 변화는 모두 자동으로 노예적 본질의 변화를 수반했다. 비록 후대에는 폭압의 도구가 되어 버리기는 했지만, 고대 사회에서의 노예제도란 본래 값싼 노동력을 확보하거나 부당한 착취로 이윤을 증대시키기 위한 수단으로 의도된 것은 아니었다. 오히려 노동을 삶의 조건으로부터 배제하기 위한 시도의 일환으로써 노예제도가 제정되었다. 고대인들은 동물적 삶의 다양한 형태들을 인간이 공유하는 것을 인간적인 것이라고 여기지 않았다. 그런 점에서 합리적 동물(animal rationale)이라는 말에서 '동물'이란 단어를 사용하는 것은 문제가 될 여지가 있지만, 노동하는 동물(animal laborans)의 개념에서 사용된 '동물'이란 단어는 충분히 정당화될 수 있었다. 그들에게 노동하는 동물은 단지 동물의 여러 종 중 하나일 뿐이며, 기껏해야 지구에 거주하는 동물 중에서 최고의 종일뿐이었다.

한나 아렌트, 『인간의 조건』

--- b-1 ---

노동은 인간과 자연 사이에서 일어나는 과정이다. 그 과정에서 인간은 자신의 행위를 통해 자연과의 관계를 조절하고 통제한다. 인간은 자연의 물질을 자신의 삶에 유익한 형태로 만들기 위해 팔, 다리, 머리, 손과 같은 자신의 신체기관을 움직인다. 이 움직임을 통해 그는 외부 자연에 작용하여 자연을 변화시키면서, 동시에 자신의 본성도 변화시킨다. 그렇게 함으로써 자연에 내재되어 있던 가능성을 실현시키며, 그 과정에서 자연의 힘을 자신의 통제 하에 둔다. 우리는 여기서 동물 수준의 본능적이고 원초적인 노동방식에 대해 말하는 것이 아니다. 본능적 노동방식을 벗어나지 못하던 때와 인간의 노동력이 상품화된 때 사이에는 상당한 시간적 격차가 있다. 우리는 오직 인간의 특성을 가진 노동에만 주목하려고 한다. 거미도 방직공의 작업과 유사한 작업을 하며, 꿀벌의 벌집구조는 건축가들의 솜씨를 능가하는 것처럼 보인다. 하지만 아무리 서툰 건축가라 해도 숙련된 꿀벌보다 나은 면을 지니고 있는데, 그것은 건축가가 벌통 속의 벌집을 만들 경우 미리 자기 머릿속에 그 벌집을 그려보기 때문이다. 노동의 결과는 노동자의 상상 속에 관념적으로 이미 존재한다.

인간은 단지 물질의 형태를 변화시키는 것만이 아니라 그 안에서 자신의 목적을 실현한다. 바로 그 목적이 규범적으로 그의 행동양식을 규정하며, 그의 의지는 끊임없이 그 목적을 따라야 한다. 인간은 노동하는 동안 신체적인 활동만 하는 것이 아니라, 지속적으로 긴장하면서 주의력을 발휘하여 그 의지를 관철시켜야 하는 것이다.

마르크스, 『자본론』

--- b-2 ---

현실적으로 실업자인 것보다 더 불명예스러운 것은 없다. 사실 노동은 물질적 안정뿐 아니라 정신적 안정도 보장한다. 노동을 통해서 개인은 재정적 독립과 사회적 승인을 얻을 수 있다. 다른 사람들로부터 개인 활동의 유용성과 가치를 인정받고 그 결과 인격의 유용성과 가치를 인정받는 것은 그러한 사회적 승인을 통해서이다. 그러므로 노동을 통해 개인은 사회 속에 위치하며, 그 사회 속에서 자유로운 개인, 자립적 개인, 자신의 욕구를 충족시킬 수 있는 개인으로 인정받는다. 이런 사실을 설명하기 위해서는 기혼 여성들의 직업을 가지려는 성향, 퇴직한 사람들의 무위도식에서 벗어나려는 현상, 젊은이들의 첫 직장 구하기의 고통이 상징하는 것을 생각하는 것으로 충분하다. 또한 노동은 우리의 정신을 사로잡아 우리에게 우리 자신의 유한성에 대한 자각의 고통을 덜어준다.

마리 크리스틴 드부르그, 『인간과 노동』

---
b-3

어느 때 어느 사회에서고 일은 언제나 찬양되고 격려되어 왔다. 사실 일의 내재적 가치를 부정하고 아무도 일을 하지 않는 사회는 있을 수 없다. 동물과는 달리 인간은 자신의 생존을 위해서 무엇인가를 생산해야 한다. 우리는 일이라는 창조적 작업을 통해서만 우리가 인간임을 확인할 수 있다.

정치 철학자로 알려진 아렌트는 우리가 보통 '일'이라 부르는 활동을 '작업(作業, work)'과 '고역(苦役, labor)'으로 구분한다. 이 두 가지 모두 인간의 노력, 땀과 인내를 수반하는 활동이며, 어떤 결과를 목적으로 하는 활동이다. 그러나 전자가 자의적인 활동인 데 반해서 후자는 타의에 의해 강요된 활동이다. 전자의 활동을 창조적이라 한다면 후자의 활동은 기계적이다. 창조적 활동의 목적이 작품 창작에 있다면, 후자의 활동 목적은 상품 생산에만 있다.

땀을 흘리고 적지 않은 고통을 치러야만 하는 정말 일로서의 일, 즉 작업은 그것이 어떤 것이든 간에 언제나 엄숙하고 거룩하고 귀해 보인다. 땀을 흘리며 대리석을 깎는 조각가에게서, 밤늦게까지 책상 앞에 앉아 창작에 열중하는 작가에게서, 무더운 공장에서 쇠를 깎는 선반공에게서, 땡볕에 지게질을 하고 밭을 가는 농부에게서 다 똑같이 흐뭇함과 거룩함을 발견하며 그래서 머리가 숙여진다.

그러나 모든 일이 '작업'으로서의 일은 아니다. 어떤 일은 부정적인 뜻으로서의 '고역'이기도 하다. 회초리를 맞으며 노예선을 젓는 노예들의 피땀 묻은 활동은 인간의 존엄성을 높이기는커녕 그들을 짓밟은 '고역'이다. 위생적으로나 육체적으로 견디기 어려운 조건하에 타당치 않게 박한 보수를 받고 무리한 노동을 팔아야만 하는 일은 마땅히 없어져야 할 고역이다.

작업으로서의 일과 고역으로서의 일의 구별은 단순히 지적 노고와 육체적 노고의 차이에 의해서 결정되지 않는다. 한 학자가 하는 지적인 일도 경우에 따라 고역의 가장 나쁜 예가 될 수 있다. 반대로 육체적으로 극히 어려운 일도 경우에 따라 적업*의 가장 좋은 예가 될 수 있다. 작업으로서의 일과 고역으로서의 일을 구별하는 근본적 기준은 그것이 인간의 존엄성을 높이는 것이냐, 아니면 타락시키는 것이냐에 있다.

* 적업(適業): 능력이나 적성에 알맞은 직업.

박이문, 『일』

---
b-4

23조

1. 모든 사람은 일, 직업의 자유로운 선택, 정당하고 유리한 노동 조건, 그리고 실업에 대한 보호의 권리를 가진다.

2. 모든 사람은 아무런 차별 없이 동일한 노동에 대하여 동등한 보수를 받을 권리를 가진다.

3. 노동을 하는 모든 사람은 자신과 가족에게 인간의 존엄에 부합하는 생존을 보장하며, 필요한 경우에 다른 사회보장방법으로 보충되는 정당하고 유리한 보수에 대한 권리를 가진다.

4. 모든 사람은 자신의 이익을 보호하기 위하여 노동조합을 결성하고, 가입할 권리를 가진다.

24조

　　모든 사람은 노동시간의 합리적 제한과 정기적인 유급휴가를 포함하여 휴식과 여가의 권리를 가진다.

[세계 인권선언](1948년, 제 3차 유엔 총회)

──────────── **c-1** ────────────

19세기에는 남성과 여성의 노동이 점진적으로 분리되면서 그 경계가 뚜렷해졌다. 사업과 전문 분야가 확대되면서 남자들의 경우에는 직업이나 공적 활동에 참여하는 것으로 그 존재 의의가 규정된 반면, 여자들은 그러한 세계에서 멀어져 어머니 역할과 가사를 직업으로 삼게 되었다. 남성과 여성 세계의 이러한 분리는 종교적인 함의를 담고 있었다. 왜냐하면 장터는 위험하고 비도덕적인 공간이며, 이 영역에서 활동하는 남자들이 가정이라는 도덕적 세계와 부단히 접촉하지 않으면 자신을 구원할 수 없다고 여겨졌기 때문이다. 시장의 파괴적인 경향을 순화하는 역할을 가정에서 여자들이 담당한다는 것이다. 가정은 다정한 즐거움의 장소로서, 가정유지를 위해 필요한 물질적 재화를 생산하느라 힘들고 고단한 남자들을 위한 안식처였다. 남성다움은 자기에게 의존하는 사람들을 부양할 수 있는 능력을 의미했고, 여성다움은 얼마나 의존적이 될 수 있는가를 의미했다. 여자가 만일 직업을 가지게 되면 여성의 고상함은 파괴되어 버린다고 생각했다. 19세기 중반에 이르면 밥벌이를 하는 남편과 가정적인 아내와 아이들이라는 중간 계급의 이상이 널리 확산되고, '주부'라는 새로운 범주가 도입되었다.

필립 아리에스, 『사생활의 역사』

──────────── **c-2** ────────────

우리는 생산의 문화, 끊임없는 행동의 문화, 강제적 자기 최적화, 지속적 분주함의 문화 속에서 살고 있다. 현대식 기술을 통해 시간을 절약하지만 시간이 남으면 당장 다른 일을 시작하기 때문에, 더 느긋해지기는커녕 더 바쁘고 더 정신이 없다. 어떤 사람이 말한 바처럼 "기술로 시간을 버는 만큼 우리의 기대와 요구는 더 늘어"날 뿐이다.

오늘날의 우리는 몇 주씩 배를 타지 않아도 비행기를 타고 단숨에 오지로 날아갈 수 있다. 하지만 그렇게 해서 번 시간을 여유 있게 쓰지 못하고, 예전보다 더 멀리 그리고 더 많이 여행을 한다. 더 빨리, 더 쉽게 소통할 수 있다고 해서 시간이 더 늘어나는 것도 아니다. 오히려 과도하게 소통하고 있다. 남은 시간을 여유에 투자하지 않고 다른 새로운 긴장, 다른 일에 활용한다.

스베냐 플라스필러, 『우리의 노동은 왜 우울한가』

──────────────── c-3 ────────────────

자연이 정해 놓은 노동시간이란 존재하지 않는다. 노동시간은 숱한 사회적·역사적 조건들에 의해 결정된다. 특히 자본주의 체제에서 노동시간은 노동력 구매자인 사용자와 노동력 판매자인 노동자 및 노동조합 사이의 치열한 정치적 각축 속에서 구체적으로 결정된다. 그리고 노사는 노동시간의 통제와 관련하여 양과 질 두 측면에서 의견 대립을 보여 왔다.

서구 산업사회에서 노동시간의 양은 생산기술의 발달과 노조의 영향력 확대에 따라 지속해서 감소해 왔다. 19세기 말 주당 평균 65시간을 상회하던 서구 산업국가의 노동시간은 오늘날 35~40시간까지 하락하였다. 생산조직의 효율화, 노사관계의 안정화에 초점을 맞춘 사용자 측의 이해관계가, 자율적이고 창조적인 자기계발과 삶의 질 개선에 초점을 맞춘 노조 측의 이해관계와 맞아 떨어지면서 노동 시간을 단축할 정당성을 확보할 수 있었다.

노동 시간의 질은 주어진 노동시간을 활용하는 방식과 관련된다. 일반적으로 사용자 측은 구매한 노동력을 최대한도로 활용하기 위해 노동시간을 유연화하는 데 관심을 주로 둔다. 지금까지의 노동시간 유연화 전략은 노동자가 선호하는 시간대에 일하는 것을 허용하기보다 기업의 입장에서 가장 효율적인 시간대에 노동을 배치하는 형태로 구체화된 경우가 많았다. 그래서 노동자들의 저항에 직면해 온 것이 사실이었다. 하지만 시간선택제 근로, 탄력시간제 근로, 재택근무, 양육 기간 단축 근로제 등으로 대표되는 사용자 측의 노동시간의 유연화 전략은 향후 전 세계 노동자들의 동의와 지지를 적극적으로 끌어낼 수 있을 것으로 예상된다. 기술발전과 그에 따른 생산력의 비약적 증대는 최소한의 노동만으로도 기본적인 생활을 영위하는 데 불편함이 없을 만큼의 높은 생활임금 지급을 가능하게 하였고, 개별 노동자들은 필요에 따라 자신의 근로 시간대를 유연하게 재배치하는 방법으로 이러한 변화에 대해 대응할 수 있게 되었다. 그리고 노동자들이 근로 시간대를 융통성 있게 사용할 수 있게 됨으로써 그동안 왜곡됐던 일과 생활, 일과 가족, 일과 양육의 균형을 회복할 수 있을 것이라는 태도를 보이기 시작했다는 독일과 스위스 등의 사례가 그와 같은 전망을 뒷받침해준다.

비판사회학회, 『산업사회의 이해-노동세계의 탐구』

---

d-1

우리는 일벌과 일개미가 대단히 부지런한 동물이라고 알고 있다. 그러나 그 동물들이 과즙을 모으거나 집을 청소하는 시간은 낮 시간의 20%에 불과하다. 그 외의 시간에는 할 일을 적어 둔 쪽지를 잃어버리고도 걱정조차 하지 않는 게으름뱅이처럼 일은 안하고 빈둥거리기만 한다. 개미나 벌이 근면한 동물의 대명사로 불리게 된 것은 벌집이나 개미집 전체가 보여 주는 번잡함 때문인 듯하다. 벌집이나 개미집은 겉보기에는 쉴새 없이 움직이는 작은 우주 같다. 그러나 과학자들이 각각의 개미들과 벌들이 매 순간 무엇을 하는지 알아보기 위해 개체 하나하나에 일일이 꼬리표를 붙이고 관찰한 결과, 벌들과 개미들의 휴식 시간이 상당히 길다는 사실이 밝혀졌다.

인간은 다른 동물에 비해 일하는 시간이 많을 뿐 아니라 문화권에 따라 노동 시간도 상당히 다르다. 프랑스 인은 일 년에 평균 1,646시간을 노동하지만, 일본인은 2,088시간을 노동한다.

인간이 부지런할 수 있는 것은 다른 동물과 달리 쉬고 싶은 충동을 억제할 수 있기 때문이다. 인간은 졸리면 커피를 마시고, 따뜻해서 잠이 쏟아질 때는 난방기를 끈다. 인간은 그런 식으로 일을 해서 생존에 쓰고도 남을 양의 자원을 모으지만, 다람쥐는 한 해 겨울을 무사히 나는 데 필요한 자원만 모은다. 동물 중에서 학비나 실직 수당, 구식 레코드를 콤팩트디스크로 바꾸는 데 필요한 돈을 걱정하는 것은 인간뿐이다.

인간의 그러한 물욕(物慾)은 대개 문화적인 훈련에서 비롯된 것 같다. 사냥이나 채집을 통해 자원을 획득하고, 그렇게 획득한 자원을 대체로 그날그날 소비하는 동물들은 하루에 서너 시간만 일한다. 사실 일밖에 모르는 사람들까지도 일하지 않고 빈둥거리고 싶어 하는 선천적인 욕구를 지니고 있다는 사실을 무시할 수 없기 때문에, 게으름을 죄악의 하나로 여기는 것은 아닐까?

N. 앤지어, 『벌처럼 부지런하다?』

---

d-2

오늘날 생산물만이 중시되고 그것을 만들어 낸 노동이 등한시된다는 것은 단지 상점이나 시장, 무역의 경우에 한하는 것은 아니다. 근대적인 공장 안에서도 노동자의 경우에는 사정이 전적으로 동일하다. 작업상의 협력이나 이해, 상호평가란 그야말로 고위층의 권한에 속할 뿐이다. 노동자 계층에 있어서 여러 부서와 여러 직무 사이에 형성된 관계란 다만 사물간의 관계일 뿐 인간 상호간의 관계는 아니다. 부품은 명칭과 형태, 원료가 기입된 쪽지가 붙여져 유통된다. 이 부품이야말로 바로 인간이며, 노동자는 다만 교환 가능한 부품이라고 생각될 수도 있을 것이다. 부품은 제조 명세서를 갖는다. 또 몇 개의 큰 공장의 경우처럼 노동자가 출근 시에 죄수같이 가슴에 번호를 단 사진이 붙어있는 신분증을 제시하지 않으면 안 될 경우, 그 신분 확인 절차는 가슴을 찌르며 고통을 주는 하나의 상징이 되는 것이다. 사물이 인간의 역할을 하고 인간이 사물의 역할을 하는 것이야말로 악의 근원이다.(중략) 큰 공장은 물론이고 조그만 공장에서까지도 많은 남녀 노동자들은 명령에 의해 있는 힘을 다해서 대충 1초마다 한 번씩 행하는 대여섯 개의 단순한 동작을 끊임없이 되풀이할 따름이다.(중략) 기계 작업은 마치 시계의 똑딱 소리처럼 끊임없이 계속된다. 이 경우 하나의 일이 끝나고 다른 일이 시작된다는 것을 알려주는 것은 아무 것도 없다. 저 똑딱거리는 시계 소리의 기운 빠지는 듯한 단조로운 소리를 오랫동안 듣는다는 것은 참을 수 없는 노릇이지만, 노동자는 자기 몸으로 그것을 감당하지 않으면 안 된다.

시몬느 베이유, 『노동일기』

———————————————— e-1 ————————————————

우리는 노동이라는 말을 들으면 곧 채플린의 『모던타임스』나 르네 크렐의 『우리에게 자유를』을 연상합니다. 분명 그들의 이미지나 비판은 지난날 옳은 때가 있었습니다. 그렇지만 그것은 전통적인 산업주의에만 적용될 수 있는 것으로서, 오늘날 급속히 진화되고 있는 새로운 산업에는 들어맞지 않습니다.

분업화된 공장 노동이 얼마나 비참한 것이었는지는 잘 알려져 있으며, 그것은 오늘날에도 역시 비참합니다. 그러한 공장형의 노동은 오피스에도 들어와 개개의 노동자는 작은 반복 작업만을 되풀이함으로써 자기의 일이 전체에 이어진다는 자각을 하지 못하고, 자기 재량이나 창조력을 발휘할 기회도 가지지 못했습니다. 그런데 그와 같은 직업을 보존하라고 주장하는 사람들의 노스탤지어에 놀라지 않을 수 없습니다.(중략)

이제까지의 '제 2의 물결' 산업에서는 공정을 분업화, 반복화해서 인간이 기계처럼 되어 일하는 것이 능률을 올리는 요령이었습니다. 이제 그런 일은 컴퓨터가 더 빠르게 잘해 주고, 위험한 작업은 로봇이 해 줍니다. 지금까지의 공정은 시대와 함께 채산성도 생산성도 떨어지고 있습니다. 변화를 촉진하는 조건은 갖추어진 셈입니다.(중략)

'제 3의 물결'의 노동자는 더욱 독창적이고 더욱 지능적이라서 이제는 기계의 부속품이 아닙니다. 좀더 구체적으로는 기능과 특수 지식이 있는 인간입니다. 자기 전용의 연장 상자를 가지고 있었던 산업혁명 이전의 직업인과 마찬가지로 새로운, 말하자면 '두뇌 노동자'는 기능과 정보가 가득히 들어 있는 '두뇌 도구 상자'를 가지고 있습니다. 미숙련 노동자가 갖지 못한 생산 수단을 가지고 있는 것입니다.

이와 같은 새로운 노동자는 자립한 직업인과 비슷하기는 하지만 아무하고나 교체가 가능한 조립 라인의 노동자와는 그 질이 다릅니다. 젊고, 교육 수준도 높고, 반복 작업은 하지 않습니다. 자기에게 적합한 방법으로 일을 해 내기 때문에 상사의 잔소리를 싫어하고 항상 자기 주장을 지니고 있습니다. 애매한 공정이나 직제의 변화에도 꿈쩍하지 않습니다. 그들이야말로 새로운 노동력이며 그 수는 자꾸자꾸 늘어나고 있습니다. 경제가 '제 2의 물결'에서 '제 3의 물결'로 옮겨짐에 따라 새로운 가치 체계가 생겨남과 함께 노동자의 기능도 새로워집니다.(중략)

지금 일어나고 있는 것은 그와 정반대, 말하자면 '마르크스를 물구나무 세운 것'과 같습니다. 오늘날의 경제에서 흥성하는 부문은 수천 명에 이르는 노동자에 의한 동일화, 규격화된 반복 작업을 필요로 하고 있지 않습니다. 필요로 하고 있는 것은 적응력과 독창력과 고학력을 갖춘, 개성적이라 해도 좋을 정도의 노동자입니다.

앨빈 토플러 『전망과 전제』

---

e-2

미래의 노동은 자동화 시대의 '생활 배우기'를 하는 것이다. 일반적으로 이것은 전기 테크놀러지에서 흔히 나타나는 패턴이다. 이것은 문화와 테크놀러지, 예술과 상업, 일과 여가라는 낡은 이분법을 없애 버린다. 단편화가 지배적이었던 기계시대에는 여가란 일이 없는 것, 또는 단순히 놀고 지내는 것이었지만, 전기 시대에는 그 반대가 맞는 말이 된다. 정보 시대가 모든 능력을 동시에 사용하는 것을 우리에게 요구하고 있기 때문에, 우리는 모든 시대의 예술가들이 그랬던 것처럼 열심히 대상에 관여함으로써 가장 한가하게 여가를 누리게 된다.(중략)   현재의 노동력을 산업으로부터 철수시키려고 하는 이 자동화의 작용 때문에 학습 그 자체는 생산과 소비에서 중요한 것이 된다. 이렇게 생각한다면 실업에 대한 불안은 어리석은 것이 된다. 이때 급료를 받아가며 배우게 되는데, 이는 이미 지배적인 고용 형태가 되고 있을 뿐만 아니라 우리 사회 내에서 새로운 부(富)의 원천이 되고 있다. 이것이 바로 사회 내에서 인간이 떠맡는 새로운 '역할'이다. 반면에 기계적인 구식 관념인 '직능' 즉 '노동자'에게 주어진 단편화된 일이나 전문가적 직위와 같은 개념은 자동화 상황에서는 더 이상 의의를 가지지 못한다.(중략)

자동제어 기구의 전기 시대는 갑자기 사람들을, 앞선 기계 시대의 기계적, 전문가적 노예 상태로부터 해방시킨다. 기계와 자동차가 말을 해방시켜서 오락의 세계 속으로 던져 넣은 것처럼, 자동화가 인간을 해방시키는 것이다. 우리는 그 해방에 대한 대가로, 내부의 자원을 이용해 스스로 고용을 창출해 내고 풍부한 상상력으로 사회에 참여해야 하는 부담을 갑자기 안게 되었다.(중략)

전기적 에너지는 작업이 이루어지는 장소나 작업의 종류와는 무관하다. 그렇기 때문에 그것은 작업에서의 탈중심화와 다양성이라는 패턴을 형성한다. 예를 들면, 이것은 난롯불과 전깃불의 차이에서 분명히 나타나는 논리이다. 따스함과 빛을 찾아 난롯가나 촛불 주위로 모여든 사람들은 전깃불을 지급 받는 사람만큼 생각이나 과제를 자유롭게 추구하지는 못한다. 이처럼, 자동화 속에 숨어 있는 사회적, 교육적 패턴은 자기 고용self-employment과 예술적 자율성의 패턴이다. 자동화가 세계적 규모의 획일화를 가져온다고 놀라 당황하는 것은, 이제는 이미 과거가 되어버린 기계적 규격화와 전문화의 미련에 사로잡혀 있는 것이다.

마셜 맥루언, 『미디어의 이해』

———————————————— e-3 ————————————————

다가오는 세기의 새로운 경제 현실을 전망해 보건대, 시장이나 공공 부문이 기술 실업의 증가와 소비자 수요의 감퇴로부터 또다시 경제를 구해줄 것 같지가 않다. 정보 및 전기 통신 기술로 인해 향후 수 천만 개의 일자리가 없어지고, 많은 산업과 고용 부분에서 노동의 지속적인 몰락이 예고되고 있다. 이에 대해 기술 낙관주의자들은 금세기 초 자동차로 인해 말과 사륜마차가 쓸모없어졌지만 그러한 과정 속에서 수백만 개의 일자리가 만들어졌다는 사실을 지적하면서, 첨단기술 혁명에 따른 새로운 제품과 서비스는 추가적인 고용을 만들어낼 것이라고 반박한다. 정보 시대의 많은 제품과 서비스들 역시 구제품과 서비스를 쓸모없게 만드는 것은 사실이다. 하지만 그것들은 생산과 운영, 유통 등에 있어 많은 노동자를 필요로 하지 않는다.

예를 들어 소비자에게 정보 및 서비스를 직접적으로 가져다 줄 수 있는, 쌍방향 통신의 혁명적인 형태로 널리 알려진 정보 초고속도로는 수송 및 배급이라는 전통적인 판매 경로를 건너 뛸 수 있게 하였다. 새로운 데이터 초고속도로는 네트워크를 프로그램하고 감시하며 운영하기 위해 수많은 컴퓨터 과학자, 기술자, 프로듀서, 작가 및 연예인을 필요로 한다. 그럼에도 불구하고 그들의 수는 새로운 매체로 자신들의 일자리가 불필요해지고 관련성이 없어지게 된 수백만에 달하는 도·소매업 부문 노동자에 비하면 미미한 수준인 것이다.

과거에는, 기술 혁명이 경제 부문에서 전반적인 일자리를 위협하였을 때, 새로운 부문이 잉여 노동력을 흡수하기 위해 출현했었다. 그러나 오늘날 급속한 구조 재편과 자동화의 희생물이 됨에 따라 일자리를 잃게 된 부문의 수백만 명을 흡수해 줄 '주목할 만한' 새로운 부문은 나타나지 않고 있다. 눈에 보이는 유일한 새로운 부문은 지식 분야로, 미래의 새로운 첨단 자동화 경제를 알리는데 책임을 진 엘리트 산업 집단 및 전문가 그룹이다. 이러한 지식 노동자들에 해당하는 이들은 과학, 공학, 경영, 자문, 교육, 마케팅, 방송 및 연예 분야의 전문가들이다. 그들의 수가 늘어가고 있지만, 신세대의 '생각하는 기계'에 의해 일자리를 잃는 무수히 많은 노동자들에 비하면 그 양은 아직도 소수일 뿐이다. 21세기 안에 세계 전체의 재화를 생산하는 데 있어 현재 노동력의 2%만 필요하게 될 것이다.

제레미 리프킨, 『노동의 종말』

─────────── e-4 ───────────

기계가 사람을 대신해서 일하게 하라! 이 현상은 인류가 딱딱한 나무 열매를 먹기 위해 그것을 깨는 데 돌을 사용한 때부터 시작되었다. 수세기 동안 우리는 육체적으로 생존하기 위해 기계를 사용해 왔다. 강을 따라 들판에 물을 대기 위해 최초의 물레방아가 나일 강 삼각주에 세워진 이래, 기계의 발명은 인간의 근력을 대신하는 것에 중점을 두어왔다. 19세기까지 우리가 쓸 수 있는 에너지의 99%는 인간의 노동에서 나왔다. 산업혁명은 삶의 물질적인 조건을 근본적으로 변화시켰다. 그리하여 오늘날에는 기계가 인간이 하는 근력 노동의 99%를 대신하게 되었다. 따라서 현재의 우리는 즐거움을 위해서만 근력을 사용한다. 자동화의 결과로 스포츠 용구, 몸매 가꾸는 기구, 운동화 시장의 경기가 한창 좋아지고 있다. 육체적 피로를 느끼기 위해 길을 따라 뛰려는 우리의 욕구를 19세기 사람들은 이해하지 못할 것이다.

한 걸음 더 나아가 근력뿐만 아니라 20세기 후반에는 인간의 지력도 자동화되고 있다. 컴퓨터와 인공지능 기계들이 더 이상 단순하고 일상적인 잡일만을 하지는 않으며, 고도의 업무를 능숙하게 처리할 정도가 되었다. 기상 관측관들은 컴퓨터로 인해 기상 예측이라는 지루한 작업에서 해방되었다. 고속도로 순찰도 자동화되었다. 비디오카메라가 설치되어 스피드광들을 관찰·기록·추적하고, 심지어 법규위반 고지서까지 발급한다. 이렇듯 인류사를 통해 얻게 되는 결론은 세계 대부분의 지역에서 삶의 물질적인 측면을 보다 많이 확보하려는 추세가 끝나가고 있다는 것이다. 반면, 인간 감성적인 측면에 대한 관심이 증가하고 있다. 가령, 컴퓨터가 우리 지력을 대신하면서 21세기에는 즐거움을 목적으로 하는 지적이고 감각적인 것들이 시장에 편입될 것이다.

롤프 옌센, 『드림소사이어티』

제시문 (1). (2)를 활용해 노동과 관련한 (3)의 입장에 대한 자신의 견해를 논술하라.

(1-1) 낙원에서는 노동을 한다는 것이 고된 것이라기보다는 그저 즐겁기만 했을 것이다. 인간의 노동 덕분에. 하느님이 창조하신 바는 자라나고 성숙해져 풍부한 결실을 맺게 되는 것이었다. 하느님이 인간을 낙원에 들여보내신 것은 일하게 하기 위함이었다. 노동하는 사람은 한 그루의 나무를 바라보면서 그의 시선을 창조계 전체로 옮겨 간다. 정말 세계는 한 그루 나무와 같다. 세계에는 섭리가 이중으로 작용한다. 자연에 맡겨진 부분과 의지에 맡겨진 부분이 이중으로 작용한다. 그 모두가 인간이 교육을 받는 표지이고. 교양을 쌓는 밭이며. 인간이 발휘할 기술인 것이다. 이제 의미가 밝혀진다. 하느님이 인간을 낙원에 들여보내신 것은 일하게 하기 위함이었다. 거기서 농사를 지으라는 뜻에서였다. 그것은 노예가 하는 강제 노역이 아니라 자유 의지에서 우러난 지성인의 작업이었다. 이런 일에 종사하는 것처럼 순진무구한 일이 또 어디 있겠는가? 인간이 그것을 지혜롭고 현명하게 수행한다면 노동보다 고상하고 그보다 성취적인 일이 또 있겠는가?

아우구스티누스, 『창세기 축자 해석』

(1-2) 23. ① 사람은 누구나 일하고 직업을 자유롭게 선택하고 공정하고 유리한 노동 조건을 누리고 실업에 대해 보호받을 권리를 가진다.

② 사람은 누구나 어떤 차별도 받지 않고 동일한 노동에 대해 동일한 보수를 받을 권리를 가진다.

③ 일하는 사람은 누구나 자기 자신과 자기 가족에게 인간의 존엄성에 알맞은 생활을 보장해 주는 그리고 필요한 경우에는 다른 사회적 보호 수단으로 보충되는 공정하고

유리한 보수를 받을 권리를 가진다.

④ 사람은 누구나 자신의 이익을 보호하기 위해 노동조합을 조직하고. 또 이에 가입할 권리를 가진다.

24. 사람은 누구나 합리적인 노동시간 제한 및 정기적인 유급 휴가를 포함한. 휴식과 여가를 가질 권리를 가진다.

[세계인권선언]

(2-1) 공장을 끼고 흐르는 작은 내를 건널 때는 숨을 쉬지 않았다. 시커먼 폐수 폐유가 그냥 흘렀다. 근로자들은 아침 일찍 공장으로 걸어 들어갔다. 저녁때 노동자들은 터벅터벅 걸어나왔다. 계속 조업 공장의 새벽 교대반원 얼굴에는 잠이 그대로 붙어 있었다. 공원들은 잠을 쫓기 위해 잠 안 오는 약을 먹고 일했다. 영국의 상태는 아주 끔찍했었던 모양이다. 로드함 공장에서는 어린 공원들이 정신을 차리게 하기 위해 채찍질을 했다는 기록을 나는 읽었다. 이 로드함 공장이 오히려 인간적이었다는 기록도 나는 읽었다.

리턴 공장에서는 어린 공원들이 한 공기의 죽을 먹기 위해 서로 싸웠다. 성적 난행도 당했다. 공장 감독은 무서웠다. 공원들의 손목을 묶어 기계에 매달았다. 공원들의 이를 줄로 갈아 버릴 때도 있었다. 리턴 공장의 공원들은 겨울에도 거의 벌거벗고 일했다. 하루 열네 시간 노동은 보통이었다. 공장 주인은 노동자들이 시계를 갖는 것을 금했다. 하나밖에 없는 공장 표준 시계가 밤늦게까지 일을 하게 했다.

이들 노동자와 가족들이 공장 주변에 빈민굴을 형성하고 살았다. 노동자들은 싸고 독한 술을 마셨다. 죽어서 천국에 간다는 복음만이 그들에게 위안을 주었다. 참혹한 생활에서 빠져나오기 위해 아편을 쓰는 사람도 있었다. 자식에게까지 쓰는 사람이 있었다. 공장 주인과 그의 가족들은 상점이 들어선 깨끗한 거리. 깨끗한 저택에서 살았다. 그들은 좋은 옷을 입고 맛있는 음식을 먹었다. 교외에 그들의 별장이 있었다. 신부는 그들을 위해 기도했다. 더 이상 참을 수 없게 된 영국의 노동자들은 공장을 습격했다.

그들이 제일 먼저 때려 부순 것은 기계였다. 프랑스의 철공장에서는 노동자들이 망치 소리에 맞추어 노래를 불렀다. 그 노래는 절망에서 나온 부르짖음이었다.

조세희, 「잘못은 신에게도 있다」

(2-2) 오늘날 생산물만이 중시되고 그것을 만들어 낸 노동이 등한시된다는 것은 단지 상점이나 시장. 무역의 경우에 한하는 것은 아니다. 근대적인 공장 안에서도 노동자의 경우에는 사정이 전적으로 동일하다. 작업상의 협력이나 이해. 상호평가란 그야말로 고위층의 권한에 속할 뿐이다. 노동자 계층에 있어서 여러 부서와 여러 직무 사이에 형성된 관계란 다만 사물간의 관계일 뿐 인간 상호간의 관계는 아니다. 부품은 명칭과 형태. 원료가 기입된 쪽지가 붙여져 유통된다. 이 부품이야말로 바로 인간이며. 노동자는 다만 교환 가능한 부품이라고 생각될 수도 있을 것이다. 부품은 제조 명세서를 갖는다. 또 몇 개의 큰 공장의 경우처럼 노동자가 출근 시에 죄수같이 가슴에 번호를 단 사진이 붙어있는 신분증을 제시하지 않으면 안 될 경우. 그 신분 확인 절차는 가슴을 찌르며 고통을 주는 하나의 상징이 되는 것이다.

사물이 인간의 역할을 하고 인간이 사물의 역할을 하는 것이야말로 악의 근원이다. 큰 공장은 물론이고 조그만 공장에서까지도 많은 남녀 노동자들은 명령에 의해 있는 힘을 다해 대충 1초마다 한 번씩 행하는 대여섯 개의 단순한 동작을 끊임없이 되풀이할 따름이다. 기계 작업은 마치 시계의 똑딱 소리처럼 끊임없이 계속된다. 이 경우 하나의 일이 끝나고 다른 일이 시작된다는 것을 알려주는 것은 아무 것도 없다. 저 똑딱거리는 시계 소리의 기운 빠지는 듯한 단조로운 소리를 오랫동안 듣는다는 것은 참을 수 없는 노릇이지만. 노동자는 자기 몸으로 그것을 감당하지 않으면 안 된다.

시몬느 베이유, 「노동일기」

(3-1) 우리는 노동이라는 말을 들으면 곧 채플린의 <모던타임스>나 르네 클레르의 <

우리에게 자유를>을 연상합니다. 분명 그들의 이미지나 비판은 지난날 옳은 때가 있었습니다. 그렇지만 그것은 전통적인 산업주의에만 적용될 수 있는 것으로서 오늘날 급속히 진화되고 있는 새로운 산업에는 들어맞지 않습니다. 분업화된 공장 노동이 얼마나 비참한 것이었는지는 잘 알려져 있으며. 그것은 오늘날에도 역시 비참합니다. 그러한 공장형의 노동은 오피스에도 들어와 개개의 노동자는 작은 반복 작업만을 되풀이함으로써 자기의 일이 전체에 이어진다는 자각을 하지 못하고. 자기 재량이나 창조력을 발휘할 기회도 가지지 못했습니다. 그런데 그와 같은 직업을 보존하라고 주장하는 사람들의 노스탤지어에 놀라지 않을 수 없습니다.

이제까지의 '제2의 물결'산업에서는 공정을 분업화. 반복화해서 인간이 기계처럼 되어 일하는 것이 능률을 올리는 요령이었습니다. 이제 그런 일은 컴퓨터가 더 빠르게 잘해 주고. 위험한 작업은 로봇이 해 줍니다. 지금까지의 공정은 시대와 함께 채산성도 생산성도 떨어지고 있습니다. 변화를 촉진하는 조건은 갖추어진 셈입니다.

'제 3의 물결'의 노동자는 더욱 독창적이고 더욱 지능적이라서 이제는 기계의 부속품이 아닙니다. 좀 더 구체적으로는 기능과 특수 지식이 있는 인간입니다. 자기 전용의 연장 상자를 가지고 있었던 산업혁명 이전의 직업인과 마찬가지로 새로운. 말하자면 '두뇌 노동자'는 기능과 정보가 가득히 들어 있는 '두뇌 도구 상자'를 가지고 있습니다. 미숙련 노동자가 갖지 못한 생산 수단을 가지고 있는 것입니다.

이와 같은 새로운 노동자는 자립한 직업인과 비슷하기는 하지만 아무하고나 교체가 가능한 조립 라인의 노동자와는 그 질이 다릅니다. 젊고. 교육수준도 높고. 반복 작업은 하지 않습니다. 자기에게 적합한 방법으로 일을 해 내기 때문에 상사의 잔소리를 싫어하고 항상 자기 주장을 지니고 있습니다. 애매한 공정이나 직제의 변화에도 꿈쩍하지 않습니다. 그들이야말로 새로운 노동력이며 그 수는 자꾸자꾸 늘어나고 있습니다. 경제가 '제2의 물결'에서 '제 3의 물결'로 옮겨짐에 따라 새로운 가치 체계가 생겨남과 함께 노동자의 기능도 새로워집니다.

지금 일어나고 있는 것은 그와 정반대. 말하자면 '마르크스를 물구나무 세운 것'과 같습니다. 오늘날의 경제에서 흥성하는 부문은 수천 명에 이르는 노동자에 의한 동일

화. 규격화된 반복 작업을 필요로 하고 있지 않습니다. 필요로 하고 있는 것은 적응력
과 독창력과 고학력을 갖춘. 개성적이라 해도 좋을 정도의 노동자입니다.

앨빈 토플러, 『전망과 전제』

(3-2) 미래의 노동은 자동화 시대의 '생활 배우기'를 하는 것이다. 일반적으로 이것은
전기 테크놀로지에서 흔히 나타나는 패턴이다. 이것은 문화와 테크놀로지. 예술과 상
업. 일과 여가라는 낡은 이분법을 없애 버린다. 단편화가 지배적이었던 기계시대에는
여가란 일이 없는 것. 또는 단순히 놀고 지내는 것이었지만. 전기시대에는 그 반대가 맞
는 말이 된다. 정보시대가 모든 능력을 동시에 사용하는 것을 우리에게 요구하고 있기
때문에. 우리는 모든 시대의 예술가들이 그랬던 것처럼 열심히 대상에 관여함으로써
가장 한가하게 여가를 누리게 된다.

현재의 노동력을 산업으로부터 철수시키려고 하는 이 자동화의 작용 때문에 학습
그 자체는 생산과 소비에서 중요한 것이 된다. 이렇게 생각한다면 실업에 대한 불안은
어리석은 것이 된다. 이때 급료를 받아 가며 배우게 되는데. 이는 이미 지배적인 고용
형태가 되고 있을 뿐만 아니라 우리 사회 내에서 새로운 부(富)의 원천이 되고 있다. 이
것이 바로 사회 내에서 인간이 떠맡는 새로운 '역할'이다. 반면에 기계적인 구식 관념
인 '직능' 즉 '노동자'에게 주어진 단편화된 일이나 전문가적 직위와 같은 개념은 자동
화 상황에서는 더 이상 의의를 가지지 못한다.

자동제어기구의 전기 시대는 갑자기 사람들을. 앞선 기계시대의 기계적. 전문가적
노예 상태로부터 해방시킨다. 기계와 자동차가 말을 해방시켜서 오락의 세계 속으로
던져 넣은 것처럼. 자동화가 인간을 해방시키는 것이다. 우리는 그 해방에 대한 대가로.
내부의 자원을 이용해 스스로 고용을 창출해 내고 풍부한 상상력으로 사회에 참여해
야 하는 부담을 갑자기 안게 되었다. 전기적 에너지는 작업이 이루어지는 장소나 작업
의 종류와는 무관하다. 그렇기 때문에 그것은 작업에서의 탈중심화와 다양성이라는
패턴을 형성한다. 예를 들면. 이것은 난롯불과 전깃불의 차이에서 분명히 나타나는 논

리이다. 따스함과 빛을 찾아 난롯가나 촛불 주위로 모여든 사람들은 전깃불을 지급 받는 사람만큼 생각이나 과제를 자유롭게 추구하지는 못한다. 이처럼 자동화 속에 숨어 있는 사회적. 교육적 패턴은 자기 고용(self-employment)과 예술적 자율성의 패턴이다. 자동화가 세계적 규모의 획일화를 가져온다고 놀라 당황하는 것은. 이제는 이미 과거가 되어버린 기계적 규격화와 전문화의 미련에 사로잡혀 있는 것이다.

마셜 맥루언, 『미디어의 이해』

타인에 대한 공감은 가능한가

타자와의 관계, 이타심, 공감

연습문제 공감의 관점에서 인간의 태도를 논하라 <서강대학교 기출>
            주요섭, 「미운 간호부」

근대 이후 개인이 등장하고 근대 철학이 개인의 자아를 주체로 내세우면서 자아의 중요성은 신분이나 계급과 상관없이 중요한 주제로 떠올랐다. 그러나 자아만 강조하는 태도가 지나치면 개인의 이익과 이기심의 충족을 최선으로 여길 수도 있는 문제가 발생한다. 자신이 중요한 만큼 타자도 중요하다는 인식은 2차 세계 대전 이후 실존주의가 철학의 주제로 부상하면서 현대에까지 사상사에서 중요한 주제로 여겨지고 있다.

이 장에는 타자를 이해하고 공감하는 능력이 강조되는 현대에서 타자에 대한 공감이 인간의 선천적 능력인지에 대한 논의와 이타적인 행동이 결국 자신에게 이익이 된다는 이론까지 공감과 이타심에 대한 다양한 논의가 소개되고 있다. 독자들은 단순히 타자를 이해하고 공감해야 한다는 도덕적인 문구로 이해할 것이 아니라, 이타심과 공감이 왜 필요한지에 대해 정확하게 이해하는 것이 논술에 도움이 될 것이다.

a에는 장자와 맹자가 타자를 이해하는 태도가 나타나 있다. 독자들은 장자와 맹자를 통해 고대 동양에서 타자를 어떻게 이해할 수 있는지에 대해 이해할 수 있을 것이다. 장자와 맹자를 정독한 후에 강유위의 글을 읽으면서 '인'이라는 핵심어를 바탕으로 강유위의 주장과 근거를 요약해 보기 바란다. 키에르케고르의 글은 읽기가 쉽지 않지만, 독자들은 키에르케고르가 '인간은 타자와의 관계를 통해 인간으로 존재할 수 있다'는 명제를 설명하는 과정을 꼼꼼히 독해하여 독해력을 향상할 수 있을 것이다. 사르트르의 글은 개인의 '진정한 자유'가 '타인과 세계'라는 외부와 어떤 연관이 있는가를 설명하고 있는 글이다. 비교적 긴 글이지만, 독자들은 '개인의 자유와 타자'라는 핵심어로 글을 요약해 보면 명료하게 이해할 수 있을 것이다. 또한 레비나스가 생각하는 '타자'의 개념을 통해 타자를 어떻게 이해해야 하는지에 대한 물음에 답해보기 바란다.

b에서 루소는 연민과 이타심을 인간 본성의 자연스러운 발현으로 이해하는데, 그 근거를 찾아서 요약 정리해 보기 바란다. 독자들은 셸러의 글을 읽고 '공감의 구체적 범위와 대상'이라는 핵심어를 중심으로 요약해 보기 바란다. 또한 프로이트의 글을 읽으면서 타자와의 관계 설정의

시작은 어디에서 해야 하는지를 염두에 두고 셸러의 글과 비교하면서 요약해 보기 바란다. 헤겔과 세넷의 글은 공통적으로 타자(가난한 사람)를 대하는 태도에 대한 주장을 담은 글인데, 독자들은 둘의 글을 읽고 공통점을 중심으로 비교요약해 보기 바란다.

c에서 독자들은 맥어크킬과 리들리의 글을 비교하면서 이 둘이 이타적 행위에 필요한 것이 무엇이라고 주장하는지 요약해 보기 바란다. 최정규의 글에서 독자들은 이타적 행위를 하는 이유가 무엇인지에 대한 흥미로운 사실을 알게 될 것이다. 그것이 무엇인지, 주장과 근거를 요약하면서 찾아보자. 폴 처칠랜드와 데이비드 호우의 글은 공감에 이르는 과정을 설명하고 있는데, 그 과정을 중심으로 요약해 보기 바란다.

연습문제는 공감이 결여된 현대 사회의 문제를 보여주는 소설의 일부인데, 독자들은 글을 읽고 문제에 답하기 위해서 이 장에서 소개된 제시문 중에 근거를 골라서 자신의 견해를 정리해 보기 바란다.

10

타인에 대한 공감은 가능한가
타자와의 관계, 이타심, 공감

──────── a-1 ────────

장자가 혜자와 함께 호수(濠水)의 징검돌 근처에서 노닐고 있었다.

장자가 말했다.

"피라미가 한가롭게 헤엄치고 있소. 이게 물고기의 즐거움이오."

혜자가 말했다.

"당신이 물고기가 아닌데 어떻게 물고기가 즐겁다는 것을 안다는 말이오?"

장자가 말했다.

"당신은 내가 아닌데 어떻게 내가 물고기가 즐겁다는 것을 알지 못한다는 것을 안다는 말이오?"

혜자가 말했다.

"나는 당신이 아니니까 물론 당신을 알지 못하오. 당신은 물고기가 아니니까 물고기를 알지 못한다는 것이 확실하다는 말이오."

장자가 말했다.

"자, 처음으로 돌아가 봅시다. 당신은 '당신이 어떻게 물고기가 즐겁다는 것을 안다는 말이오?'라고 했지만, 그것은 이미 내가 안다는 것을 알고서 그렇게 물은 것이오. 나도 호수(濠水)가에서 물고기가 즐겁다는 것을 알았던 것이오."

장자, 『장자(莊子)』 추수(秋水)편

──────── a-2 ────────

선왕: 나와 같은 사람도 백성들의 생활을 안정시키는 왕이 될 수 있겠소?

맹자: 물론입니다.

선왕: 무슨 근거로 내가 잘할 수 있다는 걸 알 수 있습니까?

맹자: 신은 호흘(胡齕)이라는 신하가 한 말을 들은 적이 있습니다. 언젠가 왕께서 대전(大殿)에 앉아 계실 때 어떤 사람이 대전 아래로 소를 끌고 지나갔는데 왕께서 그것을 보시고 "그 소를 어디로 끌고 가느냐?"고 물으시자 그 사람은 "흔종(釁鍾, 완성된 종에 소의 피를 바르는 의식)에 쓰려고 합니다"라고 대답했습니다. 그러자 왕께서 "그 소를 놓아주어라. 부들부들 떨면서 죄 없이 도살장으로 끌려가는 모습을 나는 차마 보지 못하겠다" 하셨습니다. 그러자 그 사람이 대답했습니다. "그러면 흔종 의식을 폐지할까요?" 그러자 왕께서는 "흔종을 어찌 폐지할 수 있겠느냐. 소 대신 양으로 바꾸어라"고 하셨다는데 그런 일이 정말로 있었습니까?

선왕: 그런 일이 있었습니다.

맹자: 그런 마음씨라면 충분히 천하의 왕이 될 수 있습니다. 백성들은 왕이 인색해서 소를 양으로 바꾸라고 했다고 생각하고 있습니다만, 신은 왕께서 부들부들 떨면서 사지로 끌려가는 소를 차마 볼 수 없어서 그렇게 하신 것을 알고 있었습니다.

선왕: 그렇습니다. 그렇게 생각한 백성도 있을 것입니다만, 제(齊)나라가 아무리 작은 나라라고 하더라도 내가 어찌 소 한 마리가 아까워서 그렇게 하였겠습니까? 죄 없이 부들부들떨면서 사지로 끌려가는 소를 차마 볼 수가 없어서 그랬던 것입니다.

맹자: 백성들이 왕을 인색하다고 하더라도 언짢게 여기지 마십시오. 작은 것으로 큰 것을 바꾸라고(以小易大) 하셨으니 그렇게 생각한 것이지요. 어찌 왕의 깊은 뜻을 알 수 있겠습니까? 그런데 죄 없이 사지로 끌려가는 것을 측은하게 여기셨다면 (소나 양이 다를 바가 없는데) 어째서 소와 양을 차별할 수 있습니까(牛羊何擇焉)?

선왕: 정말 무슨 마음으로 그랬는지 모르겠습니다. 나는 재물이 아까워서 그런 것은 아닌데 소를 양으로 바꾸라고 했으니 백성들이 나를 인색하다고 생각하는 것도 당연하겠군요.

맹자: 상관없습니다. 그것이 곧 인(仁)의 실천입니다. 소는 보았으나 양은 보지 못했기 때문입니다. 군자가 금수(禽獸)를 대함에 있어서 그 살아 있는 것을 보고 나서는 그 죽는 모습을 차마 보지 못하고, 그 비명 소리를 듣고 나서는 차마 그 고기를 먹지 못합니

다. 군자가 푸줏간을 멀리하는 까닭이 이 때문입니다.

맹자, 「양혜왕 편」 『맹자』

측은지심

─────────────────── a-3 ───────────────────

불쌍히 여기는 마음이 없는 것은 사람이 아니고, 불쌍히 여기는 마음이야말로 인의 근원이다(무측은지심비인야 측은지심인지단야[無惻隱之心非人也 惻隱之心仁之端也])."
이것은 《맹자》에 나오는 말로, 맹자의사단설(四端說)의 요체에 해당한다. 사람들은 어린아이가 막 우물에 빠지는 것을 보면, 다들 놀라고 두려워하여 근심하고 불쌍히 여기는 마음을 갖게 되는데, 이는 사람이라면 누구나 내면에 잠재해 있는 선한 본성이 발현한 것이다.

사단에는 측은지심(惻隱之心), 수오지심(羞惡之心), 사양지심(辭讓之心), 시비지심(是非之心)이 포함되는데, 각각은 인·의·예·지(仁·義·禮·智)의 덕목을 실천하는 단초가된다. 그 가운데 모든 것을 두루 아우르는 가장 포괄적인 덕목이 인(仁)으로, 인(仁)은 생명의 본성이자 사랑의 원리에 해당한다. 따라서 인(仁)을 실천함에 있어서 바탕이 되는 측은지심은 사단 가운데 으뜸이자 모체가 되는 것이다. 측은지심은 인간의 네 가지 선한 본성의 밑바탕에 공통적으로 관통하여 흐르는 마음으로, 백 가지 선한 생각의 원천과 만 가지 선한 행실의 근본을 이루는 것이라 할 수 있다.

맹자, 『논어』해석본 재구성

─────────────────── a-4 ───────────────────

전쟁을 피해 고향 집에 돌아온 나는 하루 종일 독서와 사색에 빠져서 가족들을 무심히 대했다. 그런 가운데에도 사방에서 들려오는 괴로운 사람들의 이야기는 내 가슴에 사무쳤다. 고아는 배고픔에 울음을 그치지 않았고 헐벗은 노파는 이불도 없이 밤새 웅크려 있으며, 몹쓸 병에 걸린 자들이 허리를 조아려 구걸을 해도 의지할 데가 없었다. 나는 이들로 인한 슬픔과 괴로움에 하루하루를 탄식 속에 지냈다. 저들은 저들 자신이 괴로운 것일 뿐 나와는 무관한 일 인데 무엇이 나를 이렇게까지 동요시키는 것일까? 생각해 보건대 나에게 있는 지각이 천지의 기(氣)와 연결되어 있기 때문이다. 혈맥이 온몸에 통하듯이 모든 사람은 천지의 기와 연결되어 있다. 자석도 서로 끌어당기는 힘이 있는데 지각을 지닌 사람들 사이에 끌어당기는 힘이 없을 수 있겠는가? 남의 불행을 차마 견디지 못하는 인(仁)이야말로 바로 사람을 서로 끌어당기는 힘이다.

온 세상 모든 인류는 나의 동포이다. 겉모습은 서로 다르고 멀리 떨어져 있어 만날 수 없다하더라도, 나는 책을 통해 저들의 사상을 접할 수 있고 세계 곳곳에서 만든 물건들을 사용하고 여러 나라의 예술을 향유하기도 한다. 그러므로 다른 나라가 진보하면 우리도 진보하고 퇴보하면 우리도 퇴보하며, 그들이 즐거우면 나도 즐겁고 그들이 처참해지면 나도 처참한 심정이 된다. 이 지구상에 사는 모든 사람이 사랑으로 끌어당기니 내 어찌 무관심할 수 있겠는가?

나는 열강이 약소국을 침략하는 난세에 태어나 계급과 인종과 남녀 사이의 억압으로 인한 세상의 괴로움을 목격했다. 내 생각으로는 모든 차별을 없애는 대동(大同)의 도(道)야말로 모든 사람을 이러한 괴로움에서 구제해줄 수 있는 유일한 길이다. 대동의 도를 이루자면 차별을 낳는 가족이나 국가 역시 없애고 세계를 하나로 만들어야 한다. 가족이 있으면 자기 가족의 생계를 위해 탐욕을 부리게 되며, 불우한 집에서 태어난 아이는 아무도 돌보지 않아 질병과 추위, 굶주림과 무식함을 벗어날 수 없다. 국가가 있으면 자기 나라의 이익을 위해 남의 나라를 착취하며 결국 전쟁을 일으켜 많은 사람을 참혹한 지경에 몰아넣기도 한다. 그러므로 가족과 국가의 구별을 넘어 온 세계 사람을 동등하게 사랑하는 데로 나아가야 한다.

강유위, 『대동서(大同書)』

─────────────── **a-5** ───────────────

인간이란 정신이다. 정신이란 무엇인가? 정신이란 자기이다. 자기란 무엇인가? 자기란 자기 자신과 관계하는 관계이다. 즉 거기에는 관계가 자기 자신과 관계하는 것들이 포함돼 있다. 자기란 단순한 관계가 아니고, 관계가 자기 자신과 관계하는 바를 의미한다.

　　인간은 유한성과 무한성, 시간성과 영원성, 자유와 필연의 종합이다. 요컨대 인간이란 종합이다. 종합이란 양자 사이의 관계이다. 그러나 이것만으로는 인간은 아직 아무런 자기가 아니다.

　　양자 사이의 관계에 있어서 관계 그 자체는 부정적 통일*로서의 제삼자이다. 그들양자는 관계에 대해 관계하는 것이며, 그것도 관계 속에서 관계에 대해 관계하는 것이다. 예를 들면 인간이 영혼이라고 할 경우, 영혼과 육체의 관계는 그와 같은 관계이다. 이에 반해 관계가 그 자신에 대해 관계한다면, 이 관계야말로 적극적인 제삼자인 것이며, 그리고 이것이 자기인 것이다. (註* 여기서 부정적 통일은 정반합의 변증법적 과정으로서의 종합을 의미한다.)

　　자기 자신과 관계하는 그와 같은 관계는 자기를 스스로 정립한 것이거나 아니면 다른 사람에 의해 정립된 것이거나 이 둘 중 하나가 아니면 안 된다.

　　그런데 자기 자신과 관계하는 관계가 다른 사람에 의해 정립될 경우, 물론 그 관계는 제삼자인 셈이지만 그러나 그 관계, 즉 제삼자는 다시 또 모든 관계를 정립한 것과 관계하는 관계이기도 하다.

　　이와 같이 도출되어 정립된 관계가 바로 인간인 자기인 것이다. 그것은 인간이 자기 자신과 관계하는 것이요, 동시에 자기 자신과 관계하는 것처럼 그렇게 타자와 관계하는 관계이다.

키에르케고르, 『죽음에 이르는 병』

───────── **a-6** ─────────

도스토예프스키는 다음과 같이 썼다. 즉 신이 없다면 무엇이든 허용될 것이다. 그것이 바로 실존주의의 출발이다. 실상 신이 없다면 모든 것이 허용되는 결과로서 사람은 자신의 내부나 외부에 의지할 곳이 없어 고독하게 되어 버린다. 아무런 핑계도 찾을 수 없다. 만약에 실제로 존재가 본질에 앞선다면 사람은 절대로 일정하고 응고(凝固)된 인간성을 미루어 설명할 수가 없을 것이다. 다시 말하면 결론이 있을 수 없다. 사람은 자유로우며 사람은 자유 그것이다.

한편으로, 만약에 신이 없다면 우리는 우리의 행동을 정당하게 하여 주는 가치라든 가 질서를 우리 앞에 보지 못할 것이다. 우리는 앞에서나 뒤에서나 확연한 가치권(圈) 속에서 아무런 정당성이나 변명을 설명해 낼 수가 없다. 우리는 자유로우며 고독하기 때문이다. 인간은 자유의 선고를 받은 셈이라는 말로써 표현은 끝난다. 사람은 스스로 를 창조한 것은 아닌 까닭에 선고(宣告)를 받는 것이요, 세상에 한 번 내던져지자 그가 행동하는 모든 것에 대해서 책임이 있는 까닭에 자유로울 수밖에 없다. 그는 감정의 맹 위(猛威)를 믿지 않는다. 그는 결코 하나의 열정이 숙명적으로 인간을 어느 행동으로 이끌어가는 도도한 격류이기 때문에 후에 이것이 하나의 구실(口實)이 될 수 있다고는 생각하지 않는다. 그는 사람이 자기의 감정에 책임이 있다고 생각한다. 실존주의는 또 한 이 땅 위에 볼 수 있는 어떤 표적 속에서 도움을 받을 수 있을 것이라고는 생각지 않 을 것이다. 왜냐하면 사람이란 제가 원하는 대로 표적을 판독(判讀)하는 것이라고 실 존주의자는 생각하기 때문이다. 그리고는 사람이란 아무런 의지(依支)도 도움도 없이 매순간 인간을 창조하도록 선고를 받고 있는 것이라고 생각한다. 퐁주(Francis Ponge) 는 그의 훌륭한 글 속에서 「사람은 사람의 미래이다」라고 말했다. 확실히 옳은 말이다. 다만 거기서 미래라는 것이 하늘에 씌어 있고 신이 그것을 안다고 생각한다면 그것은 잘못이다. 왜냐하면 그것은 이미 미래가 아닐 것이기 때문이다.

태어나는 인간이 어떠한 인간이든지간에 만들어야 할 장래, 그를 기다리는 무구(無 垢)한 장래가 있다는 것을 의미한다면 이 말은 옳다 할 것이다. 그러나 그렇다면 사람 은 고독하다. 고독이라는 것을 좀 더 잘 이해할 수 있는 예를 들기 위해서 다음과 같은 환경에서 나를 만나 보려고 찾아온 내 제자의 경우를 인용하려 한다. 그의 아버지는 어머니와 사이가 틀어지고 또 친독적(親獨的) 경향으로 기울어지고 있었다. 그의 형은 1940년의 독일군 침공 시 살해된 터라 좀 원시적이라고는 하겠으나 갸륵한 생각으로 이 청년은 형의 원수를 갚고 싶다는 것이었다. 그의 어머니는 그와 함께 살고 있었는데 아버지의 변심과 형의 죽음으로 슬픔에 잠겨 있었다. 어머니는 그에게서 밖에는 위안 을 받지 못하고 있다는 것이었다.

그 당시 그 청년은 영국으로 출발하든가, 자유 프랑스군에 가담하든가 그 중의 한

가지 선택을 해야만 했다 —즉 어머니를 포기하느냐, 혹은 어머니 곁에 머물러서 생활을 돕느냐 하는 것이었다. 그는 그 어머니가 다만 그만을 의지 하고 살고 있으며, 그의 실종(失踪)—아마도 그의 죽음—이 어머니로 하여금 절망에 빠지게 하리라는 것을 잘 알고 있었다. 그는 또한 결국 구체적인 의미에서 그가 출발하고 투쟁하기 위해서 취할 모든 행동이 모래 위에 물 붓는 격일지도 모르며, 아무 소용없는 결과가 될지도 모르는 애매한 행동인 반면에 그가 어머니를 위하여 하는 그의 행동은 모두 뚜렷한 반응이 있는 행동들이라는 것도 잘 알고 있었다. 예컨대 영국으로 떠난다면 스페인을 통과하다가 무기한으로 그는 스페인 당국의 난민 수용소에 체류하게 되는지도 모르고, 또 무사히 영국이나 알제리에 도착해서도 사무실 속에 처박혀 붓이나 놀려야 하게 되는지도 모르는 일이었다. 그러므로 그는 전혀 다른 두 가지의 행동에 대하게 되었다. 그 하나는 구체적이고 직접적인 일개인만을 위한 행동이요, 또 하나는 무한정으로 광범한 전체, 즉 국가 전체를 위한 행동이지만 바로 그러한 이유로 해서 애매함을 면할 수 없고, 도중에서 중단되어 버릴 수도 있는 그런 행동이었던 것이다.

동시에 그는 두 가지 종류의 모랄 사이에서 주저하고 있었다. 한편으로는 공감에서 오는 모랄, 즉 일개인에 대한 헌신이며, 또 한편으로는 더 광대하나 효과성이 미심스러운 모랄이었다. 양자택일(兩者擇一)을 할 필요가 있었던 것이다. 그러나 선택하는 데 누가 도울 수 있는가?(중략)

우리는 자유를 위한 자유를 원하는 동시에 하나하나의 특수한 경우를 통하여 자유를 원한다. 그리고 자유를 원하면서 그것이 타인의 자유에 완전히 의존한다는 것과 타인의 자유는 우리의 자유에 의존한다는 것을 우리는 알게 된다. 물론 인간의 정의(定義)로서의 자유는 타인에 의존하지 않는다. 그러나 앙가주망이 생기자마자 나는 나의 자유와 동시에 타인의 자유를 원하지 않을 수 없으며, 내가 또한 타인의 자유를 목적으로 삼아야만 나의 자유를 목적으로 삼을 수 있는 것이다.

그러므로 엄밀한 정당성의 견지로서 사람이란 그 존재가 본질을 앞서는 존재이며, 그는 여러 경우에 있어서 자기의 자유밖에는 원할 수 없는 자유로운 존재라는 것을 확인하였을 때에는, 동시에 나는 타인의 자유밖에는 원할 수 없다는 것을 확인한 것이다. 이처럼 자유자체에 포함되어 있는 의지의 이름으로 나는 그들의 존재의 완전한 무상과 완전한 자유를 스스로 은폐하려고 꾀하는 이들에 대한 평가를 내릴 수 있다. 경건한 심정으로 혹은 결정론적(決定論的)구실로 그들의 완전한 자유를 스스로 은폐하려는 사람들을 나는 비겁한 자들이라고 부른다. 또 그들의 존재라는 것이 땅 위에서의 인간의 출현은 우연에 지나지 않는데, 그것을 필연적인 것이었다고 주장하려 하는 이들을 나는 떳떳하지 못한 자라고 부른다. 그러나 비겁한 자나 떳떳하지 못한 자거나 엄밀한 정당성의 견지에서만 평가될 수 있다. 이처럼 모랄의 내용은 변할 수 있지만 그 모랄의 일정한 형태는 보편적인 것이다. 칸트는, 자유는 그 자체와 타인의 자유를 요구한다고 말하고 있다. 찬성이다.

그러나 그는 형식과 보편성이 어떤 모랄을 구성하기에 족하다고 생각한다. 그와 반대로 우리는 너무나 추상적인 원리는 행동을 정의하는 데 실패하는 것이라고 생각한다. 다시한번 그 학생의 경우를 생각해보자. 무엇의 이름으로 어떠한 뚜렷한 도덕적 격언을 따라 그가 안심하고 그의 어머니를 버리든가 어머니와 더불어 머무르기를 결정할 수 있었을 것이라고 독자들은 생각하는가? 평가할 아무런 방법도 없다. 내용은 항상 구체적이어서 예견할 수 있는 것이니 항상 창조가 있을 뿐이다. 중요한 것은 다만 이루어지는 창조가 자유의 이름으로 이루어지는가 아닌가를 알아내는 것이다.

장 폴 사르트르, 『실존주의는 휴머니즘이다』

------------------------------------ a-7 ------------------------------------

타자(他者)는 나와 너의 친밀한 관계 속에 용해될 수 있는 자가 아니다. 레비나스(E. Levinas)가 말하는 타자는 나에게 거리를 두고 있고, 나의 삶에 완전히 포섭될 수 없는 자로 남아 있다. 타자의 출현은 단지 친밀성으로 환원될 수 없다. 타자는 나에 대해서 완전한 외재성이다. 레비나스가 말하는 타자는 내가 완전히 파악할 수 없는 무한성이다. 자아는 그를 에워싸고 있는 세계로부터 자신을 분리할 뿐만 아니라, 타자로부터도 자기성을 분리함으로써 스스로 개별적인 자기성을 확립할 수 있다.

한편 타자는 이 세계에서 나와 내 가족의 안전을 추구하는 나의 이기심을 꾸짖고,

타자를 영접하고 환대하는 자기 자신을 세우도록 요구하는 존재이기도 하다. 이것은 타자 속에서 나를 상실해 버리는 소외 현상을 가져오지 않는가? 레비나스는 이 물음에 대해서 부정적으로 대답한다. 타자는 나의 존재를 위협하는 침입자가 아니라, 오히려 내면성의 닫힌 세계에서 벗어나 외부로의 초월을 가능하게 해 주는 존재라고 보는 것이다. 그러므로 레비나스는, 타자는 인간에게 새로운 존재 의미를 열어 주고 지배 관계를 벗어나 서로 섬기는 관계에서 다른 사람과의 의사소통을 가능케 하는 존재라고 본다. 내가 타자를 영접하고 대접할 때, 타인의 존재를 자기 안으로 받아들일 때, '환대(歡待)로서의 주체성'이 성립된다는 것이다. 환대를 통한 타자와의 진정한 관계는 무엇보다 타자의 입장에 서 보는 상상력을 요구한다.

강영안, 「레비나스의 철학」, 「시간과 타자」

───────────────── **b-1** ─────────────────

연민은 우리가 고통 받는 자의 입장에 서서 느끼게 되는 감정이다. 이 감정은 미개인에게는 형체가 뚜렷하지는 않지만 강렬하게 나타나고, 문명인에게는 그 윤곽이 선명하지만 미약하게 나타난다. 연민은 고통을 목격하는 동물이 스스로를 고통당하고 있는 동물과 동일시하면 할수록 더욱 강해질 것이다. 그런데 이 동일시하는 성향이 이성이 지배하는 상태보다 자연 상태에서 훨씬 깊었으리라는 것은 분명한 사실이다. 이기심을 낳게 하는 것은 이성이다. 그리고 이성을 반추하는 것은 이기심을 강화시킨다. 이성은 인간으로 하여금 자신의 내면을 돌아보게 하여 자신을 흔들어놓거나 고통스럽게 하는 외부의 모든 것으로부터 격리시켜준다.(중략) 미개인에게는 이러한 훌륭한 재능이 없다. 이성적이지도 현명하지도 못한 그는 바보스럽게도 항상 인간 본연의 감정에 따라 움직인다. (중략)

연민이 하나의 자연스러운 감정이라는 것은 분명한 사실이다. 연민은 각 개체 안에 있는 자기애의 수위를 조절함으로써 종 전체가 보존될 수 있게 해 주는 감정인 것이다. 남이 고통 받는 모습을 보고 깊이 생각하지 않고 바로 나서서 도와주게 되는 것은 연민 때문이다. 자연의 상태에서는 연민이 법과 도덕과 미덕을 대신해주며, 이때에 아무도 연민의 부드러운 목소리에 저항할 생각조차 하지 않는다는 이점이 있다. 생존에 필요한 것을 다른 곳에서 발견할 가능성이 있는 한, 건장한 미개인이 약한 어린 아이나 노인이 어렵게 획득한 식량을 강탈하지 않도록 해주는 것이 연민이다. "남이 해주길 바라는 대로 남에게 행하라"는 합리적이고 숭고한 정의의 원리 대신에, 그다지 완전하지는 못하지만 더 유용하다고 할 만한, 인간은 본래 선하다는 믿음에 기초한 또 다른 원리인 "타인의 불행을 되도록 적게 하여 너의 행복을 이룩하라"를 모든 사람의 마음속에 품게 하는 것이 연민이다. 요컨대 인간이 악을 행했을 때 느끼게 되는 혐오감의 근원은 교묘한 논리에서보다는 오히려 자연의 감정 속에서 찾아야 하며, 이는 교육의 여러 원칙과는 별개로 찾아야 하는 것이다. 이성을 통해 덕을 얻는 것이 소크라테스나 그 부류 사람들의 덕택일지는 모르겠지만, 인류의 생존이 개인들의 추론에만 달려 있었다면 종으로서의 인간은 오래 전에 사라졌을 것이다.

루소, 『인간 불평등 기원론』

─────────── **b-2** ───────────

아무리 사랑하던 사람도 오래도록 만나지 않으면 그에 대한 관심이 줄어든다. 일본인 천명의 익사나 러시아인 이천만 명의 기아에 관한 기사도 내 아내의 베인 손가락과 위통에 시달리는 어린 아들의 찡그린 표정만큼 나의 동정심을 자극하지는 못한다. 분명 먼 곳의 불행과 가까운 곳의 불행은 우리 마음에 서로 다른 파장을 일으키고, 모든 인간적 사랑과 공감, 그리고 가치 부여는 관심의 원근법의 지배를 받는다.

어떤 이들은 사랑이 좁은 범위에서 넓은 범위로 확산되어 가고, 그와 더불어 사랑의 가치도 증대된다고 생각한다. 그들에게는 자기애보다 동료애가, 동료애보다 조국애가, 그리고 조국애보다는 인류애가 더욱 가치 있다. 왜냐하면 사랑의 대상이 속한 집합의 외연이 확장 되면서 사랑도 보편화 된다고 보기 때문이다. 그들은 관심의 거리가 변하면서 나타나는 여러 사랑을 제각기 참되다고 인정하지 않고, 단지 사랑이라는 동일한 집합의 양적 확장에서 나타난 산물로 여긴다. 즉 강도와 양상을 달리하는 여러 사랑을 인정하지 않고 단 하나의 사랑이 그 가치를 증대시킨다고 생각하는 것이다. 그러나 그들은 사랑과 사랑의 가치에 관한 매우 중요한 사실 하나를 놓치고 있다. 그것은 사랑의 대상이 속한 집합의 범위가 커질수록 사랑의 대상에 대한 관심의 거리도 벌어지고, 그에 비례하여 집합 안에서 우리가 인지 할 수 있는 가치들도 주변화 된다는 사실이다. 가족에 대한 나의 사랑에서는 인격적 가치로 간주되던 것이 더 확장된 공동체에 대한 사랑에서는 그러한 가치를 잃어버리고 만다. 사랑은 사랑의 대상이 속한 집합의 크기나 그 집합에 속한 사람들의 수와는 무관하다. 중요한 것은 수가 아니라 의미상의 거리이고, 그 거리가 부여하는 가치의 내용이다.

물론 인류 공동체는 어떤 민족이나 국가보다 더 사랑 받을 가치가 있다. 그러나 '지금-여기'에 속박된 인간이 정말 그런 보편적인 사랑을 실천할 수 있을까? 모든 개인은 인류 공동체의 구성원이지만 동시에 더 작고 더 친밀한 공동체의 구성원이기도 하며, 공동체 각각의 가치를 구현하며 살고 있다. 그런 개인에게 가까운 공동체를 사랑하는 것처럼, 아니 그보다 더 강하게 저 먼 인류를 사랑하라고 요구할 수는 없는 노릇이다. 따라서 인류애보다 조국애가 더 클 수밖에 없다. 조국은 인류보다 구체적인 가치의 내용을 개인에게 제공하기 때문이다. 민족보다 인류를 사랑하는 일은 오직 신만이 할 수 있다.

막스 셸러, 『공감의 본질과 형태들』

———————————— b-3 ————————————

'네 이웃을 네 몸처럼 사랑하라'는 문명의 요구를 난생 처음 듣는 것처럼 순진한 태도로 생각해 보자. 그러면 우리는 놀라움과 당혹감을 억누를 수 없을 것이다. 왜 이웃을 내 몸처럼 사랑해야 하는가? 그게 우리한테 무슨 이익이 되는가? 무엇보다도 우선, 어떻게 그 요구를 달성할 것인가? 그게 어떻게 가능할 수 있는가? 내 사랑은 나한테 너무나 소중해서, 잘 생각해 보지도 않고 아무렇게나 내던져 버리면 안 된다. 사랑은 나에게 의무를 부과하고, 그 의무를 수행하기 위해서라면 기꺼이 희생할 각오가 되어 있어야 한다. 내가 누군가를 사랑한다면, 그 사람은 어떤 식으로든 내 사랑을 받을 자격이 있어야 한다. 그 사람이 중요한 점에서 나와 너무 비슷하기 때문에 그를 사랑하는 것이 곧 나 자신을 사랑하는 것과 마찬가지라면, 그 사람은 내 사랑을 받을 자격이 있다. 그 사람이 나보다 훨씬 완벽하기 때문에 그를 사랑하는 것은 곧 나 자신의 이상을 사랑하는 것과 마찬가지라 해도, 역시 그 사람은 내 사랑을 받을 자격이 있다. 그 사람이 내 친구의 아들이라면, 나는 그를 사랑해야 한다. 제 아들이 재난을 당하면 내 친구는 고통을 느낄 테고, 친구의 고통은 곧 나의 고통이기도 하기 때문이다. 나는 친구의 고통을 나누어 가져야 할 것이다.

그러나 그 사람이 내가 전혀 모르는 사람이라면, 그리고 자신의 가치로 나를 매혹하지 못하거나 내 감정 생활에 이미 중요한 의미를 획득하지 못했다면, 내가 그 사람을 사랑하기는 어려울 것이다. 아니, 그런 사람을 사랑하는 것은 잘못이다. 내 가족은 모두 내 사랑을 내가 자기들을 좋아한다는 증거로 소중히 여기고 있는데, 내가 알지도 못하는 사람을 내 가족과 동등하게 대한다면 그것은 내 가족에게 부당한 처사이기 때문이다. 그러나 그 사람도 역시 벌레나 지렁이나 율모기처럼 이 지구상에 살고 있다는 이유만으로 내가 그 사람을 (보편적인 사랑으로) 사랑해야 한다면, 내 사랑 가운데 그의 몫으로 돌아가는 양은 아주 조금밖에 안 될 것이다. 이성적으로 판단할 때, 도저히 그 사람을 내 몸처럼 사랑할 수는 없다. 도저히 이성적으로 생각할 수 없는 명령을 그토록 엄숙하게 선언해 봤자 무슨 소용이 있는가?

좀 더 면밀히 검토해 보면, 더 많은 난점이 발견된다. 낯선 사람은 내 사랑을 받을 가치가 없을 뿐 아니라 솔직히 고백하면 내 적개심과 증오까지도 받아 마땅하다. 그 사람은 나에 대한 사랑을 조금도 갖고 있지 않은 것 같고, 나는 조금도 존중해 주지 않는다. 나를 해치는 것이 자기에게 이로우면, 그 사람은 망설이지 않고 나를 해칠 것이다. (중략) 그 사람이 다른 식으로 행동하면, 다시 말해서 낯선 사람인 나를 존중해 주고 너그럽게 대하면 '네 이웃을 네 몸처럼 사랑하라'는 명령과는 관계없이 나도 기꺼이 그 사람을 그렇게 대할 것이다. 그 젠체하는 명령이 '네 이웃이 너를 사랑하는 만큼 네 이웃을 사랑하라'는 것이었다면, 나도 거기에 이의를 제기하지 않을 것이다.(중략) 이제 나를 나무라는 위엄 있는 목소리가 들리는 것 같다. "네 이웃이 사랑받을 가치가 없기 때문에, 아니 오히려 네 원수이기 때문에, 너는 네 몸처럼 그를 사랑해야 하는 것이다."

이제야 나는 이것이 '불합리하기 때문에 나는 믿는다'와 마찬가지라는 것을 알겠다.

프로이트, 『문명 속의 불만』

─────────────────────── b-4 ───────────────────────

부자가 그런 교만한 생각을 안고 한 끼니의 식사를 베풀 때마다 이를 받아들이는 상대방의 자아 그 자체를 휘어잡고 그의 마음속까지도 임의로 다룰 수 있을 것으로 생각하는 나머지 부자는 상대방의 내면에 일고 있는 분노를 간과하고 만다. 온갖 사슬이 완전히 풀려버려서 갈기갈기 찢겨진 채로 그 어디에서도 자신만의 안정된 상태를 누릴 수 있는 여지라곤 없이 모든 안정과 지속성이 허물어져버렸다는 것, 이런 가운데 특히 시혜자로서 생각할 수 있는 이러저러한 소견이나 의향마저도 모두 배반당한다는 사실을 간과하고 만다. 이제 더 이상 의지하고 지켜내야 할 근본토대가 사라져버린 마당에 그는 가장 깊숙한 내면의 나락과 깊이를 헤아릴 길 없는 심연의 끝자락에 서게 된다. 이 심연 속에서 비쳐 나오는 것은 부(富)라는 하찮은 속물과 이를 수중에 넣으려는 부질없는 생각 그리고 언제라도 분출될 수 있는 오기 이외의 다른 어떤 것도 아니다. 결국 부자의 정신은, 본질은 사라진 채 세상의 표면을 훑고 다니는 망상과 같은 것이다.

헤겔, 『정신현상학』

─────────────────────── b-5 ───────────────────────

나는 타인의 도움에 의존하지 않을 것입니다. 하지만 나는 네 명의 아이를 키워야 하고, 따라서 만약 남들이 내게 뭔가 도움을 준다면 받을 자격이 있겠지요. 그러니까 내 말은, 나도 이웃에 사는 사람들과 마찬가지로 그럭저럭 살아나가려고 애쓰고 있다는 겁니다. 나는 남들에게 동정을 구하지도, 동냥을 하지도 않습니다. 당신들은 나에게 내 아이들을 정말로 잘 키워줄 사람이 필요하다고 말합니다. 그런데 왜 내게는 잘 키울 수 있는 기회를 주지 않는 거죠?(네 아이와 함께 살 공공주택을 찾는 과정에서 혼란에 빠진 한 여성의 말.) (중략)

알프레드 아들러는 '열등 콤플렉스inferiority complex'라는 표현으로 수치심을 공식화했다. 그는 시장 경제에서 겪는 경쟁의 경험이 성인 노동자들에게 수치심을 줄 가능성이 가장 크다고 믿었다. 시장에서의 실패야말로 이러한 자존심 상실의 원천인 것이다. …중략… 열등 콤플렉스는 복지 개혁을 위한 현대의 노력(이른바 신자유주의)에 관해 의문을 제기한다. 복지 개혁가들은 사람들을 일하게 만듦으로써 그들의 위신을 떨어뜨리는 인생의 장이 마감될 것이라고 상상해왔다. 그러나 이 경우 또 다른 장이 열릴 수도 있다. 만약 아들러의 생각이 옳다면, 이 새로운 노동자들이 직업의 사다리에서 가장 아래쪽에 위치하기 쉽다는 바로 그 사실이 열등감을 낳게 될 것이다. (중략)시기심이 불러일으키는 비교가 곤궁 그 자체의 자리를 차지하며, 이때 정말로 수치심이 발생하는 것이다.

(중략)카브리니 그린(Cabrini Green, 시카고에 있는 다인종이 뒤섞인 소수계 집단 거주지)을 둘러싼 아파트 몇 채가 아무도 살지 않는 폐허가 되어 빈 방마다 깨진 유리창과 건축 폐기물로 가득 차 있었다. 빈 아파트를 마주보는 이곳에서 아이들이 거리 양편으로 나뉘어 몸을 숨긴 채 '유리 전쟁' 놀이를 했다. 이 놀이는 마치 강물에서 물수제비를 뜨듯이 새총을 이용해 거리 맞은편으로 유리 조각을 날리는 것이었다.(중략)

한번은 어린 여자애가 전쟁놀이 도중에 목이 베어서 죽을 뻔한 일이 있었다. 같은 편 아이들이 지나가는 버스를 세워 병원으로 데리고 갔다. 병원 측은 아이 부모 대신 경찰에 연락했고, 경찰 역시 부모 대신 학교에 전화를 걸었으며, 학교에서도 부모가 아니라 사회 복지사들에게 연락해서 사회 복지사들이 떼거리로 몰려왔다 결국 사태가 마무리되고 전문가들이 그럭저럭 처리한 뒤에야, 아이의 부모는 사고 소식을 들을 수 있었다.

사람들은 부모의 마음을 고려치 않고 내용보다 형식적 절차에 충실한 전문가들의 행동에 대해 확실히 수치심을 느꼈고 분노했다.

리처드 세넷, 『불평등 사회의 인간존중』

──────────── c-1 ────────────

많은 사람들이 우리는 공감의 시대에 살고 있다고 말한다. 다른 사람의 처지를 이해하고 그의 고통과 기쁨을 함께 느낄 수 있는 능력이 더욱 중요해지는 시대에 살고 있다는 말일 것이다. 이에 더해 어떤 이들은 우리 사회에 좀 더 많은 공감이 있다면 대부분의 사회적 문제가 해결될 것이라고 주장하기도 한다. 미국의 오바마 전 대통령은 우리 사회의 가장 큰 부족은 공감의 부족이라고 말하면서, 이스라엘과 팔레스타인 사이의 오랜 대립은 오직 양 측이 상대방의 입장에 좀 더 공감할 때만 해소될 것이라고 주장했다.

하지만 공감 능력의 윤리적, 사회적 가치는 과장되었다. 다른 사람의 어려움에 충분한 동정심을 느끼며 그들을 배려하는 능력은 물론 중요하다. 그러나 공감 능력의 원래 뜻, 즉 다른 사람의 느낌, 감정을 충실하게 느끼거나(감정적 공감), 상상하거나 이해할 수 있는(인지적 공감) 능력이 항상 바람직한 결과를 낳는 것은 아니다. 생명이 위급한 중환자를 치료하는 의사가 환자의 고통에 감정적으로 지나치게 공감한다면 그 끔찍함에 압도당해 환자의 생명을 구하지 못할 수 있다. 인지적 공감 능력이 뛰어나서 다른 사람의 생각과 느낌을 정확히 파악할 수 있는 사람 중에는 이를 자신의 이익만을 위해 비윤리적으로 활용하는 사람도 많다.

공감 능력은 스포트라이트를 비추는 능력과 같다. 비추는 대상은 주목받지만 그렇지 못한 대상은 부당하게 무시될 수 있다. 우리는 허리케인처럼 드물게 발생하는 끔찍한 사건의 희생자에 공감하기는 쉬워도, 통계적으로 훨씬 더 많은 '평범한' 전염병 희생자의 아픔에 공감하기는 어렵다. 재해로 집을 잃은 어린 아이의 생생한 이미지에 공감하기는 쉬워도, '차가운' 추상적 통계 숫자로 제시되는 대중에 공감하기는 어렵기 때문이다. 우리는 대중 매체에서 실시간으로 보도하는 지금 현재 벌어지는 비참한 상황에 공감하기는 쉬워도, 미래에 발생할 개연성이 높은 더 심각한 상황에 공감하기는 어렵다. 장기적 영향을 끼치는 정책적 결정을 내릴 때 공감 능력에 의존하는 것이 위험할 수 있는 이유가 여기에 있다.

중요한 점은 우리가 특정 윤리적, 사회적 사안에 대해 공감할 수 있는지와 무관하게, 우리는 무엇이 도덕적으로 비난받거나 칭찬받을 만한 행동인지 이성적으로 판단할 수 있다는 사실이다. 맹자가 강조한 측은지심을 진정으로 느낄 수 있는지 여부와 무관하게, 우리는 우물에 빠진 아이를 구해야 한다는 것을 합리적으로 납득할 수 있다. 그에 비해 공감 능력은 사안의 특정 측면에만 집중하게 함으로써 도리어 우리의 도덕적 판단을 흐리게 할 수 있다. 다른 사람의 처지를 정확하게 파악하는 인지적 공감 능력은 올바른 도덕적 판단을 위해 꼭 필요한 능력이지만 그것만으로 충분하다고 볼 수는 없다. 다른 사람의 처지에 감정적으로 공감하는 능력은 우리의 올바른 도덕적 판단을 방해하는 편견으로 작용할 가능성이 높기에 차분하게 숙고하는 비판적 이성으로 대체되어야 한다.

윌리엄 맥어스킬, 『냉정한 이타주의』

---

c-2

코스타리카에서 조사를 하고 1983년 캘리포니아로 돌아온 생물학자 제럴드 윌킨슨은 조금은 섬뜩한 얘기를 보고했다. 그가 코스타리카에서 연구한 흡혈박쥐는 낮에 고목에 매달려 있다가 밤이 되면 짐승들을 찾아가 몰래 살갗에 작은 절개창을 내고 조용히 피를 빨아먹는다. 그러나 마땅한 대상을 찾지 못하거나 찾았다 해도 상대에게 들켜서 피를 빨지 못하는 경우가 있기 때문에 배를 자주 곯는 불안정한 생활을 한다. 노련한 박쥐는 열흘에 하루 꼴로 이러한 불행을 겪지만 어리고 미숙한 박쥐는 보다 자주 곯게 된다. 박쥐는 60시간 동안 피를 먹지 못하면 아사 위기에 처한다.

그러나 다행히도 박쥐들은 하루 필요량 이상의 피를 빨아두었다가 잉여분을 다시 토해내서 다른 박쥐에게 줄 수가 있다. 이런 좋은 해결책이 있지만, 박쥐의 처지에서 본다면 이것은 하나의 딜레마이다. 여분의 피를 서로 나누는 박쥐들은 그렇게 하지 않는 박쥐들보다 이익이다. 그러나 먹이를 얻기만 하고 주지 않는 박쥐가 가장 큰 이익을 얻으며, 주기만 하고 받지 못하는 박쥐는 가장 큰 손해를 본다.

박쥐는 같은 장소에 여러 마리가 함께 서식하는 경향이 있는데, 그들의 수명은 8년 이상으로 제법 길기 때문에 특정 상대와 여러 차례 게임을 반복할 기회가 있다. 통계적으로 볼 때, 한 장소에 사는 박쥐들이 가까운 친족은 아니기 때문에 이들의 아량을 친족애로 설명할 수는 없다. 윌킨슨은 박쥐들이 맞대응 게임을 하는 것이라고 생각했다. 과거에 피를 제공한 박쥐는 그 상대로부터 피를 보답 받는다. 남은 피를 주지 않은 박쥐는 다음에 피를 얻지 못한다. 박쥐들은 이 규칙을 성실하게 준수하는 것으로 보이는데, 서로 털을 손질해 주는 행위는 아마도 이 규칙을 강제 이행하기 위한 것으로 짐작된다. 그들은 서로의 깃털을 손질해 줄 때 피를 저장하는 위가 있는 부위에 특별히 주의를 기울인다. 그 때문이라도 포식으로 불룩해진 배를 다른 박쥐에게 들키지 않는다는 것은 어려운 일이다. 속임수를 쓰는 박쥐는 쉽게 적발된다.

매트 리들리, 『이타적 유전자』

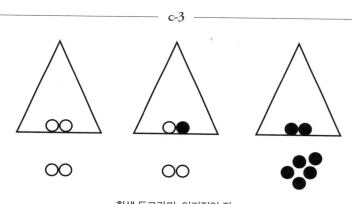

흰색 동그라미: 이기적인 쥐
검은색 동그라미: 이타적인 쥐

[그림: 쥐의 생식 모형]

어느 가을 들녘을 상상해 보라. 한 해 동안 땀 흘려 추수를 하고 나서 볏짚들을 들판에 쌓아놓았다. 볏짚 더미는 들쥐들에게는 더할 나위없는 보금자리이다. 각 볏짚에 두 마리의 들쥐가 서식을 시작했다고 가정해보자. 쥐들은 두 부류로 나뉜다. 한 부류는 같은 볏짚 내에 살고 있는 다른 쥐들을 돕는 이타적인 쥐들이며, 다른 부류는 남을 도울 줄 모르는 이기적인 쥐들이다.

 그림에서 세모는 볏짚을 나타낸다. 그 속에 그려진 조그만 동그라미는 각각의 볏짚 속에 서식하는 쥐들이다. 검은색은 이타적인 쥐를, 흰색은 이기적인 쥐를 각각 나타낸다. 그리고 밑에 그려진 동그라미들은 일정한 시간이 지난 후 볏짚을 제거했을 때 각 볏짚에서 나온 쥐들 중 1세대인 부모세대를 제외한 번식 결과를 나타낸다.

두 마리의 이기적인 쥐들에 의해 점유되었던 첫 번째 볏짚에서는 두 마리의 이기적인 쥐들이 나왔다. 한 마리의 이기적인 쥐와 한 마리의 이타적인 쥐에 의해 점유되었던 두 번째 볏짚을 제거하자 거기서도 두 마리의 이기적인 쥐들만 나왔다. 반면 두 마리의 이타적인 쥐들이 서식하던 볏짚에서는 올망졸망 많은 수의 이타적인 쥐들이 나왔다.

이 모형은 개인선택과 집단선택을 동시에 보여주고 있다. 각 볏짚은 집단을 나타낸다. 볏짚 내부에서는 개인선택이 진행되었다. 두 번째 볏짚을 보면 이기적인 쥐들과 경쟁하는 과정에서 쥐들 사이의 상호작용을 통해 이타적인 쥐들이 모두 없어져버리고 말았음을 알 수 있다. 하지만 집단선택과정을 통해서는 이타적인 쥐들이 전체적으로 증가할 가능성이 있다. 즉 이타적인 쥐들이 많은 집단(볏짚), 정확히 말하면 이타적인 쥐들만 사는 볏짚에서는 더 많은 쥐들이 태어날 수 있었고, 그렇지 않은 집단에서는 오직 두 마리의 쥐들만이 태어날 수 있었다. 각 볏짚에 이타적인 쥐들이 얼마나 많이 포함되어 있느냐에 따라 집단이 얼마나 번성하게 되는지가 결정되고, 그 결과 전체적으로 이타적인 쥐의 비율이 증가할지 안 할지도 결정된다. 바로 이것이 집단선택과정이다.

최정규, 『이타적 인간의 출현: 게임이론으로 푸는 인간 본성의 수수께끼』

공감의 관점에서 간호사의 태도를 논하시오(필요하다면 위의 제시문 중 어느 것이라도 근거로 사용할 수 있음).

어제 S병원 병실에서 본 일이다. A라는 7, 8세밖에 안 된 귀여운 소녀가 죽어 나갔다. 적리(赤痢, 급성 전염병인 이질의 하나)로 하루는 집에서 앓고, 그 다음 날 하루는 병원에서 앓고, 그리고 그 다음 날 오후에는 시체실로 떠메어 나갔다. 사흘 밤낮을 지키고 앉아 있었던 어머니는 아이가 운명하는 것을 보고, 죽은 애 아버지를 부르러 집에 다녀왔다. 그동안 죽은 애는 이미 시체실로 옮겨가 있었다. 부모는 간호부더러 시체실을 알려 달라고 청하였다.

"시체실은 자물쇠 다 채우고 아무도 없으니까, 가 보실 필요가 없어요."하고 간호부는 톡쏘아 말하였다. 퍽 싫증 난 듯한 목소리였다.

"아니, 그 애를 혼자 두고 방에 자물쇠를 채워요?"라고 묻는 어머니의 목소리는 떨리었다.

"죽은 애 혼자 두면 어때요?"라고 다시 톡 쏘는 간호부의 목소리는 얼음같이 싸늘하였다.

이야기는 간단히 이것이다. 그러나 나는 그때 몸서리쳐짐을 참을 수가 없었다.

'죽은 애를 혼자 둔들 어떠하리!' 사실인즉 그렇다. 그러나 그것을 염려하는 어머니의 심정! 이 숭고한 감정에 동정할 줄 모르는 간호부가 나는 미웠다. 그렇게까지도 간호부는 기계화되었는가? 나는 문명화한 기계보다도 야만인 인생을 더 사랑한다. 과학적으로 볼 때, 죽은 애를 혼자 두는 것이 조금도 틀릴 것이 없다. 그러나 어머니로서 볼 때에는 ······.

주요섭, 「미운 간호부」

타자와 공존은 가능한가

중심과 주변, 차별과 공존

연습문제 차별의 생성 과정<경희대학교 기출>
동물이라는 타자의 지위를 어떻게 볼 것인가 <연세대학교 기출>
<이화여대 기출>
윌리엄 피터스, 『푸른 눈, 갈색 눈』
아리스토텔레스, 『영혼에 관하여』
칸트, 『윤리학 강의』
제임스 레이첼즈, 『동물에서 유래된 인간』
피터 싱어, 『동물 해방』

10장에서 다루었던 타자와의 관계는 한 사회에서 개인과 개인의 관계를 넘어 다른 민족, 국가, 세계로 확장될 수 있다. 동양과 서양, 인종, 선진국과 개발도상국 등 다양한 사회가 교류를 하게 되면서 다른 문화, 민족, 국가에 대한 이해는 갈등을 빚기도 했지만, 새로운 문화를 창조하는 계기가 되기도 했다.

이 장에서 다루는 주제는 '차별과 공존'의 틀에서 '차이를 어떻게 대할 것인가'가 될 것이다. 인간의 역사에서 차이를 대하는 태도는 세계를 구분하는 것에서 시작할 수 있다. 지역에 따른 문화, 종교 등 차이를 구분하는 기준에 대한 기본적인 이해가 전제된다는 것이다. 대표적인 기준은 언어, 종교, 사회 구조, 인종, 이념, 경제적 기준 등이 포함될 수 있다. 인간이 인간을 나누는 기준은 누가 기준을 세우는가가 중요하다. 서양의 기준에서 비서양을 구분하거나 백인을 기준으로 다른 인종을 구분하면서 다양한 갈등과 문제를 일으켜 온 것은 주지의 사실이다. 논술에서 문제가 되는 것은 차이를 구분하는 다양한 기준이 아니다. 논술에서는 차이를 구분하는 이유와 과정, 그리고 그것을 차별로 연결하는 논리에 집중해야 한다. 차이가 차별로 이어지는 논리와 과정, 차이가 있지만 공존을 모색하는 입장을 거시적인 관점에서 이해하면 논술에 도움이 될 것이다.

a에서는 기준을 나누는 측이 중심이 되어 나머지를 주변으로 간주하는 관점의 문제를 다룬다. 키신저의 글은 서로 다른 문명권을 접하면서 벌어지는 배타적 세계관이 충돌하는 모습을 보여 주고, 호지슨은 왜곡된 세계지도를 소개한다. 독자들은 이 두 제시문을 비교하여 이러한 세계관이 등장한 이유를 찾아 서술해 보기 바란다. 헌팅턴과 마이어스의 글을 읽고 헌팅턴의 글을 마이어스의 글을 근거로 비판하는 연습을 해보자. 동일한 근거로 핑커의 글에서 미국인의 의식을 비판하는 글도 작성해 보기 바란다. 월러스턴의 글에서는 유럽적 보편주의란 무엇이고, 무엇이 문제인지를 꼼꼼히 읽으면서 요약해 보기 바란다. 보부아르의 글은 남성이 중심인 사회에서 주변인에 머무는 여성의 위치를 보여준다. 이를 '주체와 타자'라는 핵심어로 글을 요약해 보기로 한다.

b에서 홍대용과 사이드의 글은 타문화를 바라

보는 태도를 나타낸다. 둘의 공통점을 바탕으로 헤겔이 가진 인종에 대한 근대의 편견을 비판해 보는 글을 작성해 보자. 레비스트로스의 유명한 글은 비교적 긴 글이지만 독자들은 정확하게 독해하여 '타문화에 대한 이해'가 어떠해야 하는지에 대해 글을 작성해 보기 바란다.

c에서 바르니에와 옌센은 세계화의 필요성을 주장하고, 벤하비브는 타국가에 대한 개입의 당위성을 주장한다. 각각의 주장과 근거를 요약하고, 세계화의 전제 조건으로써의 윤리가 무엇인지 피터 싱어의 글을 참조해서 생각해 보기 바란다.

d는 공존이 가능한가에 대한 물음에 필요한 다양한 이론으로 구성되었다. 킴릭카의 글에서 독자들은 다문화주의가 가져올 수 있는 문제가 무엇이고 그것을 해결하기 위해서 무엇이 필요한지를 찾으면서 요약해 보고, 아이리스 영의 글을 참조해서 한 편의 글로 완성해 보기 바란다.

연습문제에서는 한 교실에서 일어난 사건을 중심으로 인위적인 구분과 차별이 어떻게 만들어지는지를 고찰해 보도록 하자. 또한 동물이라는 타자를 인식하는 다양한 관점을 비교하여 인간과 자연의 관계로 차이를 대하는 태도를 확장해 보기 바란다.

11

타자와 공존은 가능한가
: 중심과 주변, 차별과 공존

─────────── a-1 ───────────

매카트니 사절단은 그 세세한 목적을 하나도 성취하지 못했다. 양측의 인식이 너무나도 큰 간극을 보였기 때문이다. 매카트니는 산업화의 혜택을 과시하려는 의도를 지녔지만, 청나라 황제는 그의 선물을 그저 조공쯤으로만 여겼다. 영국의 특사는 중국이 기술 문명의 진보에서 속절없이 뒤처져 있음을 관리들이 깨닫고, 그런 후진성을 면하기 위해 영국과 특별한 관계를 추구할 것이라고 기대했다. 하지만 막상 중국은 그들을 천자의 특별한 은덕을 바라는 거만하고 무지한 야만족으로 취급했던 것이다. 첫 번째 불협화음은 매카트니 일행이 베이징 북동부의 하계 수도인 열하를 향하고 있을 때 드러났다. 그들은 중국 범선에다 풍성한 선물이며 맛있는 음식들을 가득 싣고 해안선을 따라 항해하고 있었는데, 깃발에는 '중국 황제에게 바칠 조공을 운반하는 영국 대사'라고 적혀 있었다. 베이징에 당도할 즈음 사절단을 책임진 상급 관리에 의해 시작된 협상은 양측의 인식 차이를 한층 더 날카롭게 부각시켰다. 문제가 된 것은 매카트니가 황제에게 '고두(叩頭)'를 할 것인가, 아니면 본인의 주장대로 한쪽 무릎을 굽히는 영국식 관례에 따라 인사할 것인가 하는 문제였다.

중국 측은 "나라마다 의복의 관습이 다르지 않겠는가"라는 식으로 우회적인 토론을 시작했다. 그리고는 "황제께서 대중 앞에 납실 때마다 모든 사람이 해야 하는 무릎 꿇기와 엎드리기를 훨씬 더 수월하게 해주기 때문에 결국 중국식 의복이 더 우월하다."는 결론을 내렸다. "그러니 영국 사절단도 존엄하신 황제 폐하를 알현하기 전에 무릎 쬠쇠라든지 양말대님 따위를 훨훨 벗어던지는 편이 한층 수월하지 않겠습니까?" 이에 대해 매카트니는 이렇게 맞받아쳤다. "제가 고국의 군주에게 드리는 것과 똑같은 경의의 표현을 황제 폐하께 드린다면, 폐하께서도 더욱 흡족해하실 것 같습니다."

헨리 키신저, 『중국 이야기』

─────────────────── **a-2** ───────────────────

서구인들은 세계 지도에서 5, 6개 대륙들을 구분하였다. 아프리카, 아시아, 북미와 남미, 그리고 유럽이다. 가끔 순진하게도 유럽이 다른 대륙들에 비해 얼마나 작은지 언급되는 경우가 있다. 그러나 정치적 논의, 통계적 분류, 혹은 역사적 비교에서 이러한 구분들은 그것이 마치 자연적으로 고정되어 있는 것처럼 되풀이 되어 나타난다. 유럽의 '세계 지도집'들을 보면 유럽 각 국가들의 지도가 자세하게 실려 있고, 세계의 나머지 부분들은 끝 부분의 몇 쪽에 몰려 있다. 게다가 세계 전체를 보여줄 목적으로 선택되는 지도조차도 인류를 바라보는 이런 시각을 강화하는 데 적절한 것이다. 메르카토르 세계 지도에는 유럽이 상단부의 중앙부에 위치하고 있을 뿐 아니라 다른 위대한 문화권들보다 훨씬 크게 보인다. 이 주요 문화권들은 대개 북위 40도 이남에 위치하고 유럽의 거의 대부분은 그보다 북쪽에 위치하는데, 메르카토르 투영법은 북위 40도부터 사물의 크기를 크게 과장하기 시작한다.

크기의 비례에 대한 감각을 제대로 가르쳐 줄 수 있어야 하는 세계 지도에서마저 유럽에는 많은 지명을 쓸 수 있는 공간이 충분한 반면, 훨씬 더 작은 축척으로 그려진 인도나 중국 같은 많은 인구가 사는 중심지에는 몇몇 주요한 지명만 표시된다. 비록 면적과 모양을 훨씬 덜 왜곡시키며 면적을 동일한 비례로 보여주는 투영법들이 개발된 지 오래되었지만 서구인들이 자신에게 그토록 기분 좋은 투영법만을 고집하고 있다는 것은 이해하기 쉬운 일이다. 그들은 마치 자신들이 항해에만 종사한다는 듯이 메르카토르 지도는 각도가 정확하게 맞으며 이것이 항해자들에게 편리하다는 점을 누누이 강조해 설명한다. 그리고 지도집이나 벽걸이 지도, 참고서, 신문에서 세계 전체가 어떻게 보이는지 보려고 할 때 서구인들의 선입견은 권위 있는 것으로 확인되고 충족되는 것이다.

마셜 호지슨 저, 『마셜 호지슨의 세계사론』

--- a-3 ---

보편문명(universal civilization)은 18세기 이후 전개되고 있는 광범위한 근대화 과정의 결과이다. 근대화는 곧 산업화이며 도시화이다. 나아가 이것은 문자 해독률, 교육, 부, 사회적 유동성의 수준이 높아지고 직업 구조 또한 복잡 다양해지는 사회 변화를 말한다. 근대화는 18세기에 들어와 과학 기술 지식의 폭발적인 증가와 함께 시작되었다. 덕분에 인간은 역사상 유례가 없는 규모로 자신의 환경을 지배하고 창조할 수 있게 되었다. 근대화 과정은 원시사회에서 문명사회로의 이행, 다시 말해 기원전 5천 년을 전후하여 티그리스-유프라테스 강, 나일 강, 인더스 강 유역에서 동시 다발적으로 출현한 문명의 탄생에 버금갈 만큼 혁명적이었다. 근대 사회를 살아가는 사람들의 태도, 가치관, 지식, 문화는 전통 사회의 그것과는 현저하게 다르다. 가장 먼저 근대화에 도달한 문명으로서 서구는 근대화의 문화를 남보다 한 발 앞서 터득하였다. 다른 사회도 이와 유사한 교육, 노동, 부, 계급 구조의 패턴을 도입할 수밖에 없다면 근대 서구 문화는 보편문명으로 받아들여져야 한다.

새뮤얼 헌팅턴, 『문명의 충돌』

--- a-4 ---

환경을 단순하게 인식하기 위해 우리는 대상을 집단으로 묶어서 조직화하려는 경향을 지닌다. 생물학자는 생물을 식물과 동물로 분류한다. 사람들은 인간을 인종이나 성별 등의 기준으로 분류한다. 이러한 범주화를 통해 우리는 최소한의 노력으로 다른 사람들이 어떻게 생각하고 행동할 것인지를 신속히 판단하고 예측한다. 범주화 자체가 편견은 아니지만, 편견의 토대를 제공한다. 나아가 우리는 한 집단 안에 있는 대상들을 실제보다 더 동일하게 보는 경향성을 강하게 지닌다. 즉 자신이 속한 집단 구성원과의 유사성은 강조하는 동시에, 속하지 않은 집단 구성원과의 차별성은 과장한다. 이는 자신과 비슷하게 보이는 사람들을 선호하고 다르게 보이는 사람들을 싫어하는 내집단 편향(in-group bias)으로 이어진다.

데이비드 마이어스, 『사회심리학』

───────── **a-5** ─────────

도덕적, 법적 금지가 집단적 차이의 가능성을 극복하고 차별을 억제할 수 있는 유일한 방법은 아니다. 개인의 조건에 대해 더 많이 알면 알수록, 그 개인과 관련된 통계적 결정에 인종이나 성별에 관한 평균 수치가 미치는 영향은 그만큼 줄어든다. 그러므로 차별에 대한 가장 좋은 해결책은 정신 능력을 더 정확하고 폭넓게 시험하는 것이다. 그만큼 개인에 관한 사전 정보를 많이 얻게 되어 인종이나 성에 의존하지 않을 것이기 때문이다. 차별이 항상 부도덕한 것은 아니며, 적어도 사람들이 항상 그것을 부도덕하다고 취급하지도 않는다. 누군가의 행동을 완벽하게 예측하기 위해서는 정신을 찍는 엑스선 기계가 필요할 것이다. 누군가의 행동을 현재와 같은 도구—시험, 인터뷰, 배경 조사, 추천 등—로 예측할 때에도 그 도구들을 최대한 활용하기 위해서는 무제한적인 자원이 필요할 것이다. 유한한 시간과 자원을 가지고 결정을 내려야 한다면 그리고 일이 잘못되었을 때 많은 비용이 든다면, 어떤 특성을 개인을 판단하는 기초로 사용해야 한다. 그리고 그럴 때에는 반드시 유형에 따라 판단하게 된다. 집단간의 유사성이 너무 작은 경우, 한 집단을 절대적으로 차별하는 것이 편하게 느껴지기도 한다. 예를 들어 지구상의 모든 침팬지를 테스트하면 읽고 쓰는 능력을 가진 한 마리를 발견할 수 있을지도 모르지만, 침팬지를 수업에 참석시키는 것에는 누구나 절대적으로 반대한다. 우리는 침팬지가 인간의 교육을 받아도 향상될 수 없다고 생각하는 종 차별주의자로서, 예외를 발견할 확률이 모든 침팬지를 조사하는 비용을 초과하지 못한다고 생각한다.

보다 현실적인 경우에는 차별이 정당한가를 판단할 때 각 사안의 특수성에 의존해야 한다. 모든 10대 청소년에게 운전할 권리와 투표할 권리를 허용하지 않는 것은 책임감 있는 10대들에게는 공정하지 못한 일종의 연령차별이다. 거의 모든 사람이 '흑인 운전자'에 대한 검문과 같은 인종별 신상 파악을 끔찍한 일로 여긴다. 그러나 2001년 세계무역센터와 미 국방부 테러 이후, 여론 조사에 응답한 미국인 중 거의 절반에 달하는 사람이 인종별 신상 파악인 '아랍계 탑승객' 조사에 반대하지 않는다고 답했다. 이 두 가지를 별개로 생각하는 사람들은 마리화나 판매책을 체포하는 이득이 무고한 흑인 운전자에게 돌아가는 손해보다 크지 않다고 생각하지만, 비행기 납치범을 막는 이득은 아랍계 승객들에게 돌아가는 손해보다 더 크다고 생각한다.

스티븐 핑커, 『빈 서판』

---
a-6

유럽적 보편주의와 보편적 보편주의 간의 싸움은 현재 세계의 핵심적인 이데올로기 투쟁이며, 그 결과는 다음 25년에서 50년 사이에 진입하게 될 미래의 세계체제가 어떻게 구성될지 결정하는 데 중요한 요소가 될 것이다. 어느 편이든 선택은 불가피하다. 그리고 지구 전역에서 제기된 모든 특수주의적 관념이 똑같이 정당하다고 생각하는 초특수주의자(super- particularist)의 입장으로 물러나서는 안 된다. 초특수주의는 불평등하고 비민주적인 세계체제를 유지하고자 하는 유럽적 보편주의 세력과 현재의 강자들에게 은밀하게 굴복하는 것에 지나지 않기 때문이다. 기존 세계체제에 대한 진정한 대안을 내세우려면, 우리는 보편적 보편주의, 즉 성취할 가능성은 있으나 자동적으로 혹은 필연적으로 실현될 것이라는 보장은 없는 보편주의를 선언하고 제도화할 길을 찾아야만 한다. 인권과 민주주의라는 개념, 보편적 가치와 진리에 기초했음을 근거로 내세우는 서구 문명의 우월성, '시장'에 대한 복종의 불가피성, 이 모두는 우리에게 자명한 관념들로 제시된다. 그러나 그것들은 결코 자명하지 않다. 그것들은 주의 깊은 분석이 필요한 복합적인 관념이며, 소수가 아닌 만인에게 소용이 되고 온당하게 평가되기 위해서는 그 유해하고 비본질적인 요소가 제거될 필요가 있다. 이러한 관념들이 애초에 어떻게, 누구에 의해 그리고 어떤 목적으로 주장되었는지를 이해하는 일은 이러한 평가 작업의 필수적인 부분이다. (중략)

국제연합은 1948년에 그 이데올로기적 중심 항목으로 '세계 인권 선언'을 내세웠다. 그것은 유엔의 거의 대다수 회원국에 의해 추인되었는데 이는 국제법을 제정한 것이 아니라 회원국이 원칙적으로 신봉하는 일련의 이상들을 구체화한 것이었다. 하지만 인권 문제에 관한 정부 간의 관심이 거의 존재하지 않았기 때문에, 그 공백을 메우기 위해 수많은 이른바 비정부기구들(NGOs)이 출현하게 되었다. 전 세계적으로 인권을 지키기 위한 직접 행동의 짐을 떠맡았던 NGO들은 크게 두 종류로 나뉜다. 한편에는 '국제 사면 위원회'로 대표되는 부류가 있다. 이 위원회는 개인에 대해 남용되는 불법적인 구금의 사례를 공론화하는 데 전념했다. 국제적으로 여론을 결집하여 압력을 가하는 직접적인 방법이나 다른 정부들을 통해, 제소된 정부의 정책 변화를 유도하려고 애썼던 것이다. 다른 한편에는 '국경없는 의사회'로 대표되는 부류가 있다. 이 단체는 '국제적십자'의 주요한 전략적 방패막이가 되어왔던 중립성이라는 망토를 걷어내 정치적 분쟁지역에서 직접적인 인도적 원조를 도입하려고 애썼다. 이러한 비정부활동은 특히 1970년대에 시작되어 일정한 성공을 거두었고, 그 결과 널리 확산되었다. 또한 이러한 인권공세는 국제 차원의 새로운 활동에 의해 추동력을 얻었다. (중략)아프리카와 아시아에서 세 차례의 중요한 직접적 개입이 있었는데, 인도주의적 가치를 훼손했다는 점을 명분으로 삼아 한 정부가 다른 정부에 대한 군사 행동을 취했다. 개입자의 관점에서 명분은 인권이었다. (중략)그러나 중요한 것은 개입자들은 국제법상 법적으로 합당하지 않다고 해도, 정의를 극대화하는 방식으로 행동했기 때문에 자연법의 견지에서 윤리적으로 합당하다고 주장했고 또 그렇게 믿었다는 점이다. 나아가 폭력적인 수단의 사용만이 명백한 악을 박멸할 수 있다는 구실로 개입자 모두 그들이 속한 사회뿐 아니라 세계체제의 다른 지역으로부터 충분한 승인을 받았다. (중략)문명인에게는 야만성을 억압해야할 의무가 있다고 강조하는 주장에 기초한 인권 운동은 지금도 계속되고 있다.

이매뉴얼 월러스틴, 『유럽적 보편주의』

---

a-7

내가 나 자신을 규정하려면, 우선 '나는 여자다'라고 선언하지 않으면 안 된다. 남자는 결코 어떤 성(性)에 속하는 개인으로서 자신을 규정하며 시작하지는 않는다. 그가 남자라는 것은 굳이 말할 필요도 없다. '남성', '여성'이라는 용어는 법률 서류와 같이 형식적인 문제에서만 대칭적으로 사용될 뿐이다. 실제로 남성, 여성 두 성의 관계는 결코 양극과 음극 두 개의 전극 관계와 똑같지는 않다. 왜냐하면 프랑스어로 '남자(homme)'라는 단어가 인류 전체를 가리키는 뜻으로 흔히 쓰이는 데서 알 수 있듯이,

남자가 양성과 중성을 대표하기 때문이다. 반면에 여자란 오로지 음(陰)으로만 여겨지기 때문에 일방적으로 온갖 규제가 주어진다. 여자는 남자와의 관계에서 의미가 정해지고 그 차이가 구별될 뿐, 여성 자신으로서 생각되지 않는다. 여자는 본질적인 존재에 대한 비본질적인 존재이다. 남자는 주체이며 절대이다. 그러나 여자는 타자이다. 그런데 프롤레타리아들은 스스로를 '우리들'이라고 부른다. 흑인들도 그렇게 부른다. 그들은 자기들을 주체로 세워 부르주아나 백인들을 '타자'로 바꿔 버린다. 하지만 여자들은, 관념적인 시위에 그치는 몇몇 집회를 제외하고는 '우리들'이라고 말하지 않는다. 결코 주체로서 자기를 내세우려고 하지 않는다. 프롤레타리아들은 러시아에서 혁명을 일으켰고 흑인은 아이티에서 혁명을 일으켰으며 인도차이나 사람들은 인도차이나에서 싸우고 있다. 그러나 여자들은 타자와 대결해서 싸울 수 있도록 자신들을 하나로 뭉치게 할 현실적인 수단이 없었다. 여자들은 자신들의 고유한 과거나 역사와 종교를 갖고 있지 않고, 프롤레타리아처럼 노동과 이해의 연대성도 갖고 있지 않다.

시몬느 드 보부아르, 『제2의 성』

---

b-1

허자가 질문했다. "공자가 『춘추』를 지으면서 중국을 안으로 삼고, 중국 사방의 오랑캐족인 동이·서융·남만·북적을 밖으로 하였습니다. 무릇 중국과 오랑캐의 구별이 이와 같이 엄격한데, 지금 선생은 오랑캐의 운수가 성한 것을 사람이 부른 것이고 하늘의 때가 가져온 필연이라고 하니 옳지 못한 것이 아닙니까?" 실옹이 대답했다. "하늘은 낳고 땅은 길러주니, 무릇 혈기가 있는 것은 다 같은 사람이다. 여럿 중에 뛰어나 한 나라를 맡아 다스리는 자는 모두 임금이며, 문을 여러 겹 만들고 성 바깥에 못을 깊이 파서 강토를 조심하여 지키는 것은 다 같은 국가이다. 은나라 때 머리에 쓰던 관인 장보(章甫)나, 주나라의 갓인 위모(委帽)나, 오랑캐가 몸에 그림을 그리는 문신(文身)이나, 남만에서 이마에 그림을 그리는 조제(雕題)라는 풍속이나 모두 다 같이 자기들의 풍속인 것이다. 하늘에서 본다면 어찌 안과 밖의 구별이 있겠느냐? 그러니 각각 자기 나라 사람끼리 서로 사랑하고, 자기 임금을 높이며, 자기 나라를 지키고, 자기 풍속을 좋게 여기는 것은 중국이나 오랑캐나 마찬가지다."

홍대용, 『의산문답』에서 발췌

─────────────── b-2 ───────────────

오리엔탈리즘이란 서양이 동양에 관계하는 방식으로서, 유럽 서양인의 경험 속에 동양이 차지하는 특별한 지위에 근거하는 것이다. 동양은 유럽에 단지 인접되어 있다는 점만이 아니라, 유럽의 식민지 중에서도 가장 광대하고 풍요하며 오래된 식민지였던 토지였고, 유럽의 문명과 언어의 원천이었으며, 유럽 문화의 호적수였고 또 유럽인의 마음속 가장 깊은 곳에서 반복되어 나타난 타자 이미지이기도 했다. 학문적 전통과 관련되어 오리엔탈리즘에는 더욱 넓은 의미가 있다. 곧 오리엔탈리즘은 '동양'과 '서양'이라고 하는 것 사이에서 만들어지는 존재론적이자 인식론적인 구별에 근거한 하나의 사고방식이다. 따라서 시인, 소설가, 철학자, 정치학자, 경제학자, 식민지 제국의 관료를 포함한 수많은 저술가들이 동양과 그 주민, 풍습, 정신, 운명 등등에 관한 정교한 이론, 서사시, 소설, 사회적 설명, 정치적 기사를 쓰는 경우 그 출발점으로 동양과 서양을 나누는 기본적인 구분을 수용하여 왔다. 오리엔탈리즘은 동양을 다루기 위하여, 동양에 관하여 서술하거나, 동양에 관한 견해에 권위를 부여하거나, 동양을 묘사하거나 가르치거나 또는 그곳에 식민지를 세우거나 통치하기 위하여 세운 동업조합적인 제도로 볼 수 있다. 요컨대 오리엔탈리즘이란, 동양을 지배하고 재구성하며 억압하기 위한 서양의 방식이다. 오리엔탈리즘 때문에 동양은 자유로운 사고와 행동의 대상이 아니게 되었고, 지금도 여전히 아니다. '동양'이라고 하는 독특한 존재가 논의될 때, 언제나 피할 수 없이 작동되는 기준이자 모든 관점의 총체망이 바로 오리엔탈리즘이다. 그래서 유럽 문화는 타자화된 '동양'으로부터 자기 스스로를 은폐시키고 소외시킴으로써 '서양'이라는 중심주체의 힘과 자기 정체성을 얻었다.

에드워드 사이드, 『오리엔탈리즘』

─────────────── b-3 ───────────────

아프리카의 경우에는 우리가 가지고 있는 모든 관념에 통하는 원리, 즉 일반성의 범주를 단념하지 않으면 안 되기 때문에 아프리카 특유의 성격을 파악하기는 어렵다. 아직도 무지몽매한 상태로부터 벗어나지 못한 아프리카인은 개인으로서의 자기와 자기의 본질적 보편성을 구별하는 단계에까지는 이르지 못하고 있다. 그러므로 그들에게는 자기에 대립하는 타자, 자기보다는 훨씬 높은 존재인 듯 한 절대적 본질에 관한 지식 등은 매우 결여되어 있다. 이미 말한 바와 같이 흑인은 전적으로 야만성과 분방함 그대로의 자연인의 모습을 보여주고 있다. 그들을 정당하게 이해하기 위해서는 품위라든가 인륜이라든가 혹은 일반적으로 감정이라고 불릴 수 있는 것은 모두 버리지 않으면 안 된다. 대체로 인간성의 영향이라고 볼 수 있는 것이 그들의 성격 안에서는 발견되지 않는다. 선교사의 각종 보고가 이를 잘 뒷받침해 준다. (중략)

그러나 일반적으로 인간에게 본능이라는 것이 있다고 말할 수 있을지라도, 우리 유럽에서는 식인(食人) 따위를 그러한 본능이라고 받아들이지는 않는다. 그런데 흑인에게는 그렇지 않다. 인간을 잡아먹는다는 것은 오히려 아프리카 인종의 일반적 원리에 맞는다. 감성적인 흑인에게는 인육도 단지 감성적인 것에 지나지 않으며, 고기의 하나일 뿐이다. 국왕의 죽음에 즈음해서는 실로 몇 백 명의 인간이 도살되어 먹혀 버린다. 포로는 목이 잘려 인육으로 시장에서 팔린다. 싸움에 이긴 자는 관례로서 죽은 원수의 심장을 먹는다. 마법의 세계에서는 마법사가 닥치는 대로 사람을 죽여, 그 인육을 여러 사람들에게 분배해 주는 일까지도 흔히 있다. (중략)

흑인에게는 윤리 의식이 극히 희박하다. 아니, 그보다도 오히려 전혀 없다고 하는 편이 나을 것 같다. 부모는 자식을 팔고, 자식은 부모를 판다. 어느 쪽이 소유권을 가지는가에 따라서 차이가 있을 뿐이다. 이처럼 노예 제도가 철저하기 때문에 우리가 가지고 있는 인륜처럼, 그들 사회를 결속할 수 있도록 해 줄 수 있는 것은 전혀 없다. 따라서 우리들이 서로 요구해도 좋은 것이라고 여기는 것을 흑인에게서도 기대하는 것은 도저히 생각할 수 없다. 흑인의 다처주의도 한결같이 노예로 팔 수 있는 아이를 얻는 데에 그 목적을 두고 있다. (중략)

흑인이 인간을 멸시하는 데 있어서의 큰 특징은 죽음을 경멸하는 것이라기보다는 오히려 생명을 존중하지 않는다는 것이다. 무서울 정도로 완강한 체력이 뒷받침하고 있는 흑인의 용감성도 결국은 그처럼 생명을 경시하는 데에서 나온다. 실제로 그들은 유럽인과의 전쟁에서 몇 천 명의 사람이 잇달아 살해되어도 굴복하지 않았다. 요컨대, 그들에게 있어서 생명이 가치를 가지는 경우는 그 생명이 어떠한 가치를 얻는 수단이 될 때로 한정된다고 말해도 좋을 것이다.

다음으로 국가 조직(헌법)의 근본 성격에 관해서 살펴보면, 전체적으로 이곳 아프리카에는 원래 그와 같은 국가 조직이 있을 수 없음을 알게 된다. 이 단계의 특성은 정력적인 의지에 의거하는 감성적인 입장이다. 왜냐 하면, 여기에서는 일체의 보편성은 단지 자의의 내면성(주관성)에 지나지 않으므로, 정신의 보편적 규정, 이를테면 가족의 인륜 따위는 아직도 행해질 수 없기 때문이다. 따라서 이들은 정치적 단결이나 자유로운 법률이 국가를 통합한다는 것을 알지 못한다. 일반적으로 개인들의 자의를 결부시키는 유대도, 그것을 구속하는 것도 존재하지 않는다. 그러므로 일시적이나마 국가를 성립시킬 수 있는 방법으로는 외적인 폭력만이 있을 뿐이다.

맨 위에 한 사람의 지배자가 서 있다. 왜냐 하면, 감성적 야만성은 오직 폭압적인 권력에 의해서만 제어될 수 있기 때문이다. 그런데 지배를 당하는 측도 똑같이 야만적인 기질을 가진 인간이기 때문에, 반대로 그들이 지배자를 억제한다.

한 추장 밑에는 몇 사람의 다른 추장이 있기 때문에 우리들이 왕이라고 부르는 이 제일 높은 지위의 추장은 그 아래의 여러 추장과 협의를 해야 하는데, 전쟁을 시작하려고 할 때나 공세(貢稅)를 부과하려 할 때 그들의 동의를 얻지 않으면 안 된다. 물론 그 경우에도 왕은 상당한 권력을 행사할 수는 있다. 경우에 따라서는 추장 중의 누구를 간계나 폭력을 써서 매장해 버릴 수도 있다. 왕은 이밖에도 어떤 종류의 특권을 소유하고 있다. 아샌티 족(Aschantees)의 경우에는 왕은 가신(家臣)의 유산 전부를 상속받을 수 있고, 또 다른 곳에서는 모든 처녀를 국왕이 소유하고 있어서 처를 맞이하려는 자는 그녀를 왕으로부터 사들이지 않으면 안 된다. 흑인은 자기들의 왕이 불만스럽게 생각될 때, 그들의 왕을 폐하여 살해해 버린다. 다호메이에서는 민중이 왕에게 만족을 느끼지 못할 때에는 그의 통치에 대한 불신임의 표지로서 그 왕에게 앵무새의 알을 보내는 풍습이 있다. 때에 따라서는 대표자를 왕에게 보내어, "통치의 무거운 짐은 귀하를 괴롭게 하였을 터이니 당분간 조용히 쉬시는 것이 좋겠소이다."라고 고하기도 한다. 그러면 왕은 신하의 호의를 고맙게 여겨, 별실로 물러가서 부녀자들에게 명하여 자기를 목매어 죽이게 한다. (중략)

위에 든 사례에서 분명하게 드러나는 사실을 요약하면, 한 마디로 흑인의 성격은 자제가 결여되어 있다고 할 수 있다. 그런데 이러한 상태는 교화시킬 수 없으며, 그럴 가능성도 없다. 사실 그들은 옛날부터 계속 오늘날 우리들이 보는 바와 같은 상태에 있었다. 흑인과 유럽을 결부시키고 있었던 것으로서 오늘날까지 계속되고 있는 유일한 본질적 관계는 노예라고 하는 관계이다.

헤겔, 『역사철학강의』

───────────────── **b-4** ─────────────────

완전한 사회란 없다. 각각의 사회는 그 사회가 주장하는 규범들과 양립할 수 없는 어떤 불순물을 본디부터 그 내부에 지니고 있다. 이 불순물은 구체적으로, 숱한 잔인과 부정, 그리고 무감각이다. 우리는 이 같은 요소들을 어떻게 평가해야만 하는가? 민족학적 조사가 이에 대한 대답을 줄 수 있다. 왜냐 하면, 어떤 적은 수의 사회를 비교하면, 서로서로가 매우 상이한 것처럼 보이지만, 조사의 영역이 확대되어 나감에 따라서 이 차이점들은 점점 감소된다. 그리하여 마침내는 어떤 인간 사회도 철저하게 선하지 않다는 점이 명백해질 것이다. 그러나 어떠한 인간 사회도 근본적으로 악한 것은 아니다. 모든 사회는 겉으로 볼 때, 어떤 일정한 수효의 불공정한 대접을 받는 일부 구성원들까지 포함한 모든 성원들에게 어떤 이점을 제공한다. 그런데 여기서의 일부 구성원이란 사회 생활에서의 어떠한 타성으로 말미암아, 사회의 모든 조직적 노력에 장애물이 되는 구성원이라고 볼 수 있다.

이 말은 여러 민족의 '야만적인' 습관을 소개한 여행 서적을 읽으면서 즐거움을 느끼는 부류의 독자들을 놀라게 해 줄 것이다. 그러나 사실들이 정확하게 해석되고, 보다 높은 차원에서 재정립되기만 한다면, 이 같은 피상적인 반응들은 즉시 제자리를 찾게 될 것이다. 야만인의 모든 관례들 가운데 우리들이 가장 끔찍하게 혐오하는 식인 풍습을 예로 들어보자. 우리는 다른 고기[肉]가 모자라기 때문에 서로를 잡아먹는 경우—폴리네시아의 어떤 지역에서는 이런 사례가 있었다—는 제외시켜야만 한다. 도덕적으로 말한다면 어떤 사회도 굶주림으로부터 나오는 욕구에 대해서는 어찌할 수 없다. 우리가 나치의 학살 수용소에서 보았듯이, 사람들은 아사할 지경이 되면 문자 그대로 무엇이든지 먹게 되는 것이다.

우리는 식인 풍습의 긍정적인 형태들—그 기원이 신비적이고도 주술적인 또는 종교적인 것들이 대부분 여기에 포함될 것이다—을 고찰해 볼 필요가 있다. 조상의 신체의 일부분이나 적의 시체의 살점을 먹음으로써 식인종은 죽은 자의 덕을 획득하려 하거나 또는 그들의 힘을 중화시키고자 한다. 이러한 의식은 종종 매우 비밀스럽게 거행된다. 그들은 먹고자 하는 그 음식물을 다른 음식물과 섞거나 또는 빻아서 가루로 만든 유기물 약간을 합해 먹는다. 식인 풍습의 요소가 보다 공개적으로 인정되었다고 할지라도, 그 풍습은 비도덕적이라는 근거를 들며 그러한 풍습을 저주하기도 하지만, 그러한 생각은 시체가 물질적으로 파괴되면 어떠한 육체적 부활이 위태로워진다는 생각에 의거한 것이거나, 또는 영혼과 육체의 연결과 여기에 따르는 육체와 영혼의 이원론에 대한 확신에 의거한 것이라는 점을 인정해야만 한다. 이러한 확신들은 의식적인 식인 풍습의 의미로 시행되고 있는 것에 나타나는 것과 동일한 성격을 지니는 것이다. 그러므로 우리는 어느 편이 더 나은 것이라고 말할 수 있는 어떠한 정당한 이유도 지니고 있지 못하다. 뿐만 아니라 우리는 죽음의 신성함을 무시한다는 이유에서 식인종을 비난하지만, 이는 우리가 해부학 실습을 용인하고 있는 사실과 별반 다를 것이 없다.

그러나 무엇보다도, 만약 어떤 다른 사회의 관찰자가 우리를 조사하게 된다면, 우리와 관계된 어떤 사실이, 그에게는 우리가 비문명적이라고 여기는 식인 풍습과 비슷한 것으로 간주될 것이라는 점을 인식해야만 한다. 여기에서 나는 우리들의 재판과 형벌의 습관들에 대해 생각해 보고 싶다. 만약 우리가 외부로부터 이것들을 관찰한다면, 우리는 두 개의 상반되는 사회형을 구별해 보고 싶어질 것이다. 즉, 식인 풍습을 실행하는 사회에서는 어떤 무서운 힘을 지니고 있는 사람들을 중화시키거나 또는 그들을 자기네에게 유리하도록 변모시키는 유일한 방법은 그들을 자기네의 육체 속으로 빨아들이는 것이라고 믿는다. 한편, 우리 사회와 같은 두 번째 유형의 사회는, 소위 말하는 앙트로페미(anthrop mie : 주 - 특정인을 축출 또는 배제해 버리는 일)를 채택하는 사회이다. 즉, 동일한 문제에 직면하여 우리와 같은 사회는 정반대의 해결을 선택했던 것이다. 우리와 같은 사회는 이 끔찍한 존재들을 일정 기간 또는 영원히 고립시킴으로써 그들을 사회로부터 추방한다. 이 존재들은 특별한 목적을 위해 고안된 시설 속에서 인간성과의 모든 접촉이 거부된다. 우리가 미개하다고 여기는 대부분의 사회의 관점에서 볼 때, 우리와 같은 사회의 이 같은 관습은 극심한 공포를 불러일으킬 것이다. 그들이 오직 우리와는 대칭적인 관습들을 지니고 있다는 이유만으로 우리가 그들을 야만적이라고 간주하듯이 우리들 자신도 그들에게는 야만적으로 보이게 될 것이다.

우리에게는 잔인하게 보이는 사회도 다른 관점에서 검토해 보면 인간적이며 자애로운 마음을 지닌 곳임을 알게 될 것이다. 북아메리카 평원 지대의 인디언을 예로 들어보자. 이 예는 두 가지의 의미를 지니고 있다. 첫째로, 그들 중의 어떤 부족은 하나의 온당한 형태의 식인 풍습을 지키고 있었으며, 둘째로 그들은 하나의 조직화된 경찰력을 지니고 있던 미개인족들 중의 몇 안 되는 부족이었기 때문이다. 그들의 경찰력은 범죄인에 대한 판결도 내렸지만, 그 판결은 죄에 따라 부과되는 형벌이 사회적 유대와의 단절이라는 형태를 취할 수 있다고는 결코 상상할 수 없다. 그 부족의 법률을 위반한 인디언은 모든 그의 소유물—텐트와 말—의 파괴라는 선고를 받는다. 그러나 이 선고와 동시에 인디언 경찰은 그 인디언 범죄자에게서 빚을 지게 된다. 인디언 경찰들은 그 인디언 범죄자가 입은 고통, 즉 그가 형벌을 받기 이전에 가지고 있던 소유물을 파괴한 것으로 인해 당한 고통을 보상해야 하는 의무가 주어진다. 그 손해에 대한 배상으로서 경찰과 공동체는 그 범죄자에게 증여물을 제공하는데, 이로 인해 그 범죄자는 다시 한 번 집단에 대한 빚을 지게 되고 그 대가로서 또다시 일련의 증여물을 집단에 제공한다. 이렇게 경찰을 포함한 전(全) 공동체가 그가 형벌을 받았음에도 불구하고 다시 살아갈 수 있도록 도와줄 것이라는 점을 인식해야 한다. 이 같이 증여물과 그에 대한 대가로서의 증여물의 교환은 범죄와 그것에 대한 징벌에 의해서 생긴 처음의 무질서가 완화되어 질서가 되찾아질 때까지 계속되는 것이었다. 이 같은 관습은 우리들 자신의 관습들보다 더 인간적일 뿐만 아니라, 비록 우리가 이 문제를 현대 심리학의 측면에서 공식화한다고 할지라도, 더욱 조리가 서는 것이다. 형벌의 개념 속에 함축되어 있는 죄인의 '유아화(幼兒化)' 대신에 그가 어떤 종류의 보상을 할 수 있는 기회를 제공하는 것을 인정하는 것이 논리적인 것 같다. 만약 이것이 실천되지 않는다면 맨 처음의 조치는 효력을 상실해 버리고, 처음에 희망했던 것과는 정반대의 결과들을 초래할 수 있다. 이 같은 관계에서 생각한다면, 우리들이 행하고 있는 것처럼 죄인을 어린아이와 성인으로서 동시에 취급하는 것은 불합리의 극치라 하겠다. 즉, 우리는 죄인에게 형벌을 내림으로써 그를 어린아이로 취급하는 동시에, 모든 사후적인 위로를 거절한다는 점에서 그를 성인으로서 취급하는 것이다. 단지, 동료 인간들을 잡아먹는 대신에 그들을 신체적·도덕적으로 절단시킨다는 단순한 이유만으로 우리들이 하나의 '위대한 정신적 진전'을 이루었다고 믿는 것은 우스꽝스러운 짓이 아닐 수 없다.

레비스트로스, 『슬픈 열대』

---

c-1

문화의 세계화는 지구 차원에서 일어나는 문화 상품의 흐름을 전제로 한다. 우리가 오늘날 문화의 세계화에 대해 말하는 것은 대부분 문화적 재화(영화, 방송, 음반, 언론매체, 특히 잡지)의 전지구화를 뜻하기 때문이다. 특히 세계 곳곳에서는 맥도널드와 코카콜라로 대변할 수 있는 미국화에 대한 우려의 목소리가 높다. 이것은 전혀 다른 기준에 의거하여 평생을 살아가는 인류의 10분의 9를 제쳐놓고 이루어지는 것이기 때문이다. 따라서 인류 전체에게 필요한 공동의 나침반과 기준을 제공할 수 있는 진정한 문화의 세계화가 오려면, 미디어나 문화산업이 그런 일을 맡아서는 안 된다. 왜냐하면 그들의 목표는 이윤을 남기는 것이지 보편적 문화를 세우는 것이 아니기 때문이다.

  이처럼 세계화는 운송 수단과 정보 통신 기술의 발달, 시장자유주의라는 현상을 통해 각 나라 사이에 어떠한 장벽도 없게 만들었으며, 이는 곧 막강한 자본의 힘에 의해 일방적인 전통문화의 침식이라는 결과를 생성해갔다. 물론 여기서 말하는 '문화'는 문화 그 자체가 아니라 '문화 산업', 다시 말해 문화를 생산하고 상품화하고 전파하는 산업 활동의 결과이다. 아무리 문화의 세계화가 보편화한다 하더라도 실제로 특수한 지역의 고유문화는 변질되거나 파괴되지 않는다는 견해는 여기서 도출된다. 그래서 문화는 일정 사회 집단의 동일성을 위한 행동, 언어, 문화의 집합으로서의 정체성과 함께, 어린 시절부터 지워지지 않는 방식으로 우리의 몸과 정신에 스며든 것으로서의 전통성을 가지는 것이다.

물론 우리는 미디어나 문화산업이 이윤 추구와 시장 확대라는 탐욕스러운 자본의 논리일 뿐이지 실제 문화 자체를 이야기하지 못하며, 인류 공동의 나침반과 기준 제공이라는 진정하고 보편적인 문화 세우기와는 다르다는 점을 말할 수 있다. 그럼에도 문화는 문화의 상품화를 통해 강자 중심의 일방적인 폭주의 징후를 보이는 것이 사실이다. 문화 산업의 강자가 되어 세계 시장에 나서는 것이 중요한 까닭은 바로 여기에 있다고 할 수 있다. 문화의 의미 안에 민족적 정체성이나 지역적 특수성이 본질로 함유되어 있더라도, 문화가 산업의 형식으로 유통되고 재생산된다는 점이 재차 강조되어야 하는 까닭 역시 여기에 있다. 이 점에 착안하여 우리는 정보 통신 기술을 포함한 문화 강국으로 그 행보를 넓혀가야 할 것이다.

피에르 바르니에, 『문화의 세계화』

---
c-2

정보사회의 태양이 지고 있다. 우리가 개인과 사회 차원에서의 요구에 완전히 적응하기도 전에 말이다. 인류는 수렵꾼으로 살았고, 농부로 살았으며, 공장에서도 일했다. 그리고 지금은 컴퓨터로 대표되는 정보사회에서 살고 있다. 바로 드림 소사이어티(Dream Society)다. 합리적인 서구 사회는 변화를 중시하는 시대정신과 감정을 제어하는 능력 덕에 범세계적인 물질 경쟁에서 승리했다. 우리는 그 어느 때보다도 가난과 질병을 상대로 한 투쟁에서 승리를 거두고 있는 것처럼 보인다. 더욱이 부강한 나라들은 군사력에서도 절대적 우위를 차지하고 있다. 오늘날은 정보 기술의 장악이 군사력 우위를 의미하기도 한다.

　　그러나 이러한 현상은 오래 지속되지 못할 것이다. 새로운 시대가 오고 있기 때문이다. 새로운 논리에 바탕을 둔 새로운 시장 쟁탈전이 시작된 것이다. 미래의 전쟁은 아이디어와 가치관을 내용으로 하는, 국경을 넘어선 '콘텐츠 전쟁'이 될 것이다. 이제 정보 독점은 끝이 났다. 인터넷에는 경계가 없다. 가치관, 이데올로기적 기초 등을 적에게 팔 수 있는 문화가 승리할 것이다. 미래의 전쟁은 정신력의 전투로 인식될 것이며, 사상자는 없을 것이다. 뛰어난 이야기를 가진 전사(戰士)가 세계와 시장을 지배할 것이다. 신체의 전쟁이 아닌 문화와 이야기의 전쟁이 미래 드림 소사이어티의 전쟁이다.

　　앞으로 우리는 여가 시간에 모든 종류의 '이야기하기(storytelling)'를 살 것이다. 가족들이 함께 있다는 단란함을 확신시켜주는 여가 시간에 대한 세계 각국의 이야기들을 나눌 것이다. 테마 레스토랑에서 영감어린 중동의 이야기를 들을 수도 있고, 남극의 위대한 이야기를 만끽할 수도 있으리라. 그 현장이 감정을 발산하는 것이 전부인 록 콘서트나 스포츠 행사장일 수도 있을 것이다. 이러한 것들을 '감성 조깅'이라고 부를 수 있겠다. 건강한 몸매를 유지하려고 운동을 하는 것처럼 진지할 필요 없이 감성을 연습시켜 갈 것이다. 그래서 미래에는 일과 여가 시간 사이의 구분이 사라질 것이다. 왜냐하면 우리가 여가 시간에 바라는 것과 일에서 요구하는 것이 같아질 것이기 때문이다.

랄프 옌센, 『드림 소사이어티』

---

c-3

국제연합이 '세계 인권 선언'을 채택한 1948년은 국제 인권 규범이 탄생한 해였다.(중략) 우리는 국제 인권체제의 발전을 다음에서 확인할 수 있다.

　　'인간존엄성을 해치는 범죄'라는 개념은 나치 전범들에 대한 뉘른베르크 재판에서 연합군이 최초로 사용한 말로서, 이 말은 어떤 극한적인 적개심이나 전쟁 상황 아래서라도 국가 관료나 개인을 나눌 것 없이 모두가 반드시 서로 간에 지켜야 할 일정한 규범이 있음을 명백히 한다. 인종청소, 대량살상, 강간, 그리고 적군에 대한 잔인하고 비정상적인 처벌, '무차별적 또는 조직적 공격'을 가할 때 쓰이는 수족 절단형 무기 사용 등을 금지하며, 그리고 이와 같은 행위에 책임이 있는 사람은 비록 그가 국가 관료이든 아니면 과거에 관료였든 간에 상관없이, 또한 그가 명령을 받아 수행했던 자라 할지라도 그와 같은 사람들을 기소하고 처벌할 충분한 이유에 대한 인정 등을 포괄한다. 군인이나 관료였다고 할지라도 "나는 단지 나의 의무를 수행했을 뿐"이라는 말이 더 이상 타자(他者), 특히 그 타자가 적군일 경우, 타자의 인격에 기초한 인권을 짓밟을 수 있는 충분한 이유로 인정되지 못하는 것이다. 국제법 내에 이와 같은 범주들이 꾸준히 새롭게 재규정되면서, 특히 국가 간 무력충돌 상황에 적용되던 것이 내전이나 어떤 정권이 그 국민에 대해 이런 가혹 행위를 하는 경우로까지 점차 확대되면서 '인도주의적 개입' 개념의 탄생으로 이어졌다.

'인도주의적 개입'의 이론과 관행은, 보스니아와 코소보에서 무고한 시민들에게 자행되었던 범죄와 인종청소를 막고자 한 미국과 나토 동맹국들의 행위를 정당화하는 데서 비롯한다. '인도주의적 개입'은, 주권적 민족국가라도 자국민의 일부에 대해 종교와 인종, 이방인, 언어 그리고 문화 등을 이유로 기본 인권을 무참하게 짓밟는 경우, 이와 같은 집단 살해와 인간존엄성을 해치는 범죄를 막기 위한 보편적 도덕적 의무가 인류에게 있음을 천명한다. 이 경우 인권 규범이 국가 주권을 상회하는 것이다. 그 해석과 적용을 둘러싸고 여러 가지 논란이 일고 있지만, 어쨌든 '인도주의적 개입'은 국가 주권이라고 할지라도 시민이나 거류민의 생명과 자유 그리고 재산을 마음대로 처리할 수 있는 무조건적, 무제한적 권리를 가질 수는 없다는 여론의 확산에 기초하고 있다. 국가 주권이 더 이상 시민이나 거류민의 운명에 관한 최종 심급일 수 없는 것이다. 국가 주권의 국내적 행사라 할지라도 점차 국제적으로 용인된 규범, 즉 집단 살해와 인종 말살, 대량 추방, 노예화, 강간, 그리고 강제 노동 등을 금지하는 국제 규범에 종속되는 것이다.

세일라 벤하비브, 『타자의 권리』

— c-4 —

새로운 방식으로 상호 의존하고 있는 글로벌 사회는 세계 모든 사람들을 서로 연결시킬 수 있는 괄목할만한 가능성을 가지고서 새로운 윤리의 물질적 토대를 제공한다. (중략) 윤리는 사회생활을 하는 포유류의 행태와 감정에서 발달한 것으로 짐작된다. 집단의 다른 구성원에게 우리의 행동을 정당화하기 위해 사고력을 사용하기 시작했을 때, 윤리는 인간과 가장 가까운 동물에게서 관찰되는 그 무엇과도 구분되는 인간만의 것이 되었다. 만약 스스로를 정당화해야 하는 집단이 부족 혹은 국가라면, 우리의 윤리는 부족적인 차원 혹은 국가적인 차원의 것이 될 것이다. 그러나 만일 커뮤니케이션의 혁명이 전 지구적인 청중을 만들어냈다면, 우리는 전 세계에 대해 우리의 행동을 정당화할 필요가 있다. 이런 변화는 새로운 윤리 창조를 위한 물리적인 토대가 된다. 이런 새로운 윤리는 과도한 수사학만 있었던 예전의 윤리가 결코 하지 못했던 방식으로, 이 지구에 살고 있는 우리 모두의 이익을 위해 봉사할 것이다.

피터 싱어, 『세계화의 윤리』

---

d-1

현대 사회에서는 정체성과 문화적 차이의 인정을 요구하는 소수집단의 목소리가 더욱 거세지고 있다. 이와 관련하여 우리는 소수집단이 주장할 수 있는 두 유형의 요구를 구별할 필요가 있다. 첫 번째 유형은 소수집단이 그 집단의 구성원에 대해 강제하는 요구이며, 두 번째 유형은 그 집단이 속해 있는 보다 큰 사회에 대해 주장하는 요구이다. 두 유형의 요구는 모두 집단의 안정성을 확보하기 위한 것으로 볼 수 있으나, 각각 전혀 다른 불안정성에 기인한다.

첫 번째 요구는 한 소수집단의 구성원이 전통적 관례나 관습에 순응하지 않고 반항할 때 야기되는 불안정성으로부터 그 집단을 보호하려는 것이다. 두 번째 요구는 소수집단이 속해 있는 보다 큰 사회의 정치·경제적 결정의 영향으로부터 그 집단을 보호하려는 것이다. 첫 번째 요구를 '내적 제재'라 한다면 두 번째를 '외적 보호'라고 부를 수 있다.

이러한 요구는 모두 '집단 권리(group rights)'라고 할 수 있지만, 관련된 이슈는 요구 유형에 따라 전혀 다르다. 외적 보호가 소수집단과 주류집단 사이의 관계에 관한 것이라면, 내적 제재는 집단 구성원들 사이의 관계에 관한 것이다. 소수집단은 집단 결속이라는 이름으로 구성원의 자유를 제한하기 위해 집단 권력을 활용하여 내적 제재를 시행한다. 그런데 어떤 소수집단은 신정정치(神政政治)와 가부장적 문화 속에서 비록 합법적인 방식이라고 하더라도 종교적 교조주의를 강요하거나 여성을 억압함으로써 개인의 권리보다는 집단 권리를 앞세운다.

따라서 소수집단의 내적 제재를 용인해야 할 것인지 심각하게 생각해 보아야 한다. 실제로 내적 제재의 요구와 외적 보호의 요구가 항상 동시에 주장되는 것은 아니다. 어떤 소수집단은 구성원에게 내적 제재를 가하지 않으면서도 그 집단이 속한 보다 큰 사회에 대항하여 외적 보호를 추구한다. 또 어떤 집단은 외적 보호를 요구하지 않으면서도 구성원의 행동에 영향력을 행사하려 한다. 두 가지 모두를 요구하는 소수집단도 있을 수 있다. 이러한 다양한 양태를 이해하기 위해서는 집단 권리에 대해 근본적으로 다른 개념이 필요하다. 나는 자유주의자로서 집단 간의 공정성을 증진시키는 외적 보호를 인정하고 이를 지지해야 하지만 전통적 권위나 관습에 의문을 제기하고 이를 개선하려는 구성원의 개인적 권리를 제한하는 내적 제재에는 반대해야 한다고 생각한다.

윌 킴릭카, 『다문화적 시민성』

---
d-2

보편적 인간성이라는 이상(理想)은 소수집단을 주류 사회로 통합하고 그들의 지위를 향상시키는 데 역사적으로 크게 기여를 해왔다. 그러나 소수집단은 향상된 지위에도 불구하고 계속 일탈 집단, 즉 타자로 간주되고 있으며 그들에 대한 차별은 더욱 교묘하게 작용하고 있다. 그래서 소수집단은 주류 사회로의 동화를 거부하는 대신, 권력을 쟁취하기 위해 정체성을 강조하고 자신들만을 위한 조직을 만들어 운영하고 있다.

이러한 상황 속에서, 주류집단 중심의 사회통합은 다음의 세 가지 측면에서 바람직하지 못한 결과를 초래한다. 첫째, 소수집단은 경험·문화·사회적 능력에서 주류집단과 엄연히 다른데, 집단 간의 차이가 무시되면 이로 인해 발생하는 불이익을 필연적으로 감수해야만 한다. 동화(同化, assimilation) 전략은 기존에 배제된 집단을 주류 사회에 통합하려는 것이다. 그래서 동화는 항상 게임이 이미 시작된 후에 그리고 규칙과 기준이 정해진 이후에야 소수집단을 게임에 참여시키는 것이나 다름없다. 둘째, 주류집단은 보편적 인간성을 강조함으로써 자신의 특수성을 은폐한다. 집단 간의 차이를 무시하는 것은 주류집단의 관점과 경험을 중립적이며 보편적인 것으로 조작하여 소수집단에 강제하는 것이다. 이에 따라 주류집단의 문화제국주의는 영구화된다. 셋째, 주류집단의 "중립적" 기준을 적용하여 소수집단의 관습이나 문화를 일탈로 간주하면, 소수집단의 구성원들도 그 기준에 따라 자신의 집단을 폄하하게 된다. 문화적으로 보편적 기준이 존재한다는 생각을 받아들이게 되면, 예를 들어 소수집단의 자녀들은 백인의 영어식 억양과 다른 억양을 사용하는 자신들의 부모를 업신여기게 된다.

이와 달리 집단 간의 차이를 인정하고 그 차이의 긍정성을 옹호하게 되면, 소수집단은 자유롭게 되고 역동성을 얻게 된다. 지배문화가 경멸하도록 가르쳤던 자신의 정체성을 회복하고 이를 자신 있게 내세움으로써, 그 동안 억압 받아 왔던 소수집단은 비로소 이중적 자의식을 극복할 수 있게 된다. 또한 소수집단은 자신의 문화와 특성에 대한 가치와 특수성을 옹호함으로써 보편성이라는 이름으로 정당화해 온 지배적인 문화를 상대화할 수 있게 된다.

아이리스 영, 『정의와 차이의 정치』

다음 글을 읽고 차별이 이루어지는 과정에 대하여 논하시오.

그는 숨을 깊게 들이쉰 뒤 자신의 계획을 실행에 옮겼다. "우리 반을 푸른 눈과 갈색 눈 그룹으로 나누도록 하자. 오늘은 푸른 눈을 가진 사람이 낮은 사람이고 갈색 눈을 가진 사람이 높은 사람이야. 갈색 눈을 가진 사람이 푸른 눈을 가진 사람보다 낫다는 거야. 갈색 눈을 가진 사람은 푸른 눈을 가진 사람보다 깨끗해. 그리고 더 교양이 있단다. 갈색 눈을 가진 사람은 푸른 눈을 가진 사람보다 똑똑해. 정말이야. 진짜로 그렇거든."

갈색 눈의 아이들은 의자에 몸을 더 곧추세우고 앉았다. 푸른 눈의 아이들은 무슨 말인지 잘 이해하지 못한 채 얼굴을 찡그렸고 불편한 듯 몸을 뒤틀었다. 푸른 눈의 소년 하나가 의자에 철퍼덕 주저앉았다. "네 눈이 무슨 색이지?" 그가 소년에게 물었다. "푸른 색요." 소년이 대답했다. "너는 교실에서 그렇게 앉으라고 배웠니?" "아니요." "푸른 눈을 가진 사람은 교실에서 뭘 배웠는지 기억이나 하고 있니?" 그가 학급 아이들에게 물었다. 사태가 어떻게 진행되는지 알아차린 갈색 눈의 아이들 쪽에서 합창이라도 하듯 "아니요!" 하는 대답이 나왔다. 그 푸른 눈의 소년은 이제 꼿꼿하게 앉은 채로 손을 책상 위 정중앙에 단정히 포개어 놓았다. 반에서 그와 가장 친한 친구인 갈색 눈의 소년이 그의 근처에 앉아 있었는데, 멸시하고 업신여기는 듯한 눈초리로 그 소년을 바라보았다. 일은 그렇게 빨리 시작되었다.

그날의 규칙을 열거할수록 갈색 눈을 가진 아이들의 기쁨은 커져 갔고, 푸른 눈을 가진 아이들의 불편함은 늘어났다. 갈색 눈의 아이들은 교실의 분수식 식수대를 평소처럼 사용할 수 있었다. 푸른 눈의 아이들은 종이컵을 사용해야 했다. 갈색 눈의 아이들은 쉬는 시간을 5분 더 가질 수 있었다. 그들은 점심도 먼저 먹으러 갔으며 점심 먹는 줄에 누구랑 같이 설지 선택할 수 있었고, 음식을 더 먹을 수 있었다. 교실 앞쪽에는 갈색 눈의 아이들만 앉을 수 있고, 줄반장도 갈색 눈의 아이들이 맡았다. 푸른 눈의 아이들은 이 중 무엇도 할 수 없었다.

　그날 일은 그렇게 진행되었다. 갈색 눈의 아이들은 푸른 눈의 급우들을 놀려먹는 데 특별한 즐거움을 느꼈다. 푸른 눈의 아이들을 쉬는 시간에 함께 놀자고 초대한 갈색 눈 아이는 아무도 없었다. 가장 인기 있는 아이 중 하나였던 사랑스럽고 총명한 푸른 눈의 소녀는 그 중압감을 이기지 못해 거의 정신이 분열될 지경이었다. 갑자기 구부정하게 걷기 시작했고 행동이 어색해졌으며, 뭐든 두 번씩 했고 수업을 따라오는 데 애를 먹었다. 쉬는 시간에 절망적인 모습으로 운동장을 가로질러 걸어가던 그 소녀는 전날까지만 해도 가장 친한 친구였던 갈색 눈의 소녀가 일부러 뻗은 팔에 등을 부딪혔다.

윌리엄 피터스, 「푸른 눈, 갈색 눈」

다음 글을 읽고 동물에 대한 관점을 비교하시오.

존재하는 것들은 생명이 있는가에 따라 '영혼을 가지는 것'과 '영혼을 가지지 않는 것'으로 구분된다. 영혼과 자연적 신체의 합성물인 생물들이 가지는 능력은 영양 섭취 능력, 감각 능력, 욕구 능력, 장소 이동 능력, 사고 능력이다. 식물은 영양 섭취 능력만 가지지만 고착 동물은 거기에 감각 능력과 욕구 능력을 더 가지고, 이동 동물은 그 세 가지 능력에 장소 이동 능력을 더 가지며, 인간은 이에 더하여 사고 능력[理性]을 가진다.

감각이 있는 곳에는 즐거움과 고통이 있고, 즐거운 대상과 고통스러운 대상이 있는 곳에는 갈망도 있다. 모든 동물들이 감각적 상상을 하는 반면에 계산과 추론 능력이 있는 존재들은 숙고적(熟考的) 상상을 한다. 동물들과 달리 인간은 숙고적 상상을 바탕으로 다수의 심상을 하나로 만드는 능력을 가지며, 이를 통하여 절대적으로 좋은 것[善]을 추구한다. 마치 하나의 공이 다른 공을 쳐 내듯이 인간은 동물적인 갈망을 넘어서 지성이 이끄는 희망을 만들고 그것을 향하여 움직인다.

아리스토텔레스, 『영혼에 관하여』

동물들은 자의식적이지 않으며 단지 목적에 대한 수단으로서 존재할 따름이다. 그 목적은 인간이다. 우리는 "왜 동물들이 존재하는가?" 라고 질문할 수 있다. 하지만 "왜 인간이 존재하는가?"라는 것은 무의미한 질문이다. 동물들에 대한 우리의 의무는 인류에 대한 간접적인 의무일 뿐이다. 동물의 본성은 인간의 본성과 유사성을 가진다. 그리고 우리는 동물에 대한 우리의 의무를 수행함으로써 간접적으로 인류에 대한 우리의 의무를 수행한다. 따라서 만일 개가 그의 주인에게 오랫동안 충실하게 봉사한다면, 그의 봉사는 인간의 봉사와 마찬가지로 보상받을 가치가 있다. 그리하여 개가 더 이상 봉사가 어려울 정도로 늙어버리더라도, 그 주인은 개가 죽을 때까지 개와 함께 해야만 한다. 그러한 행동은 인간에 대한 우리의 필수적인 의무들을 지지하는 데 도움을 준다. 동물의 어떤 행동이든 인간 행동과 유사하고 동일한 원리로부터 나온다면, 우리는 동물에 대한 의무를 가진다. 왜냐하면 그럼으로써 우리는 인간에 대한 상응하는 의무를 함양하기 때문이다. 만일 어떤 사람이 자신의 개가 더 이상 봉사할 수 없다는 이유로 그것을 쏴 죽인다면, 그의 행동은 비인간적인 것이며 그가 인류에 대해 보여주어야 하는 자신의 인간성에 해를 입히는 것이다. 그가 자신의 인간적인 감정을 구태여 억눌러야 하는 것이 아니라면, 그는 동물에게 친절하게 대해야만 한다. 동물에게 잔인한 사람은 사람들을 대하는 데에서도 거칠어지기 때문이다. 우리는 동물을 어떻게 대하는지에 따라 사람의 마음을 평가할 수 있다. 라이프니츠는 관찰 목적으로 아주 작은 곤충을 이용하고는 그것을 조심스럽게 나뭇잎 위에 다시 되돌려놓았다. 그것이 그의 행동으로 인한 어떠한 해도 입지 않도록 하기 위해서였다. 그는 아무런 이유 없이 그러한 생명체를 파괴한다면 미안한 일이라고 느꼈을 것이다. 그것은 인간에게 자연스러운 감정이다. 말없는 동물들에 대한 자애로운 감정은 인류에 대한 인간적 감정을 발전시킨다.

칸트, 『윤리학 강의』

도덕적 개체주의는 개체들이 받는 처우가 정당한가를 판단하는 문제와 관련된다. 한 개체에 대한 적절한 처우는 그 개체가 어떤 집단의 성원인가에 따라 결정되어선 안 되고, 그 개체의 고유한 특성에 따라 결정되어야 한다. 차별 대우를 하기에 합당한 차이가 있을 경우에만 개체들 간의 차별은 정당화될 수 있다. 예컨대 인간에게는 대학 입학이 허용되지만 동물은 그렇지 않다. 동물은 읽거나 쓰지 못하고 복잡한 셈을 못하기 때문에 이러한 차별은 적절하다. 그러나 가혹한 고통을 당하는 경우에는 이야기가 다르다. 인간과 인간 아닌 동물은 모두 고통을 느끼기 때문에 동물에게 고통을 가하는 것은 인간에게 고통을 가하는 것만큼이나 정당화될 수 없다.

진화론적 시각에서 인간과 다른 동물은 종류가 다르지 않다. 근본적인 차이가 사실상 존재하지 않는다면 이 둘을 도덕적으로 구분할 근거는 없다. 실제로 그 어떠한 종의 구성원들도 다른 종의 구성원들과 절대적인 차이는 나지 않으며, 인간과 인간 아닌 동물 사이에도 단지 정도의 차이만 존재한다. 따라서 실상을 가장 적절히 나타낼 수 있는 방법은 지구상에 서로 다른 종류의 존재들이 살고 있음을 보이기보다는, 무수한 방식으로 서로 닮은, 그리고 서로 다른 개체들이 존재하고 있음을 보이는 것이다.

제임스 레이첼즈『동물에서 유래된 인간-다윈주의의 도덕적 함의』

어떤 존재가 이익(interests)을 가진다고 말할 수 있으려면 그 존재가 고통과 즐거움을 느낄 수 있어야 한다. 예컨대 사람이 돌을 발로 찼다고 할 때 이 행동이 돌에 이익이 되지 않는다고 말할 수 있을까? 돌은 고통을 느끼지 못하기 때문에 돌의 이익을 논하는 것 자체가 무의미하다. 반면 쥐를 발로 차면 그것은 쥐의 이익을 침해하는 것이 된다. 왜냐하면 쥐는 고통을 느끼기 때문이다. 하지만 일부 철학자들은 인간과 달리 동물은 권리를 갖지 않는다는 것을 논증하고 있는데, 그들은 어떤 존재가 권리를 갖기 위해서는 그 존재가 자율성을 갖추어야 하거나 공동체의 일원이어야 하며, 또는 다른 존재의 권리를 존중할 줄 아는 능력이나 정의감 등을 갖추어야 한다고 주장한다. 어떤 존재가 고통이나 즐거움을 느낄 수 있다면 평등의 원리에 따라 그 존재의 고통을 다른 존재의 고통과 동일하게 취급해야 한다. 고통과 즐거움을 느끼는 능력은 타 존재의 이익을 고려할지 판가름하는 유일한 기준이 된다. 지능이나 합리성 등과 같은 특징으로 경계를 나누는 것은 지나치게 자의적이다. 인종차별주의자들은 자신이 속한 인종의 이익에 더 비중을 두고 있다는 점에서 평등 원리를 위배하고 있다. 성차별주의자들은 자신이 속한 성의 이익을 우위에 둠으로써 평등 원리를 위배한다. 이와 유사하게 종차별주의자들은 자신이 속한 종의 이익이 다른 종의 이익을 능가해도 개의치 않는다. 대부분의 인간은 종차별주의자이다.

피터 싱어『동물 해방』

과학발전은 진보인가

과학적 지식, 인간, 진보

연습문제 기계(기술문명)시대의 인간 <건국대학교 기출>

           김원우, 『무기질 청년』

           마르쿠제, 『일차원적 인간』

           제레미 리프킨, 『노동의 종말』

독해/논술
가이드

과학기술의 발달은 인간에게 수많은 효용과 이익을 제공한 것이 사실이다. 그러나 그만큼의 폐해도 가져온 것이 사실이다. 근대 과학의 발달과 산업 혁명은 과학을 통한 발전과 진보에 대한 기대를 일으켰으나 과학기술과 산업화가 인간에게 미치는 부정적인 결과가 드러나면서 인간과 기술에 대한 회의가 등장한다. 정보화시대로 요약되는 최근의 과학기술도 기술이 도입되었던 당시에 비해 그 폐해를 걱정하는 목소리가 커지고 있다.

논술에서 다루는 과학기술에 대한 문제는 신중한 경계로 요약할 수 있다. 과학기술이 가져온 효용을 무시하지 않으면서도 과학기술의 발달로 잠식되는 인간성이나 자연 파괴 등 일직선을 그리며 상승하려는 과학기술에 경계의 시선을 돌리는 것이 논술에서 자주 보이는 과학기술에 대한 견해이다. 인간을 위한 과학기술이 인간을 수단으로 전락시키거나 새로운 기술에서 기대하지 않았던 부작용이 등장하기도 하는 문제가

논술의 관심 주제라고 볼 수 있다.

이 장의 주제는 '인간과 기술(과학)'이다. 진보를 상징하는 기술이 어떤 미래로 다가올 것인지에 대한 고전적 사상과 현대적 사상을 살펴보면서 기술의 시대를 살고 있는 독자들의 현명한 논지가 세워지기 바란다.

a에서 베이컨과 조지 오웰은 과학기술에 대한 상반된 관점을 보인다. 독자들은 두 글을 '과학 지상주의'라는 핵심어를 중심으로 비교요약하면서 각각의 주장과 근거를 요약해보기 바란다. 유발 하리리와 울리히 벡은 각각 과학적 지식이 사회와 어떤 관계를 맺어야 하는지에 대해서 서술한다. 독자들은 두 주장의 공통점을 중심으로 과학과 사회가 어떤 관계를 맺어야 하는지 정리해 보기 바란다.

b에서 장자와 마르쿠제는 기술에 대한 부정적인 견해를 보이고, 제러미 리프킨과 롤프 옌센은 반대의 견해를 보인다. 독자들은 둘을 분류해서 각각의 주장과 근거를 비교해 보기 바란다. 맥루

언의 글은 기술결정론의 입장에서 서술한 글이다. 기술이 인간의 변화를 주도한다는 글을 데구치 아키라의 글과 비교하여 기술이 주도하는 인간의 변화에 대한 독자들의 견해를 작성해 보기 바란다.

C는 정보화 시대에 등장한 기술에 대한 다양한 견해다. 『잊혀질 기회』와 『소셜 미디어』 『4차산업혁명의 충격』은 지금 우리가 사는 시대에 당면한 기술 문제로 볼 수 있다. 독자들은 각각의 주장을 요약하면서 각각의 글에 포함된 사례에 대해 해결책을 제시해 보기

바란다. 또한 리프킨의 기술 낙관론과 비교하면서 현재 상황에서 리프킨의 견해를 비판하는 글을 작성해 보자. 장회익의 글은 현대과학의 윤리문제를 다루고 있다. 독자들은 이 글을 바탕으로 앞선 문제의 해결책이나 대안을 제시할 수 있을 것이다.

연습문제는 소설 속 화자의 독백을 듣고, 과학 기술에 대한 두 가지 입장을 통해 분석해 보는 것이다. 독자들은 화자에 동조할 수도 있고, 반대할 수도 있으나 그 근거가 확실하게 뒷받침되어야 할 것이다.

12

과학발전은 진보인가
과학적 지식, 인간, 진보

---
a-1

"지금으로부터 약 1900년 전경에 한 왕이 이 섬을 통치했습니다. 역대 왕들 중에서도 우리가 가장 존경하는 왕입니다. 솔라모나라는 이름의 이 왕은 우리 왕국의 율법을 정했습니다. 워낙 도량이 넓고 한없이 인자하신 왕은 오로지 왕국과 백성의 행복을 위해 일생을 헌신했습니다. 솔라모나 왕은 외국 사람의 도움 없이도 이 왕국의 주민들이 행복하게 살 수 있다고 판단했습니다. 왕의 훌륭한 활동 중에서도 단연코 뛰어난 업적이 하나 있습니다. 솔로몬 전당이라 불리는 학술원의 건립이 그것입니다. 지금까지 지구상에 있던 제도 가운데 가장 고귀한 이 기관은 우리 왕국의 등불 역할을 합니다. 우리 학술원의 목적은 사물의 숨겨진 원인과 작용을 탐구하는 데 있습니다. 그럼으로써 인간 활동의 영역을 넓히며 인간의 목적에 맞게 사물을 변화시키는 것입니다. 우리는 높은 탑을 세웠습니다. 우리에게는 천연의 우물이나 분수를 모방해서 만든 인공 우물이나 분수도 있습니다. 우리는 천국의 물이라 불리는 물을 만들어냈습니다. 우리는 엔진 시설을 비롯해서 온갖 종류의 최신식 동력장치가 있습니다. 우리는 날아다니는 새를 모방해서 어느 정도 하늘을 날 수 있는 기구도 발명했습니다. 물밑이나 바다 속으로 잠수할 수 있는 배도 개발했습니다. 인간이나 짐승, 새, 물고기, 파충류와 같이 살아있는 동물을 모방해서 섬세하고 교묘한 운동 기관들을 제작하기도 했습니다. 그리고 우리 학술원 회원들은 벤살렘 왕국의 주요 도시를 순회 방문합니다. 이때 유용한 발견이나 발명이 있으면 이것들을 책으로 출판해서 만인에게 알립니다. 또 우리는 질병이나 역병, 유해한 동식물, 기근, 폭풍, 지진, 대홍수, 혜성, 계절에 따른 온도의 변화 등 다양한 자연 현상의 원인을 드러내어 규명하고, 이 재난들을 피하기 위해 백성들이 취해야 할 대책에 대해서 자문을 해줍니다." 이 말을 끝으로 그는 자리에서 일어났다. 나는 여기

서 배운 관습에 따라 무릎을 꿇었다. 그러자 오른손을 내 머리에 올려놓고서 축복했다. "나의 아들이여, 신이 그대를 축복하기를, 또 내가 그대에게 설명한 내용에 대해서 신의 축복이 있기를. 그대는 이 내용을 책으로 출판함으로써 외부 세계에 알려지지 않은 미지의 이 왕국을 세상의 다른 나라들에게 계몽할 지어다." 그는 나와 동료들을 위한 선물로 약 2000다카트 금화에 상당하는 보물을 하사하고는 자리를 떠났다. 솔로몬 학술원 회원이 모습을 드러내는 행사마다 이처럼 푸짐한 하사품이 뒤따른다고 한다.

프란시스 베이컨, 『새로운 아틀란티스』

---
a-2

과학자가 사회적인 문제나 도덕, 철학, 심지어 예술에 대한 견해를 표하면 일반인에 비해 나을 것이라는 가정을 많이 하는 것 같다. 세상은 과학자들에 의해 통제될 때 더 나은 곳이 되리라는 것이다. 화학자나 물리학자는 그 자체로 시인이나 법률가보다 더 현명하다고 생각하고, 그렇게 믿고 있는 사람들이 이미 너무 많아졌다. 도대체, 과학자가 소위 비과학적인 문제에 대해 남들보다 타당하게 판단할 가능성이 높다는 것이 맞는 말인가?

조지 오웰, 『나는 왜 쓰는가』

---
a-3

위험은 인문과학과 자연과학, 일상적 합리성과 전문가적 합리성, 이해관계와 사실의-승인되지 않고 아직 발전되지 않은-공생관계에 의해 결정된다. 위험은 단순히 전자(인문과학, 일상적 합리성, 이해관계)에 의해서 결정되지 않는 동시에 후자(자연과학, 전문가적 합리성, 사실)에 의해서만 결정되지도 않는다. 양자는 더 이상 특수화를 통해 서로 분리될 수 없으며, 각각의 합리성 기준에 따라 발전될 수도 없고 기록될 수도 없다. 위험의 결정에는 학문분과, 시민집단, 공장, 정부와 정치 사이의 거리를 넘어선 협조가 요구되지만, 그 과정에서 이러한 여러 가지 요소들이 서로 적대적인 정의(定義)를 제출하고 자신의 정의(定義)에 따라 투쟁하는 경우가 사실 더 흔하다.

여기서 본질적이고 중요한 결론이 있다. 즉 위험을 정의함에 있어 합리성에 대한 과학의 독점이 분쇄된다. 근대성의 다양한 매개자들과 영향 받은 집단들의 주장과 이해관계와 관점은 언제나 경쟁을 벌이고 갈등을 빚어 왔으며, 이 때문에 인과관계 속에서, 선동자와 상처 입은 자의 의미구조 속에서 위험을 정의해야 했다. 위험의 전문가는 없다. 많은 과학자들은 분명히 자신이 객관적으로 합리적이라고 믿는 데서 비롯되는 정서적 힘에 기반하여 연구에 몰두하고 있으며, 객관적이고자 하는 그들의 노력은 자신의 정의(定義)에 대한 정치적 만족에 비례하여 성장한다. (중략)

과학적 합리성과 사회적 합리성은 실제로 분리되지만, 동시에 의존한다. 엄격히 말해서 이 같은 구분은 점점 더 불분명해지고 있다. 마치 위험에 관한 사회적 논의와 인식이 과학적 논쟁에 의존하는 것처럼, 산업발전의 위험에 관한 과학적 관심은 사실상 사회적 기대와 가치평가에 의존한다. 과학적 논증과 그에 대한 과학적 비판 없이는 대중의 비판은 무디기만 하다. 사실 대중은 자신들이 비판하고 두려워하는 대상이나 사건이 거의 '볼 수 없는' 상태에 있기 때문에 인식조차 할 수 없다. 유명한 문구를 빌어서 말하자면, 사회적 합리성 없는 과학적 합리성은 공허하며, 과학적 합리성 없는 사회적 합리성은 맹목적이다. 이 문구를 통해 내가 말하고자 하는 것은 합리성 주장들이 빈번히 경쟁한다는 것, 사회적으로 용인되기 위해 투쟁한다는 것이다. 양 진영은 분명히 서로 다른 점에 집중하고 있다. 앞의 진영(사회적 합리성)은 산업적 생산양식의 변화를 일차적으로 강조하며, 뒤의 진영(과학적 합리성)은 사고발생 가능성의 기술적(技術的) 관리능력을 일차적으로 강조한다.

울리히 벡, 『위험사회』

---

a-4

과학은 자신의 우선순위를 스스로 정할 수 없다. 자신이 발견한 것으로 무엇을 할 것인지 결정할 능력도 없다. 순수한 과학적 견지에서 본다면, 가령 늘어난 유전학 지식을 가지고 우리가 무엇을 해야 하는지 분명치 않다. 그 지식을 암 치료에 이용해야 할까, 유전자 조작 슈퍼맨을 만드는 데 써야 할까, 아니면 슈퍼 사이즈 젖통이 달린 유전자 조작 젖소를 만드는 데 써야 할까? 자유주의 정부, 공산 정부, 나치 정부, 자본주의 기업은 동일한 공학적 발견을 완전히 다른 용도로 이용할 것이 분명하다. 그리고 어떤 용도를 다른 용도보다 선호할 과학적 이유는 존재하지 않는다.

유발 하라리, 『사피엔스』

--- a-5 ---

과학자는 결코 대상의 전체를 다 볼 수 없다. 실험실 안의 경험에도 한계가 있기 때문이다. 연구의 과정에서 어떤 것을 발견하리라고 믿는 확신 때문에 또 다른 무언가를 발견할 가능성을 놓칠 수도 있다. (중략)새로운 질환을 처음 접한 과학자는 이를 보고하기 위해 적절한 언어를 찾아내야 한다. 그러나 대상에 대한 경험은 제한적이기에, 과학자들의 묘사는 언제나 부분적이며 특히 처음 단계에서는 더욱 그럴 것이다. 그럼에도 사람들은 제한된 묘사를 토대로 그 대상을 한정적으로 이해할 것이다.

미국 의사들은 지금은 에이즈로 알려진 신종 질환을 최초로 다루었을 때, 유행병이 될 수도 있다는 두려움에 이 질환을 의학계에 알려야만 했다. (중략)미국에서 최초로 발견된 환자 집단은 동성애자와 주사기 마약 사용자들이었다. 그래서 당시 몇몇 의사들은 가장 쉽게 관찰되는 특징만을 토대로, 이 신종 질환을 '게이 관련 면역 결핍증'이라고 명명했다. 그 결과 '게이 관련'이 신종 질환의 객관적 특징으로 받아들여졌다. 이러한 판단은 이후 연구에서 수정되었다.

캐럴 리브스, 『과학의 언어』

--- b-1 ---

자공이 남쪽의 초나라에 여행하고 진나라로 돌아오려고 한수 남쪽을 지나다가 한 노인이 마친 밭일을 하고 있는 것을 보았다. 굴을 뚫고 우물에 들어가 항아리를 안아 내다가는 밭에 물을 주고 있었다. 애를 써서 수고가 많은데 그 효과는 아주 적었다. 자공이 말했다. '여기에 기계가 있다면 하루에 백 이랑도 물을 줄 수가 있습니다. 조금만 수고해도 효과가 큽니다. 댁께선 그렇게 해보실 생각이 없습니까?' 밭일을 하던 노인은

고개를 들고 그를 보자 말했다. '어떻게 하는 거요?' 자공이 말하기를 '나무에 구멍을 뚫고 기계를 만들고 뒤쪽을 무겁게 앞쪽은 가볍게 합니다. 그러면 물 흐르듯이 물을 떠내는데 콸콸 넘치듯이 빠릅니다. 그 기계 이름을 두레박이라고 하죠'했다. 밭일을 하던 노인은 불끈 낯빛을 붉혔다가 곧 웃으면서 말했다. '나는 내 스승에게서 들었소만, 기계 따위를 갖는다면 기계에 의한 일이 반드시 생겨나고 그런 일이 생기면 반드시 기계에 사로잡히는 마음이 생겨나오. 그런 마음이 가슴 속에 있게 되면 곧 순진 결백한 본래 그대로의 것이 없어지게 되고, 그것이 없어지면 정신이나 본성의 작용이 안정되지 않게 되오. 정신과 본성이 안정되지 않은 자에겐 도가 깃들지 않소. 내가 두레박을 모르는게 아니오. 도에 대해 부끄러워 쓰지 않을 뿐이오.' 자공은 부끄러워 어쩔 줄을 모르며 고개를 숙인 채 잠자코 있었다.

장자, 『장자: 천지』

--- b-2 ---

과학의 조작주의는 경험적으로 입증되고 계량할 수 있는 것만을 합리적이고 이성적인 것으로 간주한다. 그래서 합리성은 기술적이고 과학적인 것으로, 다시 말해 도구적인 이성으로 축소된다. 기술적 합리성은 인간을 점점 노예로 만든다. 기술은 기계 장치의 효율성과 생산성으로 인간과 자연을 조작의 대상으로 삼는다. 기술의 발달은 인간과 자연의 착취를 더욱더 과학적이고 합리적으로 만든다. 과학적 방법은 자연을 수량화함으로써 좀 더 효율적으로 자연을 지배하고, 자연의 지배를 통해서 인간에 의한 인간의 지배를 위한 개념과 도구를 가져다주었다. 대상을 관찰하고 실험하고 계량하는 관점으로만 바라보는 일차원적 사고는 대상을 심미적이고 윤리적인 면까지 바라보는 다차원적 사고를 배제한다. 생산과 과학·기술뿐만 아니라 사람들의 생활과 모든 사회적 관계도 일차원 적 사고의 합리성을 기반으로 조직된다. 현대사회는 기술을 통해 지배를 계속하고 기술로써 지배를 확대해 간다.

마르쿠제, 『일차원적 인간』

──────────────── b-3 ────────────────

무엇보다도 우리는 커뮤니케이션 기술의 발달로 사회의 연결망과 관계성의 폭이 과연 넓어질 수 있는지 질문을 제기할 수 있다. (중략)오늘날 사회적 집단의식이 대가족이나 이웃 기반의 조직체에서 사회적 네트워크 기반으로 옮겨 가면서, 지리적 한계를 초월하여 마음이 통하는 사람들의 관심을 한데 모아 주고 있다. (중략)친밀감과 공감의 유대감을 조성하려면 진정한 자아를 더 많이 드러내야 한다. 허물없이 나약한 모습을 보이고, 내면의 참모습과 고통을, 살기 위해 벌이는 투쟁을 공유할 때만, 우리는 공감적 유대감을 수립한다. 인터넷이라는 매체가 한 사람의 진정한 자아를 다른 사람에게 쉽게 드러낼 수 있게 해 주고 다른 사람들과 공감적 유대나 관계를 맺게 도와준다면, 이런 형태의 커뮤니케이션을 통해 사람들은 공감적 인식을 크게 향상시킬 수 있다.

제러미 리프킨, 『공감의 시대』

──────────────── b-4 ────────────────

기계가 사람을 대신해서 일하게 하라! 이 현상은 인류가 딱딱한 나무 열매를 먹기 위해 그것을 깨는 데 돌을 사용한 때부터 시작되었다. 수세기 동안 우리는 육체적으로 생존하기 위해 기계를 사용해 왔다. 강을 따라 들판에 물을 대기 위해 최초의 물레방아가 나일 강 삼각주에 세워진 이래, 기계의 발명은 인간의 근력을 대신하는 것에 중점을 두어왔다. 19세기까지 우리가 쓸 수 있는 에너지의 99%는 인간의 노동에서 나왔다. 산업혁명은 삶의 물질적인 조건을 근본적으로 변화시켰다. 그리하여 오늘날에는 기계가 인간이 하는 근력 노동의 99%를 대신하게 되었다. 따라서 현재의 우리는 즐거움을 위해서만 근력을 사용한다. 자동화의 결과로 스포츠 용구, 몸매 가꾸는 기구, 운동화 시장의 경기가 한창 좋아지고 있다. 육체적 피로를 느끼기 위해 길을 따라 뛰려는 우리의 욕구를 19세기 사람들은 이해하지 못할 것이다.

한 걸음 더 나아가 근력뿐만 아니라 20세기 후반에는 인간의 지력도 자동화되고 있다. 컴퓨터와 인공지능 기계들이 더 이상 단순하고 일상적인 잡일만을 하지는 않으며,

고도의 업무를 능숙하게 처리할 정도가 되었다. 기상 관측관들은 컴퓨터로 인해 기상 예측이라는 지루한 작업에서 해방되었다. 고속도로 순찰도 자동화되었다. 비디오카메라가 설치되어 스피드광들을 관찰·기록·추적하고, 심지어 법규위반 고지서까지 발급한다. 이렇듯 인류사를 통해 얻게 되는 결론은 세계 대부분의 지역에서 삶의 물질적인 측면을 보다 많이 확보하려는 추세가 끝나가고 있다는 것이다. 반면, 인간 감성적인 측면에 대한 관심이 증가하고 있다. 가령, 컴퓨터가 우리 지력을 대신하면서 21세기에는 즐거움을 목적으로 하는 지적이고 감각적인 것들이 시장에 편입될 것이다.

롤프 옌센, 『드림 소사이어티』

---

b-5

서구인은 문자 테크놀로지 덕분에 감정적으로 반응하지 않으면서도 행동할 수 있게 되었다. 의사는 이 같은 방식으로 자기 자신을 단편화할 때 얻을 수 있는 이점을 잘 보여준다. 만약 의사가 수술을 할 때 지나치게 인정에 사로잡힌다면 제대로 시술할 수 없을 것이다. 우리는 이 밖에도 위험천만한 여타의 사회적 조작도 완전히 자신으로부터 분리시킨 채 처리할 수 있는 기술을 획득하게되었다. 그러나 자신으로부터 분리시키는 태도는 곧 관여하지 않는 태도였다. 전기시대에는 우리의 중추신경이 기술에 의해 우리를 인류 전체 속에 포함되도록 확장된 동시에 전 인류가 우리 자신 속에 병합되도록 확장된다. 그 결과 우리는 우리가 하는 모든 행동의 결과에 필연적으로 깊숙이 관여할 수밖에 없다.

다시 말해, 이제까지 글을 배운 서구인이 취해 온 전형적인 태도인 초연한 듯하고 어딘지 유리된 듯이 보이는 태도는 더 이상 우리가 취할 수 있는 것이 아니다. 부조리극은 자신의 행동에 관여하지 않는 것처럼 보이지만 여전히 행동하지 않을 수 없는 현대 서구인의 모순을 극화하고 있다. 사무엘 베케트의 작품에서 어릿광대가 등장하게 된 것도, 그가 그토록 호소력을 갖는 것도 이 때문이다.

지난 3,000여 년간 전문가와 전문화는 폭발적으로 증가해왔다. 동시에 우리 몸의 기술적인 확장은 소외를 낳았다. 그러나 이제 세계는 극적인 반전에 의해 압축되고 있다. 전기적으로 축소됨에 따라 이제 지구는 단지 하나의 촌락에 지나지 않게 되었다. 전기의 빠른 속도는 온갖 사회적 정치적 기능을 단숨에 하나로 통합시켜 버림으로써 책임에 대한 의식을 극도로 높이는 결과를 낳았다. 흑인이나 청소년 같은 소외된 계층의 사회적 지위를 바꾼 것도 바로 이러한 통합작용이었다. 이들은 더 이상 정치적인 의미에서 특수계층이 아니며 사회로부터 분리되지도 않는다. 전기라는 미디어의 덕택에 이제 그들은 우리의 생활에 포함되게 되었고 우리 역시 그들의 생활에 포함될 수밖에 없다. 충전성과 감정이입 그리고 깊이 있는 의식에 대한 시대적 갈망은 전기 테크놀로지의 자연스러운 부산물이다. 예전의 기계 산업 시대에는 개인적인 견해를 맹렬히 주장하는 것이 자연스러운 시대 양식으로 간주되었다.

모든 문화와 시대는 모든 사람과 모든 것에 대해 나름대로 선호하는 지각 방식과 지식을 규정한다. 현대의 현저한 특징은 강요된 패턴에 대한 반발에서 찾을 수 있다. 갑자기 우리는 사물과 사람이 자신의 존재를 세상에 완전하게 선언하기를 바라게 된 것이다. 이 새로운 태도의 근저에서 우리는 모든 존재의 궁극적 조화에 대한 깊은 신념을 발견할 수 있다. (중략)

논점을 밝히기 위해 전광을 예로 들어보자. 전광은 순수한 정보이다. 전광은 특별히 선전문구나 이름을 밝혀 보여주는 데 사용되지 않는 한, 일종의 메시지 없는 매체이다. 사실 모든 매체가 이 같은 특징을 갖는데, 이는 매체의 '내용'이 언제나 동시에 다른 형태의 매체임을 함축한다. 마치 전신의 내용이 인쇄된 글이고 인쇄된 글의 내용이 문어인 것처럼 문어의 내용은 말이다. 만약 누군가 말의 내용이 무엇이냐고 묻는다면, 그것은 비언어적인 사고의 실제 과정이라고 답할 수밖에 없을 것이다. 추상화는 마치 컴퓨터를 설계하는 경우처럼 창조적인 사고 과정을 직접 표현한 것이다. 그러나 여기에서 우리가 관심을 갖는 것은 기존의 과정을 증폭시키거나 촉진하는 디자인이나 패턴의 심리적, 사회적 결과이다. 왜냐하면, 모든 매체와 테크놀로지는 우리 삶의 규모, 속도 혹은 유형을 변화시키며 그것이 바로 매체의 '메시지'이기 때문이다. 철도가 사회에 유입한 것은 이동이나 수송, 혹은 바퀴나 길과 같은 것이 아니다. 오히려 철도는 예전부터 존재해온 인간의 기능을 촉진하여 그 규모를 확장시킴으로써 전혀 새로운 형태의 도시와 일과 여가를 창출했다. 철도가 가져온 변화는 환경과 무관하며 -열대 지방이건 한대 지방이건 상관없다- 철도라는 매체가 운반하는 화물이나 내용과도 전혀 관계가 없다. 비행기 역시 어떻게 사용되든지 운송 속도를 증가시킴으로써 철도적인 형태의 도시, 정치, 인간관계를 소멸시키는 경향을 보인다.

마샬 맥루언, 『미디어의 이해』

--- b-6 ---

가까운 미래 일본에서는 이종 이식이 아주 보편적인 의료 행위로 받아들여지게 되었다. 그 선구자는 유카의 부친이었다. 유카는 어릴 때부터 몸이 약하여 장기 이식을 전문으로 하는 부친이 유카에게 돼지의 장기를 계속 이종 이식해 왔다.

'위, 장, 기관, 동맥, 신경, 뼈, 근육. 내 육체의 거의 모든 것은 돼지로부터 빼앗아 온 것들로 가득 찼다. 심지어 침샘조차도 돼지의 것이다. 나는 언제나 돼지의 침을 삼켜왔다.'

그녀는 학생 시절 같은 반 친구에게 '돼지인간'이라고 놀림 받은 것을 계기로 자신의 정체성에 대해 고민하게 된다. 그녀와 사이가 좋았던 친구는 나쁜 곳을 새로운 장기로 바꾼 것에 지나지 않으며 그것은 지극히 당연한 일로, 유카는 유카라는 '인격의 연속성'이 있다고 위로해 주었지만, 유카는 육체 안에 존재하는 내용물들로 인해 '돼지인간'이 되었다고 비관한다.

이종 이식용으로 인간의 유전자를 조합한 돼지의 장기로 몸의 대부분이 바뀌어져 있다 하더라도, 친한 친구가 말한 것처럼 '상품으로서의 신체관'을 가진다면, 부분은 어쨌든 전체로서는 유카이기 때문에 정체성에 대해서 고민할 필요는 없다. 하지만 유카는 자신의 육체 안에 존재하는 '돼지성(性)'에 대해 계속 고민하게 된다.

'인간의 심장이 된 돼지의 심장과, 인간의 간이 된 돼지의 간과, 인간의 신장이 된 돼지의 신장과, 인간의 폐가 된 돼지의 폐와, 인간의 대장이 된 돼지의 대장과, 인간의 안구가 된 돼지의 안구와, 인간의 항문이 된 돼지의 항문과, 인간의 피부가 된 돼지의 피부와, 인간의 자궁이 된 돼지의 자궁과, 인간의 척추가 된 돼지의 척추와, 인간의 위가 된 돼지의 위와, 인간의 귀가 된 돼지의 귀와, 인간의 늑골이 된 돼지의 늑골과, 인간의 갑상선이 된 돼지의 갑상선과, 인간의 난소가 된 돼지의 난소를 조합하여 만들어진 인간은 인간일까?'

이러한 끊임없는 의문에 대해 그녀의 친구는 유카라는 인간의 연속성은 뇌에 있는 것이라고 말하지만, 뇌가 인간의 본질이라고 하는 것은 안이한 착각에 지나지 않으며 뇌도 결코 분할 불가능한 기관은 아니라고 유카는 반론한다.

'인격이란 무엇일까? 나의 뇌 오른쪽 반을 너의 반과 바꾼다면 나는 네가 되는 것일까? 아니면 그대로 나일까? 인간의 의식의 자리는 뇌의 어디에 있는 것일까?'

더욱이 유카의 대뇌피질의 일부는 생후 6개월 때에 돼지로부터 이식받은 것이다.

데구치 아키라, 『마음을 이식한다』

──────── c-1 ────────

정보 검색은 정보 조각이 들어 있던 콘텍스트 없이 검색결과라는 새로운 맥락으로 제시되기 때문에 이미 정보를 탈맥락화 시키거나 새로운 맥락을 부여하게 된다. 그렇지만 충분한 시간과 노력을 기울이면 검색결과를 추적해서 정보의 근원에 이를 수 있으며 오리지널 맥락에서 그 정보를 경험할 수 있다. 이는 책의 색인을 이용해서 한 문장을 찾는 것과 같다. 단지 한 문장이나 한 페이지만을 읽는 것으로는 전체 맥락을 파악할 수 없지만, 충분히 중요하다면 한 장 전체를 읽거나 책 한 권 전체를 읽을 수도 있다.

하지만 디지털 브리콜라주는 다르다. 브리콜라주는 오리지널 콘텍스트에서 끊어졌기 때문에, 원래 맥락을 추적하는 게 불가능하다. 디지털 브리콜라주에서 사진 한 장이 슬라이드쇼에 쓰이거나 누군가의 소설에서 한 문장이 채택되거나 노래에서 뽑은 음악 몇 소절이 사용되었을 때, 우리는 그 사진과 문장과 음악 몇 소절이 애초에 사용되었던 맥락에서 오리지널을 찾을 그 어떠한 참고자료도 갖고 있지 않다.

(중략)

스테이시 스나이더는 교사가 되고 싶었다. 2006년 봄만 해도 25살 싱글맘이었던 스나이더는 대학 과정을 마치고 교사가 될 날만을 고대하고 있었다. 그런데 어느 날 그녀는 대학 당국의 호출을 받은 자리에서 '교사가 될 수 없다'는 통보를 받았다. 스나이더는 교사 자격에 필요한 모든 학점을 이수하고 시험을 통과했으며 교생 실습도 마치고 상도 여러 차례 받은 상태였다. 그런데도 그녀의 행실이 교사가 되기에는 부적절하므로 교사 자격증을 받을 수 없다는 것이었다. '행실'이라니? 해적 모자를 쓴 복장을 하고 플라스틱 컵으로 술을 마시는 인터넷 사진 한 장이 문제였다. 스테이시 스나이더는 이 사진을 그녀의 마이스페이스 웹페이지에 올려놓고, 친구들에게 보여주기 위해 '술 취한 해적'이라는 제목을 붙였었다. 스테이시의 교생 실습 학교에 근무하던 지나치게 열성적인 한 교사가 해당 사진은 학생들에게 교사가 술을 마시는 모습을 드러내 직업윤리에 어긋난다고 주장하며 대학 당국에 신고했던 것이다. 스테이시는 사진을 인터넷에서 내려 보려고 했다. 하지만 이미 엎질러진 물이었다. 그녀의 마이스페이스 웹페이지는 검색엔진에 의해 이미 인덱싱되었고 사진은 웹 크롤러가 긁어가 보관 중이었다.

빅토어 마이어 쇤베르거, 『잊혀질 권리』

---
c-2

2003년 3월 중국 광저우. 27세였던 쑨즈강은 경찰이 요구했던 임시 거주증과 신분증을 검문 당시 휴대하지 않았다는 이유로 구치소에 강제 수용된 지 3일 만에 구치소 진료소에서 사망했다. 공식적인 사인은 심장병이었지만, 부모의 승인 하에 이루어진 부검 결과 쑨즈강은 구타로 숨진 것으로 밝혀졌다. 그 후 쑨즈강의 부모는 정확한 진상 규명을 위해 진보언론지인 <남방도시보>에 사건 취재를 의뢰했다. 취재 결과, 감금 중 구타로 쑨즈강이 사망하게 되었다는 사실이 재확인되자, <남방도시보>는 이 사건의 전모를 그해 4월 25일 자로 보도하였다. 이것이 시작이었다. <남방도시보>에 보도된 후, 중국 전역의 언론과 뉴스 사이트들이 잇따라 이 사건을 재보도하기 시작했고, 인터넷 채팅과 게시판에도 중앙정부를 고발하는 네티즌들의 비난이 폭주하면서 이 사건은 삽시간에 이슈가 되어 중국 전역을 휩쓸었다. 결국 중앙정부는 자체 재조사를 실시했고, 그 결과 쑨즈강의 죽음에 연루된 12명은 유죄판결을 받았다.

래리 다이아몬드· 마크 플래트너, 『소셜 미디어』

―――――――――― c-3 ――――――――――

인터넷이 1990년대에 거대한 사회 현상이 된 이후부터 사람들은 인터넷이 자신들의 사생활에 미치는 영향을 계속 걱정해 왔다. 가끔 심각한 스캔들도 터져 나와서 우려를 더하고 있다. 미국 국가안보국이 전자 통신을 감시한 사실에 대한 작년의 폭로는 그저 최근에 발생한 하나의 사례에 불과하다. 이런 사건이 발생하고 나서 대부분의 경우 이어지는 논쟁은 누가 개인 정보를 수집하고 저장할 수 있느냐 하는 것과 어떻게 수집하고 저장할 것인가에 관한 내용이다. 이런 스캔들을 알게 되었을 때 사람들은 자신들의 건강, 재정, 사회관계, 정치적 활동 등에 관한 정보에 누가 접근해 왔는지를 걱정하는 경향이 있다.

그러나 대중의 이런 걱정은 기술적인 현실과는 동떨어진 것이다. 개인정보의 수집과 저장은 지금도 사방천지에서 끊임없이 계속되고 있어서 실질적으로 막을 방법이 없다. 사람들은 알면서도 매일 엄청난 양의 데이터를 정부기관, 인터넷 서비스 사업자, 통신판매회사, 금융기관 등 여러 분야의 다양한 조직에 제공하고 있다. 또한 이런 조직들 외에 다른 많은 조직들도 '수동적인' 수집을 통해서 엄청난 양의 데이터를 얻고 있다. 사람들은 다른 일을 할 때도 데이터를 어떠한 조직에 제공한다. 예를 들면, 그저 어떤 장소에서 다른 장소로 이동한다고 할 때 GPS 연동이 되는 휴대전화도 같이 이동하며, 이 때 위치에 관한 데이터가 통신회사에 제공된다. 사람이 살면서 일종의 부산물인 '데이터 배기가스'를 전혀 내뿜지 않는다는 것은 불가능에 가깝다. 그리고 데이터가 저장된 장소가 어디인지, 얼마나 많은 데이터가 해당 장소에 저장되어 있는지를 정확히 알기란 하늘의 별 따기다. 그런데 더 강력한 프로세서와 서버는 이 모든 데이터를 분석해서 개인의 취향과 행동에 관한 새로운 통찰과 추정을 가능하게 했다. 이것이 '빅데이터' 시대의 현실이다.

크레이그 먼디, 『4차산업혁명의 충격-과학기술 혁명이 몰고 올 기회와 위협』

―――――――――― c-4 ――――――――――

우리들 사회에는 매뉴얼적인 일이 다수 존재한다. 예를 들면 패스트푸드점이나 서점의 점원 등은 철저하게 매뉴얼화된 말로 손님을 대하는 것으로 알려져 있다. 그들의 일을 인간과 똑같은 휴머노이드로 바꿔놓아도 그다지 위화감이 없다고 한다면 현재의 점원들은 비인간적인 일에 종사하고 있다고 해야 하는가? (중략)

일본에서는 1983년도부터 8개년에 걸쳐 '극한 작업 로봇' 프로젝트가 추진되었다. (중략) 이들 로봇 모두에게는 인간에게 혹독한 환경 속에서도 안전하고 명확하게 작업하는 것이 요구된다. 로봇들은 원격조작 지원을 받으면서 자율적으로 움직이는 협동 방식으로 작업한다. (중략) 극한 환경은 분명 로봇에게도 혹독하다. 높은 수압에서 작업을 수행하는 것은 쉽지 않다. 전력 플랜트 내의 복잡한 통로를 능숙하게 걸어가 점검·보수하는 것도 어렵다고 생각한다. 하지만 로봇을 어떤 환경 속에서 조작하려고 할 때 설계자는 우선 그 환경을 모델화한다. 혹독한 환경이면 그것을 극복하는 기술을 개발, 도입하기 위해서도 환경을 모델화하지 않으면 안 된다. 즉 극한 환경이라는 것을 로봇 설계자가 인식한 시점에서 그 환경을 극한이라는 하나의 틀로 좁혀진다. 그 틀에서 일을 수행할 수 있도록 로봇을 특화시킨다는 것이다.

이노우에 히로치카 외, 『미래를 말하다』

---

c-5

하이테크 과학자들은 눈앞에 다가오는 위기에 대해서 무심하다. 엄청난 능력을 지닌 정교한 기술 하드웨어에 둘러싸인 채 빛나는 새로운 지구촌의 심층부에서 바라보면 미래는 희망적으로 보일 것이다. 등장하고 있는 지식 계급의 다수는 풍요가 넘치는 위대한 유토피아 세계가 가능할 것이라고 꿈꾼다. 또한 최근 수십 명의 미래학자들은 자유시장과 과학적 전문가들이 지배하는 기술 낙원에 대한 예언서를 숨쉴 틈 없이 써냈다. 정치가들은 우리들에게 포스트모던 시대로의 위대한 탈출에 대비하라고들 말한다. 이들은 유리와 실리콘, 세계적 통신 네트워크와 정보 고속도로, 사이버 스페이스와 가상현실, 생산성 향상과 무한한 물질적 부(富), 자동공장과 전자사무실이라는 신세계의 비전에 사로잡혀 있다. 이들에 의하면 이 새롭고 경이로운 세계 속으로 들어가기 위한 입장료는 재교육과 훈련, 제3차 산업시장에 무한히 진열되어 있는 수많은 직무 기회에 대비한 신(新)기능의 획득 정도일 뿐이다.

그들의 예측이 무조건 허망한 것만은 아니다. 우리는 이미 제3차 산업혁명과 거의 노동력이 필요 없는 세계로의 역사적 전환을 경험하고 있다. 실리콘에 기초한 '새로운 문명화'의 길을 열어줄 하드웨어와 소프트웨어는 이미 존재하고 있다. 그러나 해결되지 않은 과제는 앞으로 얼마나 많은 인간들이 이로부터 소외될 것이고, 이들 앞에는 과연 어떤 세계가 펼쳐질 것인가 하는 문제이다. 이에 대해 정보화 시대의 전도사와 전파자들은 주저없이 낙관적인 견해를 표명한다. 즉, 제3차 산업혁명은 보다 많은 새로운 일거리를 창출할 것이고, 아울러 소비 수준이 향상되고 세계시장이 개방되면 생산성이 급속히 향상되더라도 그 산출물을 충분히 소화해 낼 것으로 자신한다.

하지만 그들이 확신하는 일거리 창출 및 소비력 증대라는 두 명제의 타당성에 의문이 제기되기도 한다. 우선 비판가들과 이미 제3차 산업혁명으로 인해 소외된 다수의 사람들은 새로운 일자리의 창출에 대해서 회의한다. 즉, 정교한 정보통신 기술이 대량의 노동력을 대체해 버리는 세계에서는 지식 부문에 관한 소수의 사람들만이 하이테크 과학, 전문직, 관리직에서 일자리를 찾을 수 있을 뿐이라는 것이다. 이들은 농업, 제조업, 서비스업 등의 리엔지니어링과 자동화로 인해서 대체된 수백만의 노동자들이 과학자, 엔지니어, 기술자, 관리자, 컨설턴트, 교사, 변호사 등으로 재훈련되어 협소한 하이테크 부분에서 충분한 일자리를 찾게 될 것이라는 생각은 공상이 아니면 기만에 불과하다고 주장한다. (중략)

아울러 다수의 관측자들은 제3차 산업혁명의 기술이 노동력을 대체하는 상황하에서 고도로 자동화된 생산 시스템이 생산한 제품과 서비스가 어떻게 소비될 수 있을 것인가에 대해서도 의문을 제기한다. 정보화 시대의 옹호자들은 무역장벽의 완화와 새로운 세계시장의 개시가 그간 제약되어 왔던 소비자 수요를 자극할 것이라고 주장하지만, 반대론자들은 기술에 의해 점점 더 많은 노동자들이 밀려나고, 그럼으로써 구매력을 상실하면, 증대된 생산성을 소화해 낼 충분한 소비자 수요가 찾아지지 못한다고 걱정하는 것이다.

제레미 리프킨, 「노동의 종말」

——————————— c-6 ———————————

접속의 시대는 새로운 유형의 인간을 몰고 온다. 바다의 신이자 변화무쌍한 모습을 가졌던 그리스 신화의 프로테우스처럼 새로운 '프로테우스' 세대의 젊은이들은 전자 상거래와 사이버스페이스 세계에서 이루어지는 사업에 아무런 거부감이 없으며 그 속에서 펼쳐지는 사교 활동에도 적극적으로 참여한다. 그들은 문화경제를 구성하는 수많은 시뮬레이션 세계에 척척 적응한다. 그들에게 익숙한 세계는 이념적 세계가 아니라 연극적 세계이다. 그들의 의식은 노동 정신보다는 유희 정신에 기울어 있다. 그들에게 접속은 이미 생활의 일부가 되었다. 재산도 중요하지만 연결된다는 것이 훨씬 더 중요하다. 21세기의 인간은 관심을 공유하는 사람들로 이루어진 네트워크의 접속점이라는 의식으로 살아갈 것이고, 다윈이 말한 적자생존의 경쟁이 치열하게 벌어지는 세계에서 자율적으로 살아가는 주체라고 스스로를 생각할 것이다. 그들이 생각하는 개인적 자유의 의미는 소유권이라든지 남들의 간섭에서 벗어나는 능력과는 점점 거리가 멀어질 것이다. 대신 상호 관계의 그물에 포함될 수 있는 권리로서의 의미가 점점 부각될 것이다. 그들은 접속의 시대를 살아가는 첫 번째 세대이다.

인쇄기가 지난 수 백년 동안 인간의 의식을 바꾸어놓았던 것처럼 컴퓨터는 앞으로 두 세기 동안 인간의 의식에 커다란 영향을 미칠 것이다. 심리학자와 사회학자들은 이른바 '닷컴 세대'에 속하는 젊은이들의 정신 발달 과정에서 일어나는 변화에 벌써 주목하고 있다. 컴퓨터 화면 앞에서 자라면서 많은 시간을 채팅과 전자오락에 쏟아 붓는, 아직은 소수이지만 점점 그 수가 늘어나고 있는 젊은이들은 심리학에서 말하는 '다중 인격자'에 가까워지고 있다. 그들의 의식은, 특정한 시간에 자신이 몸담았던 가상 세계나 네트워크와 어울리기 위해 이용했던 짧은 토막의 파편들로 이루어져 있다. 일각에서는 이 닷컴 세대가 현실을 수시로 바꿀 수 있는 한낱 이야기들에 불과한 것으로 인식하기 시작했다고 우려한다. 주위 세계에 적응하고 주변 사람을 이해하려면 일관된 참조의 틀이 있어야 하는데 이 틀을 형성하는 데 필요한 끈끈한 인간관계의 경험과 참을성 있는 주의력이 이들에게는 부족하다는 지적도 나오고 있다.

제러미 리프킨, 『소유의 종말』

—————— c-7 ——————

사실상 생명 가치는 너무도 기본적인 것이어서 '이념적 가치'로만 존재하는 것이 아니라 태어날 때부터 이미 살아가려는 의지, 즉 '의지적 가치'의 형태로 모든 생명체들의 본능 속에 깊이 부각되어 있다. 이러한 점은 유정성(sentience ; 감성, 지각력, 有情性)을 지닌 모든 동물들에게서 외형적으로 표출되고 있는데, 특히 인간의 경우에는 이를 명시적으로 의식하고 있으며 이렇게 의식된 내용이 바로 자신의 생명 가치관을 이루는 선천적 기반이 되는 것이다. 그리고 가장 분명한 점은 이러한 생명 가치관은 일차적으로 '자신의 생명'에 대한 것이라는 점이다. 이는 자기 삶의 주체가 일차적으로 자신의 생명을 단위로 하는 바로 자기 자신이기 때문인데, 이 점 또한 본능에 깊이 각인(刻印)되어 있다.

그러나 흥미로운 점은 대부분의 사람에게서 생명에 대한 이러한 소중함의 관념이 오로지 자기 자신의 생명에만 국한되는 것이 아니라는 사실이다. 누구에게나 자신에게 소중한 사람들이 있게 마련이고 이러한 사람들의 생명은 설혹 자신의 생명만큼 소중하지는 않다 하더라도 여전히 매우 중요한 가치로 인정되는 것이다. 이는 어떤 합리적 사변(思辨)에 의해 도달하는 관념이 아니라, 이미 우리의 마음 깊은 곳에서 우러나오는 느낌인 것이다. 그러나 느낌만으로 이야기하자면 모든 사람의 생명 가치를 동등한 가치로 받아들이기는 어려우며 자기를 중심에 두고 자기 주위의 사람들의 생명 가치에 대한 일정한 차별이 나타나게 된다. 자신에게 자기 부모의 생명이 상대적으로 더 소중하게 느껴짐을 아무도 탓할 수는 없는 것이다. 그러나 조금만 더 합리적으로 생각하여 보면 이는 온당한 판단이 아니라는 사실을 곧 알 수 있다. 우리 모두가 대등하게 태어난 인간이라 할 때 내 생명 또는 내게 가까운 사람의 생명만 소중하고 남의 생명이 덜 중요하다고 생각해야 할 어떤 이유도 찾아볼 수 없는 것이다.

사실 이 간단한 원리, 즉 모든 사람의 생명은 다 같은 정도로 소중하다는 이 대원칙이 보편적으로 인정되기까지는 오랜 역사적 과정이 소요되었다. 이는 우리의 느낌 속에 부각된 인간 생명 가치의 차별성과 합리적 사고가 말해주는 동등성 사이의 간극(間隙)을 좁혀 나가는 과정이었다고도 말할 수 있다. 그리고 이러한 어려움을 극복하기 위해서는 이를 이겨내려는 의식적 노력이 요구되며 이를 반영하는 사회적 장치가 바로 윤리라는 형태로 나타나게 된다.

특히, 남의 생명의 소중함이 자기 생명의 소중함과 원칙적으로 같다고 하는 것은 이러한 윤리의 바탕에 깔린 기본 윤리가 되지 않을 수 없으므로 이를 일러 윤리의 '황금률'이라 부르기도 한다. 그런데 여기서 '원칙적으로' 같다고 하는 점이 중요하다. 현실적으로는 이들의 소중함에 대한 상대적 차이를 심정적인 면에서까지 완전히 제거할 방법이 없기 때문이다. 그러나 내가 그의 입장에 서면 그가 느끼는 바와 같은 느낌을 가지게 될 것이라는 '이해'를 지니고 이 이해가 공유되는 바탕 위에 모든 사회의 행위 규범을 마련하는 것이 바로 이 윤리의 기본 정신이라고 할 수 있다.

그런데 인간의 생명 가치에 대한 이러한 고찰이 인간이 아닌 여타의 생물이 지닌 생명에까지 확장되어야 하는지에 대해서는 아직까지 합의가 이루어지지 않고 있다. 동물과 식물, 박테리아의 생명까지를 모두 인간의 생명과 대등한 위치에 놓고 생각해야 할 것인지 혹은 이들의 생명 가치를 상대적으로 낮은 것으로 보아야 할 것인지, 그리고 낮다면 얼마나 낮은 것으로 보아야 할 것인지 하는 데에 이르면 문제가 그리 간단하지 않다. 사실 이러한 문제들은 지금까지 윤리학자들의 한가한 이론적 과제로만 치부(置簿)되어 온 측면이 없지 않다. 우리에게는 인간 사회 안에 발생하는 윤리 문제를 다루는 것만으로도 벅찬 일이었기 때문이다.

그러나 이제는 상황이 크게 달라졌다. 이른바 환경 문제에서 보듯이 인간 이외의 생물이 지닌 생명 가치의 문제가 단순한 이론상의 관심사가 아닌 심각한 현실 문제로 대두되고 있으며, 이를 어떻게 보느냐에 따라 인류의 장래뿐 아니라 생명계 전체의 운명이 결정적으로 좌우될 상화에 놓여 있기 때문이다. 현재 진행되고 있는 환경 윤리학자들의 논의를 보면 우선 윤리의 지평(地平)을 확대해야 한다는 점에서는 모두가 동의하지만 이를 어디까지 확대해야 하는가 하는 점에 대해서는 아직도 논의가 진행되고 있는 중이다.

장회익, 「새로운 생명 가치관의 모색」

기술문명에 대한 (1)의 화자의 태도를 (2), (3)을 바탕으로 논술하시오.

(1) 지구상의 역사는 흐르는 물 같지 않고 고여 있는 웅덩이 같다. 내가 보기에는 그렇게 보인다. (누구도 내 이 사고를 침해하지 말기를!) 도무지 역사에는 진전이 없는 것처럼 보인다. 나는 믿는다. 역사에 우연이 없다는 것을, 그리고 필연이 없다는 것도. 당연하다. 요즘의 시골 장터를 보든지 농투성이들이 꼬무작거리며 논밭에서 일하는 한가로운 풍경 속을 거닐어 보라! 신라 때의 풍경 그대로다. 아직도 털털거리는 짐수레나 이앙기보다는 손, 소, 낫, 가래, 호미 등의 상용도가 훨씬 높다. 그따위 이기(利器)가 보급되었다고 역사에 발전이 있었다는 정의에는 설득력이 없다. 조금 편해졌고 시간당 작업량이 다소 제고(提高)되었을 뿐, 어느 것도 인간의 삶의 방식에 있어서 안방차지는 못 했다.

역사에는 진전이 없는 대신에 윤회랄지, 정신우위시대와 물질우위시대가 번갈아 가며 한 연대를 장악한다는 설명은 타당하게 들린다. 지금은 불행하게도 물질우위의 시대에 처해 있다. 이 단정은 거의 틀림이 없지 싶다. 인간이 물질을 무위로, 거의 기계처럼 이용하는 데 잘 길들여져 있다. 그 길들여진 과정이 겨우 이따위 유사 이래의 역사 진전이다. 탈(脫)이데올로기 시대란 말이 희멀건 염불로 들리지 않는 이유도 여기에 있는 것 같다. 물질이, 물질의 기능이 모든 주의나 사상에 대체되고 말았다.

역사는 굴러가는 돌멩이에 지나지 않는가? 모가 깎여 동글납작하게 된, 어느 편에서 보아도 두루뭉실한 세숫비누처럼. 돌멩이는 자꾸만 작아진다. 역사처럼 왜소화되어 간다. 아마도 역사는 미구에 비누처럼 없어질지도 모른다. 누구도 굴러가는 역사는 책임질 수가 없는 불가사리일 게다. 어느 후안무치한 사람이 감히 내가 책임지겠다고 큰소리치겠는가. 책임의 소재를 따질 때는 그는 이미 저승 귀신이 되었고, 시대상황은 감쪽같이 달라져 있는 판이니 말이다. 달라져 있을 뿐이지 그런 상황이 발전된, 개선된 어떤 형편은 아니다.

　　마찬가지로 다윈의 진화론도 도대체가 어불성설로 들린다. 역사는 오리무중이다. 역사가 답답한 존재인지, 그 속을 부유하는 인간이 맹한지 알 수가 없다.

김원우, 『무기질 청년』

(2) 과학의 조작주의는 경험적으로 입증되고 계량할 수 있는 것만을 합리적이고 이성적인 것으로 간주한다. 그래서 합리성은 기술적이고 과학적인 것으로, 다시 말해 도구적인 이성으로 축소된다. 기술적 합리성은 인간을 점점 노예로 만든다. 기술은 기계 장치의 효율성과 생산성으로 인간과 자연을 조작의 대상으로 삼는다. 기술의 발달은 인간과 자연의 착취를 더욱더 과학적이고 합리적으로 만든다. 과학적 방법은 자연을 수량화함으로써 좀 더 효율적으로 자연을 지배하고, 자연의 지배를 통해서 인간에 의한 인간의 지배를 위한 개념과 도구를 가져다주었다. 대상을 관찰하고 실험하고 계량하는 관점으로만 바라보는 일차원적 사고는 대상을 심미적이고 윤리적인 면까지 바라보는 다차원적 사고를 배제한다. 생산과 과학·기술뿐만 아니라 사람들의 생활과 모든 사회적 관계도 일차원 적 사고의 합리성을 기반으로 조직된다. 현대사회는 기술을 통해 지배를 계속하고 기술로써 지배를 확대해 간다.

마르쿠제, 『일차원적 인간』

(3) 하이테크 과학자들은 눈앞에 다가오는 위기에 대해서 무심하다. 엄청난 능력을 지닌 정교한 기술 하드웨어에 둘러싸인 채 빛나는 새로운 지구촌의 심층부에서 바라보면 미래는 희망적으로 보일 것이다. 등장하고 있는 지식 계급의 다수는 풍요가 넘치는 위대한 유토피아 세계가 가능할 것이라고 꿈꾼다. 또한 최근 수십 명의 미래학자들은 자유시장과 과학적 전문가들이 지배하는 기술 낙원에 대한 예언서를 숨쉴 틈 없이 써냈다. 정치가들은 우리들에게 포스트모던 시대로의 위대한 탈출에 대비하라고들 말

한다. 이들은 유리와 실리콘, 세계적 통신 네트워크와 정보 고속도로, 사이버 스페이스와 가상현실, 생산성 향상과 무한한 물질적 부(富), 자동공장과 전자사무실이라는 신세계의 비전에 사로잡혀 있다. 이들에 의하면 이 새롭고 경이로운 세계 속으로 들어가기 위한 입장료는 재교육과 훈련, 제3차 산업시장에 무한히 진열되어 있는 수많은 직무 기회에 대비한 신(新)기능의 획득 정도일 뿐이다.

그들의 예측이 무조건 허망한 것만은 아니다. 우리는 이미 제3차 산업혁명과 거의 노동력이 필요 없는 세계로의 역사적 전환을 경험하고 있다. 실리콘에 기초한 '새로운 문명화'의 길을 열어줄 하드웨어와 소프트웨어는 이미 존재하고 있다. 그러나 해결되지 않은 과제는 앞으로 얼마나 많은 인간들이 이로부터 소외될 것이고, 이들 앞에는 과연 어떤 세계가 펼쳐질 것인가 하는 문제이다. 이에 대해 정보화 시대의 전도사와 전파자들은 주저없이 낙관적인 견해를 표명한다. 즉, 제3차 산업혁명은 보다 많은 새로운 일거리를 창출할 것이고, 아울러 소비 수준이 향상되고 세계시장이 개방되면 생산성이 급속히 향상되더라도 그 산출물을 충분히 소화해 낼 것으로 자신한다.

하지만 그들이 확신하는 일거리 창출 및 소비력 증대라는 두 명제의 타당성에 의문이 제기되기도 한다. 우선 비판가들과 이미 제3차 산업혁명으로 인해 소외된 다수의 사람들은 새로운 일자리의 창출에 대해서 회의한다. 즉, 정교한 정보통신 기술이 대량의 노동력을 대체해 버리는 세계에서는 지식 부문에 관한 소수의 사람들만이 하이테크 과학, 전문직, 관리직에서 일자리를 찾을 수 있을 뿐이라는 것이다. 이들은 농업, 제조업, 서비스업 등의 리엔지니어링과 자동화로 인해서 대체된 수백만의 노동자들이 과학자, 엔지니어, 기술자, 관리자, 컨설턴트, 교사, 변호사 등으로 재훈련되어 협소한 하이테크 부분에서 충분한 일자리를 찾게 될 것이라는 생각은 공상이 아니면 기만에 불과하다고 주장한다. (중략)

아울러 다수의 관측자들은 제3차 산업혁명의 기술이 노동력을 대체하는 상황하에서 고도로 자동화된 생산 시스템이 생산한 제품과 서비스가 어떻게 소비될 수 있을 것인가에 대해서도 의문을 제기한다. 정보화 시대의 옹호자들은 무역장벽의 완화와 새로운 세계시장의 개시가 그간 제약되어 왔던 소비자 수요를 자극할 것이라고 주장하지만, 반대론자들은 기술에 의해 점점 더 많은 노동자들이 밀려나고, 그럼으로써 구매력을 상실하면, 증대된 생산성을 소화해 낼 충분한 소비자 수요가 찾아지지 못한다고 걱정하는 것이다.

제레미 리프킨, 『노동의 종말』

인간에게 예술이란 무엇인가

예술론, 예술의 해석, 예술가

예술이란 무엇인가, 인간에게 예술이란 어떤 의미인가에 대한 질문과 나름의 대답은 인간의 역사와 같다고 할 만큼 오래된 질문이다. 문화가 인간이 만든 모든 것을 의미한다면 예술은 문화 중에서도 독특한 의미를 지닌다. 여기에 예술이란 무엇인가에 대한 또 하나의 대답을 덧붙이는 것은 아무 의미가 없을 것이다. 논술에서 예술과 관련된 주제를 다루는 경우에는 주로 예술이 그 자체로 의미를 지니는가, 사회적 효용을 지니는가의 문제에서다. 독자들은 예술이 무엇인가라는 질문에 대해 자신의 답을 찾기 보다는 예술가와 비평가들이 예술을 바라보는 관점을 정확하게 이해하여 그것을 예술작품에 적용해 보는 것이 필요하다.

a는 예술에 대한 다양한 견해들이 소개되어 있다. 칸딘스키와 톨스토이의 글은 예술가가 직접 예술에 대해서 밝히고 있는 관점이다. 독자들은 두 글을 읽고 둘의 공통점과 차이점을 비교해 보기 바란다. 벤야민의 글에서 독자들은 벤야민이 현대의 예술 작품을 어떻게 규정하고 있는지를 요약해 보기 바란다. 아놀드 하우저와 허버트 갠스의 글은 고급예술 혹은 고급문화를 어떻게 구분하고 있는지 요약 비교해 보기 바란다. 고티에의 글은 예술의 목적이 무엇인가에 대한 글이다. 이 글을 읽고 앞선 칸딘스키의 예술론과 비교해 보기 바란다. 도정일의 글은 인간이 예술을 하는 이유에 대해서 서술하고 있다. 독자들은 인간이 예술을 통해 얻고자 하는 것이 무엇인지를 중심으로 글을 요약해 보기 바란다.

b는 각각 예술작품을 해석하고 비평한 글들이다. 독자들은 저자들이 각각의 예술작품을 어떻게 해석하는지 집중해서 독해하여 예술비평의 흐름을 이해할 수 있을 것이다. 이어령의 글에서 백남준을 어떻게 평가하고 있는지, 모니카 봄 두첸의 레오나르도 다빈치의 투시법이 어떻게 르네상스 시대의 세계관을 반영하고 있는지 설명하고, 오주석의 글과 비교하여 예술작품이 어떻

게 시대의 세계관을 반영하는지 비교 요약
해 보기 바란다. 메를로-뽕띠가 세잔느의 그
림에서 포착한 사물의 사물성이 다른 그림과
어떻게 다른지도 요약해 보자. 『예술과 사상』
은 예술가가 관객을 대상으로 무엇을 의도했
는지에 대한 글이다. 브레히트 예술의 특징을
요약해 보자. 수잔 손택은 예술가 자신을 규
정한 글이다. 사진가로서의 작가는 사진가의
태도를 어떻게 규정하고 있는지 요약해 보자.
c는 예술가에게 중요한 것이 선천적인 재능
인지 후천적인 노력인지로 나누어 볼 수 있

다. 독자들은 글을 재능과 노력으로 분류하
여 비교 요약해 보기 바란다.
연습문제는 플라톤이 모방을 근거로 시인을
비판하는 주장을 모방의 효용으로 비판해 보
는 글이다. 독자들은 적절한 사례를 포함해
서 플라톤의 주장을 반박해 보도록 하자.

13

인간에게 예술이란 무엇인가
예술론, 예술의 해석, 예술가

---
a-1

예술은 인간의 영혼을 발전시키고 순화하는 데에 이바지해야 한다. 예술은 자기 고유의 형식을 통해 영혼과 교감하는 언어요, 또한 영혼이 이 형식을 통해서만 획득할 수 있는 나날의 양식이다. 영혼과 예술은 서로 소통하며 상호 완성한다. 영혼이 물질주의적인 세계관과 불신 등에 의해 마비되고 게을러지는 시대에 예술은 목적 없이 오직 예술을 위해서만 존재한다는 견해가 생겨나기 마련이다. 이럴 때 예술과 영혼의 유대는 반쯤 마비된다. 그러나 그것은 곧 보복을 받는다. 왜냐하면, 예술가와 관람자는 더는 서로 이해를 나누지 못하고, 관람자는 예술가에게 등을 돌리거나 예술가를 마치 표면적인 능숙함과 재능 때문에 경탄하게 되는 마술사처럼 생각하기 때문이다. 이때 예술 작품은 진정한 존재의 가치를 상실한다. 예술과 관람자 사이의 진정한 소통은 관람자의 영혼이 자신의 예술 체험을 특별하게 느낄 때 관람자의 영혼은 고유한 현존성을 획득한다. 이를 통해 결국 관람자의 영혼이 고양되며 모든 속박에서부터 자유롭게 된다.

(중략)

대체로 예술이라고 하는 것은 공허하게 사라질 사물들을 맹목적으로 창조하는 것이 아니다. 예술은 인간의 영혼을 발전시키고 순화하는 데에 이바지해야 한다. 예술은 자기 고유의 형식으로 사물에서 영혼에 이르는 말을 주고받는 언어요, 또한 영혼이 이런 형식을 통해서만 획득할 수 있는 나날의 양식이다. (중략)예술가는 예술에 대한 자신의 책무를 인식하고 자기 자신을 교화하여 자신의 고유한 영혼에 침잠해, 이 고유한 영혼을 우선 가다듬고 배양해야 한다. (중략)예술가는 자기의 행동, 감정, 생각 등 모든 것이 섬세하며 만질 수 없으나 확고한 작품의 소재를 형성하며 여기에서 자신의 작품이 탄생한다는 사실을 알아야 한다. 예술가를 '미'의 사제라고 한다면 이러한 미는 내면적 가치를 통해서 추구할 수 있다. 내적으로 아름다운 것이 아름답다.

칸딘스키, 「예술에서의 정신적인 것에 대하여」

---

a-2

예술의 평가, 즉 예술이 주는 마음의 평가는 인생의 의미에 관한 인간의 이해에 의존한다. 인생의 의의가 자기를 동물성에서 해방하는 데 있다면, 정신을 높여주고 육체를 낮추게 하는 마음을 나타내는 예술이 좋은 예술일 것이다. 모든 예술 작품은 그것을 만든 사람과 그것을 감상하는 사람, 다시 말해서 과거, 현재, 미래를 통해서 그 작품에서 예술적 인상을 받는 모든 사람 사이에 일종의 교류를 갖게 한다. 예술은 개인과 인류의 생활 및 행복을 위한 발걸음에 없어서는 안 될 인간 상호 간의 교류 수단이요, 모든 사람을 동일한 감정으로 통일하는 수단이다.

톨스토이, 「예술이란 무엇인가」

---

a-3

예술 작품은 원칙적으로 언제나 복제가 가능했다. 도제들은 예술적 수련을 위해 복제를 하였고, 대가들은 작품의 보급을 위해 복제를 하였으며, 제3자는 돈벌이에 혈안이 되어 복제를 하였다. 그러나 기술적 복제는 불가능했다. 하지만 석판 인쇄의 등장과 함께 복제 기술은 새로운 국면으로 접어들었고, 이는 판화술로 이어졌으며, 다시 사진술의 영상 복제 기술로 이어졌다. 이로 인해 1900년 이후에는 전래적인 예술 작품 전체를 복제의 대상으로 만들어 버렸다. 그러나 아무리 완벽한 복제라 하더라도 한 가지 요소가 빠져 있다. 시간과 공간에서 갖는 유일무이한 현존성, 즉 일회적 현존성이다.

결국 대중화된 예술은 일종의 '문화 산업'일 뿐이다. 현대 예술은 자본에 종속되어 문화 산업이 됨에 따라 획일화되었다. 예술 작품을 체험하는 사람은 그것이 자기만의 고유한 체험이라고 느끼지만 그것은 진정한 개성적 체험이 아니다. 하나의 상품으로 전락한 예술 작품을 감상하는 것은 감상자에게 고유한 체험이 아니라 기술 시대의 복제품처럼 표준화된 소비 양식일 뿐이다.

발터 벤야민, 『기술복제시대의 예술작품』

────────────── a-4 ──────────────

'민중예술'이란 도시화·산업화되기 이전의 교육받지 못한 계층의 사람들이 벌이는 시, 음악, 회화 활동을 의미한다. 이러한 민중예술의 본질적인 속성 가운데 하나는 그것을 향유하고 보존하는 사람들이 바로 이러한 예술을 수용하는 주체이자 곧 그것의 창조적인 참여자가 되며, 그러면서도 일개인을 부각시킨다거나 개인적 저작권을 주장하지도 않는다는 점이다. 그에 반해서 '대중예술'은 어느 정도 교육받은 대중, 일반적으로 도시에 살며 집단행동을 하는 경향이 있는 사람들의 요구에 의해 만들어진 예술적 또는 유사(類似)예술적 산물로 이해되고 있다. 민중예술에서는 생산자와 소비자가 거의 구별되지 않고 이들 사이의 경계는 항상 유동적이다. 반면에 대중예술의 경우, 예술적으로 전혀 비창조적이고 완전히 수동적인 대중과 그들의 요구에 부응하여 예술품을 전문적으로 생산하는 사람들이 엄격하게 구분됨을 알 수 있다. 민중예술, 특히 민요는 그것을 향수하는 계층에서 생산되어 나타난다. 그러나 대중가요는 상위계급의 정서에 의존하며 이 계급에 속하는 전문가로부터 생산된다. 이것은 참으로 주목할 만한 사실이다. 예술의 이 같은 두 양식 사이의 현실적으로 가장 중요한 차이는 그 예술을 향수하는 계급의 각기 다른 특성에 있다.

한편, 교육받은 자, 전문가, 감식가(鑑識家)들의 '고급예술'은 민중예술 및 대중예술과는 중대한 차이를 보인다. 삶의 문제와의 싸움, 인간존재의 의미를 포착하려는 노력을 반드시 내포하며, 우리로 하여금 우리의 삶의 방법을 변화시키려는 요구와 부딪히게 하는 심각하고도 진정한, 그리고 책임 있는 예술은 대부분 놀이나 장식에 지나지 않는 민중예술이나 혹은 오락 아니면 시간 메우는 수단에 지나지 않는 대중예술과는 거의 공통성이 없다. (중략) 진정한 예술작품에 포함된 처절한 경험을 아는 사람은 값싼 효과의 악용을 쉽게 참을 수가 없게 되고, 나눌 수 없으며 더럽혀질 수 없는 오직 하나의 예술을 고수하려고 한다. 게다가 다른 모든 것은 중요하지 않고 가치 없는 것이라고 여기게 된다.

─────────── **a-5** ───────────

고급문화는 창작자 지향적 문화라 할 수 있으며, 고급문화의 심미적(審美的)인 판단이나 비평적 기준은 이 창작자 지향성에 근거하고 있다. 창작자의 의도만이 결정적인 것이고 수용자의 가치는 거의 관계없다고 보는 창작자 지향의 비평은 수용자들의 압력으로부터 창작자들을 보호하는 기능을 수행하고 있으며 예술가들의 창조활동을 더 용이하게 해주기는 하지만, 이는 모든 예술창조자들이 어느 정도는 그들의 수용자들에게 반응하면서 창작활동을 하고 있다는 현실을 너무 간과한 감이 없지 않다. 반면, 대중예술은 대체적으로 사용자 지향적 문화이며 수용자의 가치와 원망(願望)을 만족시키는 것으로 존재한다. 이것이 아마도 고급문화가 대중예술이나 대중문화에 대하여 갖는 적대감의 주요한 이유가 되며 대중문화비판론이 소리를 한 옥타브 높이게 되는 이유인 것 같다.

대중문화 비판론은 오직 고급문화의 이익에만 편중한 주장인 것이다. 고급문화 옹호자도 누구나 마찬가지로 자기에게 유리한 것을 추구할 수는 있다. 그렇지만 자기이익을 추구하기 위해 이를 마치 공중(公衆)의 이익처럼 위장할 수는 없는 것이다. 사회가 전체적으로 고급문화만의 번영을 꾀하려는 노력만으로 조직될 수는 없다.

모든 인간은 본래 심미적 충동을 가지고 있다. 즉, 그들의 소망과 공포의 상징적 표현에 대한 수용성(受容性)이라든지, 사회에 대한 지식과 소망을 성취하고자 하는 욕구, 그리고 가능하다면 일상적인 일로부터 벗어나 자유로운 시간을 보낼 수 있었으면 하는 욕망 등을 인간은 갖고 있는 것이다. 때문에, 어느 사회나 그 성원(成員)에게 예술, 오락 및 정보를 반드시 공급해 주게 마련이다. 사회 성원 각자 스스로가 예술이나 오락 및 정보를 만들어내는 창조자들일 수도 있겠고, 그러한 창조자의 기능을 일시적으로 수행하도록 사회가 어떤 사람을 뽑을 수도 있겠고, 그렇지 않으면 현대사회에서처럼 사회가 그 같은 창조적 작업만을 전담하는 사람을 전문적으로 양성할 수도 있다.

더구나 한 사회의 예술이나 오락 및 정보는 진공상태에서 이루어지는 것이 아니라, 그 사회의 제 가치나 성원들의 필요와 성격으로 이루어지는 형식과 내용에 있어서 일정 수준에 도달한 것이어야 한다. 그렇기 때문에 어느 사회든 그 사회의 심미적 기준은 사회의 여타 부분과 서로 관계되어 있다. 그러므로 유목종족(遊牧種族)이 지니는 미(美), 예술, 여가는 금일의 공장노동자들이나 지식인들의, 미, 예술, 여가 등과는 다른 것이라는 것은 쉽게 짐작이 갈 것이다. 일반적으로 동질적인 사회일수록, 또 전근대적인 사회일수록 문화적 다양성은 적다. 이에 비해, 노동의 분화와 이질성과 다양성이 광범위하게 이루어져 있는 사회에서는 여러 종류의 심미적 기준이 있어 사람들은 이들 중에 어떤 것을 고를 기회가 공평하게 제공되어 있다. 그에 따라 사람들은 스스로에게 적절한 심미적 기준의 것을 선택할 수 있게 되어 있다.

허버트 갠스, 『대중문화와 고급문화』

---

a-6

아름다운 것 중에서 인생에 꼭 필요한 것은 아무 것도 없다. 예컨대 꽃을 모두 없애버려도 그것 때문에 사람들은 물질적으로 전혀 고통을 받지 않는다. 그러나 누가 꽃이 없어지기를 바라겠는가? 나더러 장미를 버리라고 한다면 차라리 감자를 버리겠다. 또한 내 생각에 양배추를 심기 위해 꽃밭에서 튤립을 뽑을 수 있는 사람은 이 세상에 공리주의자밖에 없을 것이다. 진정으로 아름다운 것들은 어디에도 쓸모가 없는 것들뿐이다. 유용한 것들은 모두 추하다. 왜냐하면 그것은 무엇인가 필요의 표현이기 때문이며, 게다가 인간의 필요라는 것은 그 가련한 본능과 마찬가지로 역겹고 혐오스럽기 때문이다. 한 채의 집 안에서 가장 유용한 장소는 화장실이 아닌가.

공리주의자 분들에게는 죄송하지만, 나는 무용한 것을 필요로 하는 부류의 사람이다. 그리고 사람에 대해서도 물건에 대해서도 나는 나에게 별로 소용이 되지 않는 사람과 물건을 좋아한다. 일상에서 도움이 되는 그릇보다도 용이나 원앙새가 그려진, 나에게 전혀 쓸모가 없는 중국도자기를 더 좋아하고, 나의 재능 중에서도 수수께끼같이 모호한 말을 이해하는 능력이 없는 것을 가장 높이 평가한다. 라파엘로의 진품이나 아름다운 여인, 예를 들어 조각가 카노바의 모델이 된 보르게즈 공주나 목욕하는 율리아 그리지의 몸을 보기 위해서라면 나는 프랑스 국민과 시민으로서의 권리를 기꺼이 버릴 것이다. 나는 음악애호가는 아니지만, 대통령의 벨소리보다는 싸구려 바이올린이나 바스크인의 북소리를 더 좋아한다. 나는 반지를 사기 위해 바지를 팔고, 꽃을 얻기 위해 빵을 양보할 것이다. 내 생각에 문명인에게 가장 어울리는 일은, 아무 일도 하지 않거나, 혹은 한 잔의 진한 커피를 음미하며 천천히 마시는 일 같다. 나는 또 시를 정교하게 써내는 사람을 존경한다.

테오필 고티에, 『모팽 양』

---

a-7

"인간이 천사를 만난다면 그 천사를 향해 인간은 무엇을 자랑할 수 있을까?"

라이너 마리아 릴케가 「두이노의 비가」의 한 대목에서 던지고 있는 질문이다. 시인의 이 질문은 인간에 관한 인문학의 어떤 질문보다도 상큼하고 날씬하다. 인간은 천사가 아니고 천사는 인간이 아니다. 인간이 아니기 때문에 천사가 할 수 없는 일, 그러니까 인간만이 할 수 있는 일, 그것이 인간의 자랑거리다.

천사가 그리워하면서도 결코 하지 못하는 일이 하나 있다. 그것은 죽는 일, 곧 유한성의 경험이다. 인간은 자신의 유한성을 알고 자신의 죽음을 얘기하는 유일한 동물이다. 인간은 유한성의 존재이면서 유한성 너머의 세계를 상상하고 미래를 계획하며 기억과 상상을 용접한다. "다음 생에 태어나 내가 다시 산다면"과 같은 재탄생의 상상력은, 물론 불가능한 것에 대한 상상이다. 그러나 중요한 것은 알 수 없는 미래를 향한 그 상상력이 과거의 기억, 혹은 지나간 삶에 대한 성찰과 결합해 있다는 점이다. 기억과 상상의 이런 접합은 인간이 처한 유한한 조건으로부터 나오고, 그 조건 때문에 가능하다. 게다가 그 연속의 상상력 속에서 새로운 삶의 방식은 유한성을 거부하는 것이 아니라 오히려 확인한다. 천사에게라면 이런 성찰과 상상은 필요하지 않다.

기억과 사유, 상상과 표현은 인간을 인간이게 하는 독특한 능력들의 목록을 대표한다. 인간이 천사를 향해 자랑할 것도 결국은 그 네 가지 능력으로 집약된다. 인간은 기억하고 생각하고 상상하고 표현하는 존재이다. 그 네 가지 능력의 어느 것도 완벽하지 않다. 기억은 수많은 구멍들을 갖고 있고 사유는 불안하다. 상상은 기억과 사유의 한계를 확장하지만 유한한 경험의 울타리를 아주 벗어날 수 있는 것은 아니다. 표현의 형식과 내용도 시간성에 종속된다. 그러나 기억, 사유, 상상, 표현의 인간적 시도들은 그것들이 지닌 한계 때문에 무용해지는 것이 아니라 유한한 것들만이 가지는 순간적 아름다움의 광채를 포착하고 표현하기 때문에 위대하다. 기억이 완벽할 수 있다면 아무도 기억하기 위해 애쓰지 않을 것이며, 사유가 완전할 수 있다면 아무도 사유의 엄밀성을 이상화하지 않을 것이다. 지식의 한계 때문에 상상은 위대해지고, 표현할 수 없는 것들에 대한 도전 때문에 표현은 아름다워진다.

도정일, 『고독한 성찰과 불안한 의심의 극장』

---

b-1

영상을 녹화하고 재생하는 비디오 기술은 이제 '비디오크라시'라는 말까지 등장할 정도로 우리 생활에 밀접한 영향을 주고 있다. 그 비디오를 발명한 것은 미국인이었고, 그것을 가전제품으로 만들어 상업화한 것은 일본이었다. 하지만 그 비디오를 예술로 만든 것은 바로 한국인 백남준이다. '남준 파이크(Nam June Paik)'로 통하는 그는 비디오 아트의 창시자로 현대의 레오나르도 다빈치로 불린다.

과장이 아니다. 레오나르도 다빈치처럼 예술과 기술의 두 세계를 넘나들면서 새 지평을 연 예술가가 백남준이다. 분야와 기법만이 아니다. 부처를 텔레비전 앞에 앉혀 놓은 그의 기발하고 폭넓은 창조성은 동과 서를 가로막고 있는 문명의 벽을 훌쩍 뛰어넘는다. 비디오 기술과 통신 위성을 이용한 공연인「바이 바이 키플링」은 위성 매체를 이용해 대한민국, 일본, 유럽 등 세계 곳곳에서 동시다발적으로 일어나는 사건을 하나의 화면에 병치하여 '동양은 동양, 서양은 서양'이라고 노래한 키플링의 주장에 반박한다.

공간만이 아니다. 달을 가장 오래된 텔레비전이라고 말한 그는 실제로 텔레비전 모니터로 이태백이 놀던 달 모양과 그 달빛을 만들어 낸다. 그러한 시도는 멈추지를 않는다. 비어 있는 텔레비전 상자 안에 양초를 넣거나 자석으로 그 화상을 일그러뜨려 텔레비전 상자의 개념을 바꿔 버린다.

사실 백남준의 비디오 아트가 나오기 전까지 모든 인간은 텔레비전 상자 앞에 앉아서 일방적으로 화면을 바라보기만 했다. 그런데 그가 텔레비전 모니터를 쌓아 사람이나 로봇 모양을 만드는 순간 지금까지의 텔레비전 화면(畵面)은 안면(顔面)으로 바뀐다. 우리는 '매체'가 인간이 되는 해학적이면서도 언짢은 문명을 본다.

시인이 언어로 시를 쓰듯이 백남준은 텔레비전 모니터와 비디오 그리고 그밖에 모든 도구를 통해 시와 소설을 쓰고 드라마를 연출한다. 습관의 때와 판에 박힌 고정 관념을 부수고 해체하여 그 파편들을 모아 인간의 현실을 재구성한다. 그래서 그의 작업실은 고물상 창고와 다를 것이 없다. 현대 문명의 쓰레기 고물들을 융합하여 우주를 만들어 낸 그의 열정과 뒷심은 대체 어디에서 나온 것일까.

이어령, 「백남준과 비디오 아트」에서 발췌

---

b-2

레오나르도 다빈치는 열정으로 가득 차서 쓴 자신의 글에서, 소우주와 대우주 사이의 유사성에 천착했던 르네상스의 시대정신에 따라 회화에서 대지를 표현하는 것과 인간의 몸을 표현하는 것이 얼마나 유사한 것인지를 다음과 같이 밝히고 있다. "고대인들은 인간의 몸을 세계의 축소판이라고 불렀는데, 이는 매우 정확한 표현이다. 인간의 몸이 흙과 물, 그리고 불로 이루어져 있는 이상 그것은 대지를 닮았다고 할 수 있다."

「모나리자」에서는 신비로운 유려함을 통해 풍경과 인물이 하나가 되고 있는데, 이는 "모든 것은 자신이 아닌 다른 무엇에서부터 비롯된 것이므로, 세상의 어떤 것이든 다른 것으로 바뀔 수 있다."라는 레오나르도의 확신과 일맥상통한다. 묘하게도 작품 속의 공간들은 하나로 일치되어 있는 것 같이 보이는데, 한 예로 이 작품을 보는 이는 그림 속 여인이 앉아 있는 의자를 쉽게 알아볼 수 없을 것이다. 레오나르도는 르네상스 화가들이 좋아했던 단선적인 원근법을 버리고, 그 자신이 '공기 중의 원근법'이라고 불렀던 독특한 투시법을 사용했다. 즉 경계선을 흐릿하게 하고 밝은 색을 사용함으로써 작품 속의 공간이 뒤로 물러나는 듯한 환상이 들게 한 것이다. 인물과 배경의 일체감은 레오나르도만의 독창적인 회화 방식에 의해 가능해졌다. 레오나르도 자신이 즐겨 사용했던 '스푸마토(sfumato)'라는 말은 이탈리아어로 '흐릿한' 혹은 '자욱한'이란 뜻으로, 특별한 명암법, 즉 밝은 톤에서 점차 어두운 톤으로 변화시키면서 분명하지 않은 색을 제한적으로 사용해서 경계를 없애는 방법이다. 이 방법을 사용하면 사실상 그림에서 선을 찾아볼 수 없게 된다. 15세기 유화의 도입 덕택에 가능해진 이 방식은 레오나르도에 의해 한층 더 발전하게 된다. 그는 "경계선은 사물에 있어서 가장 중요하지 않은 부분이다……. 화가여! 뚜렷한 선으로 대상의 경계를 짓지 마시라."라고 말했다.「모나리자」가 그 유명한 표정의 모호함과 유동성을 가질 수 있었던 것도 눈이나 입 주변에서 딱딱한 경계를 지우는 방식으로 그림을 그렸기 때문이다.

모니카 봄 두첸, 「세계 명화 비밀」에서 발췌

---

b-3

「몽유도원도」에는 우리 옛 그림의 원근법이 갖는 장점이 잘 드러나 있다. 작품을 보면, 첫째, 깎아지른 높은 산을 아래서 위로 치켜다 본 시각(고원법)이 있고, 둘째, 엇비슷한 높이에서 뒷산을 깊게 비껴 본 시각(심원법)이 있고, 셋째, 높은 곳에서 아래쪽을 폭넓게 조망한 시각(평원법)도 있다. 그런데 옛 그림의 삼원법, 즉 고원, 심원, 평원의 다양한 시각이 어떻게「몽유도원도」라는 한 화면 속에 무리 없이 소화되고 있는가? 그 점을 눈여겨보는 것이 사실 옛 산수화를 보는 큰 재미의 하나이다. 얼핏 생각하기에 하나의 시점이 아니라 다양한 시각이 뒤섞여 있으니 작품 전체가 매우 이상하게 보임 직한데, 오히려 옛 산수화를 보면 마음이 평온하기 그지없다. 작품을 보고 있노라면 보는 이의 시선은 그려진 대상의 제각각의 형상을 따라 끊임없이 이곳에서 저곳으로 떠돌며 옮겨 다니게 된다. 이를테면 깎아 세운 절벽은 아래쪽에서 쳐다보는 느낌을 주고, 넓은 평원은 자신이 그림 속의 높은 곳에 올라서 있는 느낌을 갖게 한다. 실제의 자연이 그렇듯이 작품 속의 산수가 여기저기 발걸음을 옮겨 놓을 수 있는 살아 있는 공간이 되는 것이다.

서양 입체파의 선구자인 피카소가 사물을 보는 자유롭고도 상상력 넘치는 시각을 이용해서 복합적인 화면을 구성함으로써 서양 회화사에 새로운 경지를 열었다는 사실은 누구나 알고 있다. 그러나 피카소의 작품은 종종 형상을 너무나 무리하게 왜곡하여 보는 이에게 대상의 객관성을 배제하고 주관 속의 일그러진 인상만을 보여 준다. 여기서 오는 어리둥절함을 신선하고 자극적이라고 평가하는 시각도 있지만, 우리 한국인에게는 아무래도 어딘가 편하지 않고 좀 지나치다 싶은 개운치 않은 뒷맛을 남긴다. 나는 진정한 입체파의 모범은 오히려 우리의 옛 산수 그림이라고 생각한다. 그것은 규모도 훨씬 크거니와 결코 자연의 사실성을 희생하거나 파괴하여 화가의 개인의식 속으로 환원 또는 침몰케 하는 극단적인 방법을 쓰지 않는다. 자연이라는 대상이 살아 있고, 그 대상에 반응하는 인간도 자연과 함께 존재하는 중용적인 세계관, 그것이 옛 그림 속의 삼원법이 재현하고자 하는 바이다. 그리하여 옛 그림 속의 산수는 보는 이로 하여금 대자연의 정기를 속속들이 추체험하게 하면서 보는 이의 마음에 크나큰 위안을 주는 것이다.

오주석, 『옛 그림의 원근법』에서 발췌

───────────────────────────── **b-4** ─────────────────────────────

이백년 전 어느 시골 장터에 씨름판이 벌어졌다. 이 시골이 어딘지 알 수도 없지만 또 굳이 말할 필요조차 없는 것은, 당시는 단오절이면 어느 고을 할 것 없이 남정네는 활쏘기와 씨름판을 벌이고, 여인네는 그네타기와 창포물에 머리감기로 전국이 떠들썩했기 때문이다. 단오는 음력 5월 5일이라, 이제 막 힘든 모내기를 마치고 한 해의 풍년을 기원하는 뜻이 담긴 명절이다. 그 시절 그 광경을 타임머신을 타지 않고서도 마치 눈앞의 일인 것처럼 실감나게 살펴볼 수 있는 것은 오로지 단원 김홍도가 그린 <씨름> 이라는, 작은 그림 한 폭 덕택이다.

그림을 보면 구경꾼은 모두 열아홉 명이나 되는데 한 복판의 두 씨름꾼에게서 적당한 간격을 두고 둥글게 빙 둘러 앉아 있다. 오른편 위로부터 시계 반대 방향으로 살펴보면 사람 따라 보는 태도도 참으로 각양각색이다. 우선 땅에 놓인 위가 뾰족한 말뚝 벙거지는 마부나 구종이 쓰는 모자이다. 상투잡이 둘 가운데 한 사람이 마부였던 모양이다. 수염 난 중년 사내는 좋아라 입을 헤벌리고 앞으로 윗몸을 기울이느라 두 손을 땅에 짚었다. 막 끝나려는 씨름 판세가 반대편으로 넘어갈 듯해서다. 인물이 준수한 젊은이는 팔을 베고 아예 비스듬히 누워 부채를 무릎에 얹었다. 씨름판이 꽤 됐는지 앉아 있기에도 진력이 난 것이다. 총각머리 세 아이는 눈망울이 초롱초롱한데 큰 녀석은 제법 본새가 의젓하고 작은 아이는 겁이 나는 듯 어깨를 오그렸다.

  이러한 <씨름>은 『단원 풍속 화첩』에 들어 있는 25점 낱장 그림 중 하나로서 우리 국민들에게 매우 잘 알려져 있고 인기도 높은 작품이다. 이 그림이 대중적 인기가 높은 이유는 무엇보다도 우리 조상들의 세상사는 모습을 생생하게 보여주는 소재의 친근성 때문이다. 또한 작품이 마치 풍물 시장을 보도하는 신문 속의 삽화처럼 세부가 소상하기 때문이다.

오주석, 『옛 그림 읽기의 즐거움』

---

b-5

무량수전은 고려 중기의 건축이지만 우리 민족이 보존해 온 목조 건축 중에서는 가장 아름답고 가장 오래된 건물임이 틀림없다. 기둥 높이와 굵기, 사뿐히 고개를 든 지붕 추녀의 곡선과 그 기둥이 주는 조화, 간결하면서도 역학적이며 기능에 충실한 주심포의 아름다움, 이것은 꼭 갖출 것만을 갖춘 필요미이며 문창살 하나 문지방 하나에도 나타나 있는 비례의 상쾌함이 이를 데가 없다. 멀찍이서 바라봐도 가까이서 쓰다듬어 봐도 무량수전은 의젓하고도 너그러운 자태이며 근시안적인 신경질이나 거드름이 없다.

  무량수전 앞 안양문에 올라앉아 먼 산을 바라보면 산 뒤에 또 산, 그 뒤에 또 산마루, 눈길이 가는 데까지 그림보다 더 곱게 겹쳐진 능선들이 모두 이 무량수전을 향해 마련된 듯싶어진다. 이 대자연 속에 이렇게 아늑하고도 눈맛이 시원한 시야를 터줄 줄 아는 한국인, 높지도 얕지도 않은 이 자리를 점지해서 자연의 아름다움을 한층 그윽하게 빛내주고 부처님의 믿음을 더욱 숭엄한 아름다움으로 이끌어 줄 수 있었던 뛰어난 안목의 소유자, 그 한국인, 지금 우리의 머릿속에 빙빙 도는 그 큰 이름은 부석사의 창건주 의상대사이다.

이 무량수전 앞에서부터 당간지주가 서 있는 절 밖, 그 넓은 터전을 여러 층 단으로 닦으면서 그 마무리로 쌓아 놓은 긴 석축들이 각기 다른 각도에서 이뤄진 것은 아마도 먼 안산이 지니는 겹겹한 능선의 각도와 조화시키기 위해 풍수사상에서 계산된 계획일 수도 있을 것 같다. 이 석축들의 짜임새를 바라보고 있으면 신라나 고려 사람들이 지녔던 자연과 건조물의 조화에 대한 생각을 알 수 있을 것 같고, 그것은 순리의 아름다움이라고 이름 짓고 싶다. 크고 작은 자연석을 섞어서 높고 긴 석축을 쌓아올리는 일은 자칫 잔재주에 기울기 마련이지만, 이 부석사 석축들을 돌아보고 있으면 이끼 낀 크고 작은 돌들의 모습이 모두 그 석축 속에서 편안하게 자리 잡고 있어서 희한한 구성을 이루고 있다.

최순우, 『무량수전 배흘림기둥에 기대서서』

---

b-6

세잔느의 그림은 결코 과학이나 전통을 부정하지 않는다. 파리에 있을 때, 그는 매일 루브르 박물관에 갔었다. 그는 누구든지 그림 그리는 것을 배워야 하며, 형태나 평면에 대한 기하학적 연구는 필수적인 것이라고 생각했다. 또한 풍경의 지질학적 구조에 대하여 조사하기도 하였다. 가시적인 세계 위에 표현된 이러한 추상적인 관계들이 그림 그리는 행위에 작용되어야 한다. 이는 마치 테니스 선수가 공을 칠 때마다 게임 규칙이 뒤따르듯이, 화가의 붓질에는 자율성과 대상이 나타나 있는 것이다. 그러나 화가의 손놀림을 주도하는 것은 단지 원근법이나 기하학 또는 색채에 관한 규칙 등의 특수한 지식이 아니다. 그림을 서서히 드러나게 하는 운동을 주도하는 것은 오직 하나, 자율성과 절대적인 충실성으로서의 자연 뿐이며, 바로 이것이 세잔느가 '모티프' 라고 설명했던 것이다. 그는 풍경의 지질학적 토대를 찾는 데서부터 출발했으며, 세잔느 부인의 말에 따르면, 그 다음 순간 그는 꼼짝 않고 눈을 크게 뜬 채, 주변의 풍경과 함께 서서히 '싹을 퍼뜨려' 나갔다.

그는 풍경 지형의 골격을 그린 최초의 목탄 스케치를 채우기 위해 그림의 각 부분을 칠하기 시작했다. 이미지가 채워지고 연결되어 뚜렷이 나타남과 동시에, 서로 잘 어올리는가 싶더니 어느 한 순간 단박에 그림이 완성되었다. "풍경은 나를 통해서 스스로를 사유하며, 나는 그것의 의식이다"라고 세잔느는 말하고 있다. 예술은 본능적 욕구나 훌륭한 취미에 의해서 만들어진 어떤 것이 아니다. 그것은 하나의 표현 과정일 뿐이다. 마치 언어의 기능이 우리에게 혼돈된 방식으로 나타난 것의 본질을 파악하고 그것을 우리에게 인식 가능한 대상으로 보여주는 것과 마찬가지이다. 가스께의 말을 빌리면, 화가의 임무란 창조적인 눈으로 '객관화'하고 '투영'시키고 '포착'하는 일이다. 언어가 그것이 지시하는 대상과 동일한 것이 아닌 것과 마찬가지로, 그림이란 현실을 그대로 모사하는 어떤 눈 속임수가 아니다. 세잔느는 그 자신의 말처럼 "이제까지 전혀 그려진 적이 없었던 것을 완전하게 그림으로 옮겨 놓았던" 것이다. 우리는 끈적끈적하고 애매한 겉모습을 잊고, 그 외양을 뚫고 그들이 제시해 보이는 사물로 곧장 다가서게 된다. 화가는, 만일 그가 아니었더라면 의식의 각기 분리된 삶 속에 갇힌 채로 있었을 것들, 즉 사물을 담는 요람인 외양의 떨림을 가시적인 대상으로 재포착하여 적합하게 변화시킨다. 이러한 화가에게는 단지 하나의 감정, 즉 낯설음의 느낌만이 존재할 따름이며, 하나의 서정, 즉 존재의 끊임없는 재탄생의 서정이 있을 뿐이다.

모리스 메를로-뽕띠, 「세잔느의 의심」, 『의미와 무의미』

----------------- b-7 -----------------

브레히트는 예술이 지니고 있는 마약과 같은 마취 기능을 의식적인 노력을 통해 부정할 수 있다고 생각했다. 그는 피스카토르의 아리스토텔레스적 서사극에 대한 이해를 공유하고 있었다. 즉, 예술이 사회의 계급적 질서에 대한 저항을 불러일으켜 혁명적 행동으로 이끌어야함에도 불구하고 오히려 개인의 사적인 불행을 보여줌으로써 연민을 자아내게 하고, 그릇된 사회질서를 암암리에 정당화하고 있다는 것이다. 지배계급의 전유물이었던 고전적 서사극은 프롤레타리아로 하여금 지배 권위와 화해하게 하고 그들이 가질 수 있는 분노와 혁명적 열정의 김을 빼는 역할을 한다는 것이다. 내적 평온을 깨고 의식을 고조시켜 연민과 공포의 감정을 자아내고 그 감정들을 적절히 해소시

키고자 하는 비극에서의 카타르시스 효과는 프롤레타리아 연극 운동을 주도했던 사람들에게는 예술의 마취적 기능을 보여주고 있는 좋은 예이다. 브레히트는 카타르시스적인 해결을 모색하지 않고 억압에 대한 의식을 교훈적으로 고조시킬 수 있어야 한다고 생각하였다. 예술이란 그 자체로서 끝나는 것이 아니며 목적 또한 개인의 사적인 쾌락이 아니고, 대중을 고무시키는 것이며 추구해야 할 목적을 지적해 주는 하나의 사건이다. 극에서 유도되는 공포와 연민은 적절히 유도되면 혁명적 행동으로 될 수 있다고 생각한 브레히트는 관객이 극을 보고 난 후 주먹을 쥐고 나올 수 있는 새로운 극의 개념을 수립하고자 하였다.

김혜숙, 김혜련, 『예술과 사상』

---

b-8

나는 항상 스튜디오에서 일하는 것을 좋아한다. 스튜디오는 나와 사람들을 주변 환경에서 격리시킨다. 가끔씩 스튜디오에서는 외부의 소리가 들리지 않는다. 시간이 멈춘다. 나는 스튜디오에 머물러 있고, 사람들은 사진을 찍기 위해 나를 찾아온다. 나는 짧지만 강렬한 친밀감을 공유한다. 그러나 그 친밀감은 일시적일 뿐이다. 그것은 어떤 과거도, 미래도 가지지 않는다. 그리고 그 무대가 끝나면(사진을 찍고 나면) 사진 이외에는 아무것도 남지 않는다. 사진과 일종의 낭패감만 남을 뿐. 그들은 떠나고, 나는 그들을 모른다. 나는 그들이 말했던 것을 거의 기억하지 못한다. 일주일 뒤 어느 곳에선가 한 방에서 그들을 만난다고 해도, 그들이 나를 알아주기를 기대하지 않는다. 나는 오로지 사진을 통해서만 그들을 알고 있다. 아마도 이것이야말로 사진작가가 된다는 것의 본질일 것이다. 나에게 현실적 관계나 지식은 무의미하다. 나는 다만 사진을 통해 세계를 인식할 따름이다.

수잔 손택, 『사진에 관하여』

---

c-1

뉴튼이 자연철학의 원리에 관한 그의 불후의 저작 속에서 논술한 것을 발견하기 위해 아무리 위대한 두뇌가 필요했다 할지라도, 우리는 그것을 모두 학습할 수 있다. 그러나 시 예술을 위한 모든 규칙이 아무리 상세하고 또 그 모범이 아무리 훌륭하다 할지라도, 우리는 학습을 통해 재기발랄한 시 짓기를 배울 수는 없다. 그 이유는 다음과 같다. 즉 뉴튼은 그가 기하학의 초보적 원리로부터 그의 위대하고 심원한 발견에 이르기까지 밟아가지 않으면 안 되었던 모든 단계를, 자기 자신에게 뿐만 아니라 다른 모든 사람에게도 아주 명백하게, 그리고 따라할 수 있도록 명확하게 보여줄 수 있다. 하지만 호메로스나 빌란트와 같은 시인은 상상이 넘치는 동시에 사상이 풍부한 그의 이념들이 어떻게 자신의 뇌리에 떠올라 정리되는지를 밝힐 수 없는 것이다. 그것은 시인 자신도 알지 못하는 것이며, 따라서 다른 사람들에게 가르쳐줄 수도 없는 것이기 때문이다. 그러므로 학문적인 영역에서는 위대한 발견자라 할지라도 고군분투하는 모방자와 단지 정도상의 차이로 구별될 따름이지만, 자연으로부터 미적 예술에 대한 천부의 재능을 부여받은 사람과는 아예 종적으로 구별된다. 물론 그렇다고 해서 이러한 이유로 인류에게 그토록 많은 도움을 준 저 위대한 학자들을, 미적 예술에 대한 재능 덕택에 자연의 총아가 된 사람들보다 폄하할 필요는 없다. 학자의 재능은 인식이 끊임없이 진보하여 더욱 완벽해 지도록 하기 위해, 그에 의존하는 온갖 종류의 이익을 극대화하기 위해, 그리고 동시에 똑같은 지식을 다른 사람들에게 가르치기 위해 형성된 것이다. 그 점에서는 학자들이 천재라고 불리는 영예를 받아 마땅한 사람들보다 나은 점도 있는 것이다. 학문적 지식과 달리 예술의 기교는 다른 사람들에게 가르칠 수 있는 것이 아니라 자연의 손으로부터 각 개인에게 직접 부여되어야만 하는 것이다. 따라서 그러한 기교는 그 사람과 더불어 사멸하며, 자연이 훗날 다시 다른 사람에게 똑같은 자질을 부여할 때까지 기다려야 한다.

임마누엘 칸트, 『판단력 비판』

————————————— c-2 —————————————

어린 모차르트는 그의 경쟁자인 누나를 흉내 내어 건반을 두드리면서 아버지의 사랑과 관심에서 자기 몫을 얻으려 했을 수 있다. 아버지는 스피넷*의 소리에, 그 다음에는 바이올린 연주에 놀라우리만치 일찍 관심을 보이는 아들에게, 이전까지는 누나에게만 기울이는 것처럼 보였던 사랑과 관심을 규칙적인 음악 수업의 형태로 확장했다. 아들이 아버지의 기대를 훨씬 넘어서는 속도와 범위로 음악적 학습 자료를 습득하면서 그를 교육하는 아버지의 수고에 보답하자, 자식에 대한 그의 애정은 한층 커졌을 것이다. 아버지의 커진 관심은 좀 더 큰 성과를 내도록 아이를 격려한다. 아버지를 놀라게 하고 감격시킨 것은 아이의 비상한 이해력이었다. 아버지 자신이 이 능력의 발달에, 스스로는 의식하지 못한 채 결정적으로 기여했다. 어린 모차르트의 특출한 음감과 음 기억력, 그리고 음악에 대한 정확한 이해는 진정 하나의 기적처럼 보였다. 그가 세 살 때부터 시작한 체계적 수업은 이런 인상을 더욱 강화시킨다. 그것은 아버지가 직접 편찬한 악보에 따라 규칙적으로 연습하는 엄밀한 수업이었다.

　풍요로운 자극으로부터 이득을 취할 수 있는 기회는 당사자가 받아들일 자세가 되어 있지 않다면 사라져버릴 수도 있다. 이점에서 모차르트는 분명 최고의 조건을 갖추고 있었다. 음악과의 이른 만남과 꾸준한 접촉, 오랜 기간에 걸친 아버지의 열렬한 교육, 신동으로서 많은 자극을 받을 수 있었지만 동시에 힘든 노동을 요했던 이력 등이 재정적인 안정, 신분 상승의 기회, 도사리고 있는 몰락의 위험에 대한 가족의 힘겨운 생존 투쟁과 결합했다. 이 모든 것은 그의 개인적인 발달이 다른 많은 사람들보다 일찍 특정한 방향을 취하게 하는 결과를 가져왔다. 아버지는 처음에는 의식하지 않은 채, 그 후 점점 더 의도적으로 아이의 동기와 환상의 커다란 흐름을 이 한 노선으로, 즉 음악을 다루는 일로 유도했다. 그가 아들에게 행한 심화교육에는 여러 가지가 포함되어 있었다. 그 중심에는 음악, 그리고 명연주가가 되기 위한 훈련이 있었다. 모차르트가 유년기와 그 이후에도 감내해야 했던 음악가로서의 힘든 직업 활동도 그의 발달을 동일한 방향으로 몰고 갔다. 그런 활동이 음악적 전문화의 길에 계속해서 박차를 가했음은 분명하다. 고된 훈련은 어린 모차르트에게서 일상적 즐거움을 앗아갔지만, 동시에 강렬한 쾌락과 성취감을 가져다주었다.

　* 스피넷: 건반이 달린 현악기의 일종

노르베르트 엘리아스, 『모차르트 - 한 천재에 대한 사회학적 고찰』

─────── c-3 ───────

금강산을 처음 대면하는 감흥 속에서 겸재(謙齋)는 이미 금강산의 정신을 간파하게 되었고 그것을 어떤 방법으로 표현해야 하는가를 순간적으로 터득해내게 되었다고 생각된다. 고전에 대한 해박한 지식과 그것을 자기 것으로 만드는 피나는 노력이 있었기 때문에 금강산을 보는 순간 겸재의 천재적 순발력은 영감으로 작용하였고 그 작동한 영감은 곧 그의 축적된 화기(畵技)에 의해서 능숙하게 표현되었을 것이다. (중략) [불정대(佛頂臺)] 그림에서 동해 바다는 그리지 않고 있다. 불정대 아래로 운림(雲林)에 싸인 외원통암(外圓通庵)을 까마득하게 포치(布置)시켰을 뿐이다. 절 주변을 감싸고 있는 하늘빛 운염(暈染:빛무리)의 연하(煙霞:안개낀 노을)만으로도 그 밖에 바다가 이어질 듯한 느낌이 드는데, 수직으로 끊어져 내린 암벽의 발치가 허공에 잠기고 있음에랴! 겸재는 한 붓도 바다를 그리는 데 쓰지 않았으나 그 넓은 바다를 느끼게 하고 있다. (중략) [칠성암(七星巖)] 그림에서는 농담을 달리 하는 권운준(卷雲준:새털구름 모양으로 주름지게 표현하는 화법의 일종) 계통의 대담한 필선을 분방하게 구사하여 혹은 서기도 하고 혹은 쭈그려 앉기도 하며 또는 의자에 앉기도 하는 등 각양각색으로 인물의 자태를 표현해 놓았는데, 어쩌면 그렇게도 그 본질을 정확하게 추출해내어 감필(減筆)의 묘(妙)로 추상화시킬 수 있었는지! 더구나 성긴 대빗자루로 대강대강 쓸어간 듯한 물결 표현에서 일렁이는 동해바다의 높고 큰 파도를 실감할 수 있어 어지러운 배멀미를 느끼게 해주는 데 이르면 아연 말문이 막힐 뿐이다. 그렇다. 바로 그림은 이렇게 그리는 것이다. 대상을 정확히 관찰하여 그 물성을 터득한 다음, 그 표현에 알맞은 화법을 찾아내어 익숙하게 손에 익히고 나서 거침없이 이루어내야 하는 것이다. 그 화법을 전통 속에서 찾아내든 외래 것에서 빌려오든 그것은 그리 큰 문제가 되지 않는다. 다만 그 표현에 알맞은, 그래서 남이 공감할 수 있는 화법이면 되는 것이다.

최완수, 『겸재 정선의 진경산수화』

(1)을 바탕으로 (2)를 평가하시오.(서강대학교 기출 변형)

(1) 문예의 중심은 서정시, 서사시, 희곡 등의 전통적인 장르에서 명백히 발견될 수 있다. 이 세 개의 장르 전부에 문예가 공통성을 가지고 있다면 그것은 허구의 세계, 즉 상상의 세계이다. 소설, 시, 희곡 등의 내용을 이루고 있는 것은 글자 그대로의 사실은 아니다. 그것들은 논리적인 명제는 아니다. 실제 사건에 대한 '인포메이션'을 전달하는 것처럼 생각되는 역사 소설이나 발자크의 소설의 내용과, 역사책이나 사회학 책에 나타나있는 동일한 인포메이션과의 사이에는 근본적이며 중요한 상위(相違)가 있다. 주관적인 서정시에 있어서도 시인이 말하는 '나'는 허구의 가정(假定)의 '나'다. 소설에 등장하는 인물은 역사상의 인물, 혹은 실제 생활의 인물과는 다르다. 소설에 등장하는 인물은 그 인물을 묘사하는 문장과 저자가 그 인물의 입을 빌어서 말하게 하는 문장으로 된 것에 지나지 않는다. 이 인물에는 과거도 없고, 미래도 없고, 때로는 생명의 계속도 없다. 소설에서 취급되는 시간과 공간도 현실 생활의 시간과 공간은 아니다.

상상으로 해서 된 문학은 '허구(fiction)'이다. 예술적인 언어에 의한 '인생의 모방'이다.

르네 웰렉, 오스틴 워렌, 『문학의 이론』

(2) 플라톤은 그의 『공화국』에서 시인들을 매우 위험한 자들이라며 자신의 이상국가에서 추방하겠다고 했다. 다음의 대화에서 그 이유들 중의 하나가 나타난다.

"그러니까 침대에는 세 가지 종류가 있네, 그 중 하나는 자연 속에 존재하는 것으로 우리는 그것을 만든 자가 신이라고 말할 수 있을 것이네. 아니면 어떤 다른 자가 만들었을까?"

"아닙니다. 다른 누구도 아닙니다."

"하나는 목수가 만든 것이네."

"네 그렇습니다."라고 그는 말했다.

"그리고 다른 하나는 화가가 만든 것이네. 그렇지 않은가?"

"그렇다고 생각해야하겠지요."

"그러니까 화가와 목수와 신, 이 셋이서 세 가지 종류의 침대를 관장(管掌)하고 있네."

"네, 그 셋이서 그렇게 하고 있지요."

"그런데 신은 자연 속에 하나 이상의 침대를 만들어서는 안 될 어떤 필연성이 있었든지, 아무튼 침대 자체 하나만을 만들었네. 그리고 그와 같은 침대가 두 개 또는 여러 개씩 신에 의해서 만들어진 적은 없었고 앞으로도 없을 것이네."

"그건 어째서 그렇지요?"라고 그는 말했다.

"그 까닭은"하고 나는 말했다. "신이 두 개를 만들었다 하더라도 이 두 침대의 신이 두개를 만들었다 하더라도 이 두 침대의 이데아인 단 하나의 침대가 또다시 나타나 두 침대 대신 침대 자체가 되기 때문이네."

"옳은 말씀입니다."라고 그는 말했다.

"그러므로 신은 이런 사실을 알고서 어떤 특정한 침대의 어떤 특정한 침대공이 되는 대신 진실로 존재하는 침대의 제작공이 되기를 원했기 때문에 본연의 침대 하나만을 만들었다고 생각되네."

"그런 것 같군요."

"따라서 우리는 신을 본연의 창조자라고 하든지 또는 그와 비슷하게 불러도 좋겠지?"

"그렇게 부르는 것이 옳겠군요." 하고 그는 말했다. "왜냐하면 신은 침대뿐 아니라 다른 모든 것도 본성에 따라 만들었으니까 말입니다."

"목수는 무엇이라 할까? 침대 제작공이라고 불러도 좋지 않을까?"

"네. 그렇게 부를 수 있겠군요."

"그렇다면 화가도 역시 침대 제작공이나 제작자라고 부를 수 있을까?"

"그건 안 됩니다."

"그렇다면 자네는 화가를 침대의 무엇이라고 부를 작정인가?"

"제 생각으로는" 하고 그는 말했다.

"앞서 말한 제작자들이 만든 것을 모방하는 모방자라고 부르는 것이 가장 타당할 것 같습니다."

"좋았네." 라고 나는 말했다. "그렇다면 자네는 본성으로부터 3단계 떨어져 있는 제작물의 제작자를 모방자라고 부르는 셈이네."

"틀림없이 그렇습니다."라고 그는 말했다.

"그렇다면 이 점은 비극 작가에게도 해당될 것이네. 그도 모방자인 이상 왕(王)과 진리로부터 3단계 떨어져 있는 사람이니까 말이네. 그리고 그 밖의 다른 모방자들도 모두 마찬가지네."

플라톤, 『공화국』

바람직한 미래는 가능한가

인간과 자연, 삶의 태도, 인식의 전환

연습문제 현대사회의 가치가 개인에 미치는 영향<중앙대학교 기출>

    <광운대학교 기출>

    권정생, 『열여섯 살의 겨울』

어느 시대나 시대의 문제를 진단하고 바람직한 미래에 대한 구상은 있어왔다. 따라서 바람직한 미래란 당대의 문제를 포함한 주제다. 현대 사회의 문제는 과도한 발전으로 환경이 파괴되고, 고령화, 저출산 등 이전의 시대와 다른 양상을 가진다. 논술에서 바람직한 미래를 다루는 논제들은 대부분 현대에 일어나는 문제의 원인을 밝히거나, 과거로부터 전해오는 바람직한 삶의 태도를 대안으로 제시하거나 하는 문제가 대부분이다. 또한 새롭게 대두되는 문제에 대한 대안을 제시하는 문제가 등장하기도 한다. 이 장에서 다루는 주제는 바람직한 미래이자 현재의 문제다. 독자들은 이를 바탕으로 이 책에서 다루지 않더라도 새롭게 제기될 수 있는 사회 문제에 대해 고찰해 보기 바란다.

a는 인간과 자연의 관계에 대한 여러 관점이다. 먼저 마르코 폴로와 굴드의 글은 환경에 대한 인간의 태도를 보여준다. 독자들은 두 글의 공통점과 차이점을 찾아 비교해 보기 바란다. 제러드 다이아몬드와 데이비드 헬드, 레이첼 카슨의 글은 모두 인간이 자연을 파괴하는 것에 대한 경고이다. 독자들은 각각의 글을 읽고 환경 문제의 원인을 정리해서 요약해 보기 바란다. 『성장의 한계』와 『슬로 라이프』에서 발췌한 글은 소위 '지속가능한 세계'에 대한 가능성이 제시되어 있다. 독자들은 앞서 환경 문제에 대한 해결과 더불어 바람직한 미래를 가능하게 하기 위해서 어떤 태도가 필요한지 논술해 보자.

b에서 헬레나 노르베지 호지와 에릭 프롬의 글은 현대 사회가 안고 있는 문제에 대해 경고한다. 독자들은 두 사람의 글에서 현대 사회가 당면한 문제를 뽑아내고,

c의 장자, 소로, 루소를 읽고 현대 사회에 필요한 삶의 태도를 제시해 보자. 또한 칼 세이건과 린다 진 세퍼드의 글을 참고하여 근대적 인간중심주의에 대한 대안을 제시해 보도록 하자.

d는 현대에 새롭게 등장한 고령화 현상을 위해 노년에 대한 고전과 현대의 글을 소개한다. 독자들은 아리스토텔레스가 말하는 노인에 대한 관점을 정확히 이해하여 요약하고, 키케로와 강상중의 글을 바탕으로 비판해 보기 바란다.

연습문제는 현대 사회의 배금주의적 가치관이 개인에게 갈등을 일으키는 소설의 일부이다. 독자들은 4장 개인과 사회를 참고하여 주인공이 내적 변화를 겪게 되는 과정과 이유를 밝히고, 상황을 비판하고, 대안을 제시하는 답안을 작성해 보기 바란다.

바람직한 미래는 가능한가
인간과 자연, 삶의 태도, 인식의 전환

---
a-1

여러분에게 말하건대 이 지역의 주민들은 여러 우상을 숭배하지만, 그 중에서도 소를 가장 숭배한다. 그들은 소가 영물이기 때문이라고 말하는데, 나아가 어느 누구도 쇠고기를 먹으려 하지 않고, 또 무슨 일이 있어도 소를 도살하지 않으려 한다. 여러분에게 말해 두지만, 쇠고기를 먹는 가비(Gavi)라고 불리는 종족이 있는데, 그들도 감히 소를 도살하지는 않는다. 다만 소가 자연적으로 또는 다른 이유로 죽었을 때 그 고기를 먹는 것이다. 또 그들은 쇠똥으로 집을 온통 칠한다. 또 다른 한 가지 관습을 여러분에게 이야기해 주겠다. 왕과 신하와 다른 사람들은 흙바닥에 앉는다. 누군가 그들에게 왜 좀 더 고상하게 앉지 않느냐고 물어보면, 그들은 자신들이 흙에서 왔고 흙으로 돌아가기 때문에 흙바닥에 앉는 것이 가장 고상한 일이라고 대답한다. 그러므로 땅은 아무리 숭배해도 지나치지 않고, 절대 그것을 멸시해서도 안 된다는 것이다.

마르코 폴로, 『동방견문록』

---
a-2

사람들은 다음의 두 가지 주장을 환경 윤리의 기반으로 권할 때가 있다. 첫째, 우리가 사는 지구는 연약하고, 현재 지구는 인간의 개입으로 영구히 파괴될 상황에 처해 있다. 둘째, 인간은 이 위태로운 세상을 지키는 청지기가 되어야 한다. 하지만 이는 우리의 힘을 과대평가해서 나온 주장이다. 지구의 지질학적 규모에서 볼 때 우리는 이 대지에 전혀 힘을 미칠 수 없다. 자연이 어마어마한 힘을 우리에게 행사하고 있기 때문이다. 우리는 스스로 멸망할 수 있지만, 수백만 종에 달하는 곤충과 진드기를 제거할 수 없다. 그래서 청지기 정신보다는 오히려 계몽적 자기 이익에 기초를 둔 환경 윤리, 즉 황

금률이 요청된다. 인간은 자연으로부터 대접받고자 하는 대로 자연을 대우해야 한다.

스티븐 제이 굴드, 『여덟 마리 새끼 돼지』

---
a-3

폴리네시아 인은 비옥한 토지, 풍부한 식량, 충분한 건축 재료 등 편안한 삶을 영위하는 데 필요한 모든 것이 갖추어진 섬을 발견하여 정착하였다. 그들은 번창하였고, 인구도 급속하게 늘어났다. 몇 세기 후 그들은 돌로 단을 쌓고 석상을 세우기 시작하였다. 시간이 갈수록 돌 제단과 석상은 커졌고, 석상은 10톤이나 나가는, 붉은 돌로 만든 왕관을 쓰기 시작했다. 각 씨족들은 자신들의 부와 힘을 자랑하기 위해 경쟁적으로 더 크고 화려한 석상을 세웠을 것이다.

결국, 사람과 석상이 늘어나는 속도가 숲이 재생산되는 속도보다 더 빨라지면서 숲이 급속하게 파괴되기 시작했다. 사람들은 밭을 만들기 위해, 불을 지피기 위해, 카누를 만들기 위해, 집을 짓기 위해, 석상을 옮기기 위해 나무를 베었다. 숲이 사라져 감에 따라 석상을 운반하고 세우는 데 사용되는 밧줄의 재료와 목재도 사라져 갔다. 카누의 재료인 나무들이 멸종하면서 고래도 식탁에서 사라졌다. 숲이 파괴되어 흙이 비바람에 침식되고, 햇볕에 말라 척박하게 되었으므로 농작물의 수확량도 줄어들었다. 남아 있는 작은 석상들의 홀쭉한 뺨과 앙상한 갈비뼈는 당시 사람들이 굶주리고 있었음을 보여 준다.

잉여 식량이 사라지면서, 그때까지 정교한 분업 사회를 이끌어 오던 추장, 관료, 성직자들이 힘을 잃었다. 중앙 집권적 정부는 각 지방의 혼란과 함께 무너지고 전사들이 세습되던 추장들의 권한을 빼앗았다. 1700년을 전후하여 인구가 급격히 줄어들었고, 사람들은 적의 공격을 피해 동굴 생활을 시작하였다. 1770년 전후에는 서로 경쟁 부족의 석상을 무너뜨려 머리 부분을 떼어 냈으며, 1864년에 이르러 드디어 마지막 석상이 내팽개쳐졌다. 이렇게 이스터 문명은 쇠퇴하였다.

제러드 다이아몬드, 『이스터섬의 몰락』

───────────────── a-4 ─────────────────

삼림은 광대한 경제적, 생태적 자원으로서 흔히 목재로 사용된다. 목재는 대다수 산업에 필수적인 요소로, 연료나 종이, 펄프 관련 제품, 가구 등을 만드는 데 필요한 자재이다. 생태적으로 삼림은 광대한 유전적 생물 다양성을 제공하며, 지구적 대기 및 기후 체계에 필수적인 요소이다. OECD 내에도 국지적, 국가적 문제들이 있기는 하지만 서구 삼림의 생태적 안정성은 비교적 높은 편이며, 생태 및 경제적 관리 체계가 제대로 자리 잡혀 있다. 대부분의 경우 OECD 국가들은 산업화 초기 단계에 이미 자신들의 삼림을 대부분 벌채했다. 오늘날 가장 큰 환경적 위협은 제3세계의 삼림, 그 중에서도 특히 열대우림에 가해지고 있다. 개발도상국과 열대우림지역에서의 환경 훼손 속도가 가속화되고 있는 원인에는 국내의 압력도 있지만 상당 부분 외부 압력도 존재한다.

일반적으로 환경 훼손 추정치들은 매우 불확실하다. 예를 들어, 식량농업기구는 1980년대 초반에 전 세계 열대우림의 16~18%가 이후 45년 동안 사라질 것이라고 주장했다. 1980년대 말에는, 2035년까지 30~35%가 사라질 것이라는 주장도 나왔다. 연간 상실률은 대륙별로 차이가 있는데, 오세아니아는 연간 0.33%, 아시아는 1.2%이다. OECD 국가들은 개발도상국의 삼림 생산물을 수입하는 주된 수입국으로서, 이러한 환경 훼손 과정을 주도하고 있다. 실제로 OECD 국가들은 전 세계 목재 생산물의 73%를 수입하는데, 목재, 펄프, 종이 필요량의 90%를 남반구로부터 수입한다.

데이비드 헬드, 『전지구적 변환』

───────────────── a-5 ─────────────────

원시적 농업시대에 곤충은 농부들에게 별로 고민거리가 아니었다. 곤충으로 인한 문제가 심각해진 것은 농업이 본격화되고 대규모 농지에 대한 작물 재배를 선호하면서부터 시작되었다. 이런 방식으로 농사를 짓게 되면 특정 곤충 개체의 수가 폭발적으로 증가할 수 있는 환경이 조성된다. 단일 작물 경작은 자연의 기본적 원칙이라기보다는 기술자들이 선호하는 방식이다. 자연은 자연계에 다양성을 선사했지만 인간은 이를 단순화하는 데 열성을 보이고 있다. 특정 영역 내의 생물에 대해 자연이 행사하는 내재적 견제(牽制)와 균형 체계를 흐트러뜨리려 애쓰는 것이다. 자연의 견제로 인해 각각의 생물들은 자신들에게 적합한 넓이의 주거지를 확보할 수 있었다. 하지만 단일 작물을 경작할 경우(예를 들어 밀과 다른 작물을 섞어 키우는 대신 밀만 재배하게 되는 경우)에는 다른 작물 때문에 널리 퍼져나갈 수 없게 된 해충이 급증하게 된다.

레이첼 카슨, 『침묵의 봄』

— a-6 —

꿈꾸기는 처음에는 일반적으로 상상하는 것을 의미했다. 그 다음에는 진정으로 바라는 것에 더 집중해서 상상하는 것을 뜻하게 되었다. 진정으로 바라는 것은 누군가가 가르쳐주는 것이 아니며, 자기 마음에 안 드는데도 그냥 받아들이는 것이라고도 할 수 없다. 꿈꾸기는 실행 가능성, 불신, 과거에 대한 실망과 같이 사고를 제약하는 요소들을 떨쳐버리고 마음을 가장 고결하고 드높고 소중한 이상들로 가득 차게 만드는 것이다. 어떤 사람들은 꿈꾸는 것을 두려워하거나 고통스러워하는 사람들도 있다. 다른 사람들이 자신들의 꿈을 비실용적이거나 비현실적이라고 비난할까봐 두려워 그 꿈을 받아들이지 않는 사람들도 있다. 이런 부류의 회의주의자들도 필요하다. 우리의 꿈은 회의주의로 단련될 필요가 있기 때문이다. 물론 우리가 꿈만으로 어떤 일이 일어날 수 있다고 믿는 것은 아니라는 점을 미리 밝히고자 한다. 행동이 따르지 않는 꿈은 당연히 쓸모가 없다. 하지만 꿈이 없는 행동은 목표도 없고 힘을 얻을 수도 없다. 꿈은 방향을 제시하고 동기를 부여하기 위해 반드시 필요하다. 무엇보다도 많은 사람들이 함께 꿈을 나누고 관심을 기울인다면 꿈은 새로운 미래를 만들어낼 수 있다. 공간과 시간, 물질과 에너지의 한계 안에서 꿈을 가진 사람들의 생각은 새로운 정보, 새로운 피드백 순환고리, 새로운 행동, 새로운 지식, 새로운 기술뿐 아니라 새로운 제도, 새로운 물리적 구조, 인간 내면에 존재하는 새로운 힘을 만들어낼 수 있다. 지속 가능한 세계는 많은 사람들이 마음속 깊이 그 꿈을 아로새기지 않는 한 절대로 완전하게 실현될 수 없다. 그 꿈을 이루기 위해서는 먼저 많은 사람들의 마음속에서 그 꿈이 자라나야 한다. 우리는 그 과정에서 다른 사람들도 그 꿈에 동참하도록 권유하기 위해 우리가 어쩔 수 없이 참고 살아야 하는 그런 사회가 아니라, 진정으로 살고 싶은 지속 가능한 세계를 꿈꿀 수 있어야 한다.

도넬라 메도즈 등, 『성장의 한계』

──────────── a-7 ────────────

반다나 시바는 다국적기업에 의한 종자의 독점이 인류가 현재 직면한 최대의 위협이라고 한다. 지역 공동체가 주도하는 종자 보존 운동이 무엇보다 긴급하다고 호소하고 있다. 말할 나위도 없이, 씨앗은 재생이라는 생명 현상의 핵이며 생명의 재생 없이는 사회를 유지해나갈 수 없다는 사실 또한 자명하다. 그러면서 그녀는 '그러나'라고 덧붙인다. 그러나 문제는 어지럽게 돌아가는 현대 산업사회에는 생명의 재생에 대해 생각할 시간적 여유가 없다. 우리는 생명의 재생을 기다릴 수조차 없게 된 것이다. 그녀의 말에 따르면, 현대 세계를 뒤덮은 생태학적, 사회적인 위기는 재생이라는 숭고한 가치가 격하되어 있는 데에 기인하고 있다.

지구촌의 풍요로운 음식 문화를 뒷받침해 온 재래 종자들이 최근 들어 급속히 사라지고 있다. 이제 세계 작물 종자의 30퍼센트는 다국적기업 10여 개 사가 독점하고 있으며, 그에 따라 재래종을 취급하는 지역의 종자 회사들은 하나 둘 자취를 감추고 있다. 다국적 기업은 수확량 면에서 유통에 적합한 1대 교배종을 개발하고, 다시 유전자 조작으로 새로운 종자를 만들어 농약과 함께 그것을 판매함으로써 시장 독점을 꾀해 왔다. 이러한 방식의 세계화와 균질화의 그늘에서, 지역의 전통적인 음식 문화와 그것을 지탱해 온 종자, 그리고 전승 문화들은 점차 사라져 가고 있다. 종자의 균질화와 함께 생물의 다양화에 의해 유지되고 있던 '생명 공동체'인 지역이 교란되고 쇠약해지고 붕괴되어 가고 있는 것이다.

이러한 위기 가운데 호주의 바이론 베이에 거점을 둔 '종자 보존 네트워크'는 전 세계에 공동체의 종자 부활과 종자 은행 설치를 호소하고 있다. 또한 지역들끼리 서로 연합하여 세계화에 대항하는 네트워크를 만들어 가고 있다. 이곳 대표인 팬튼 부부는 자신의 집 주변에 견본 정원이랄 수 있는 야채 농원을 두고, 이곳을 방문하는 사람들에게 정성 어린 슬로 푸드를 대접하고 있다. 그들에게 종자 보존 운동이란 각각의 종자가 갖고 있는 고유한 시간을 존중하는 일이다. 종자에는 긴 시간 속에서 배양되어 온 각 지역의 기후, 토양, 미생물 등과의 관계가 담겨 있다. 그리고 그 씨앗을 뿌리고 기르고 다시 씨를 거두고 계속해서 보존해 온 수세대에 걸친 농민들의 지혜와 삶이 담겨 있다. 그래서 종자를 보존하는 일은 생태계의 시간과 문화의 시간을 지켜내는 일이기도 하다.

쓰지 신이치, 『슬로 라이프』

─────────── b-1 ───────────

농업은 인간의 온갖 욕구 중에서 가장 기본적인 것을 충족시키며, 제3세계의 대다수 민중에게 있어서 생계의 직접적인 원천이다. 그런데도 농부의 지위가 지금처럼 낮았던 일이 없다. 국제적인 경제수뇌회의에서 농업은 그보다 더 중요한 문제들에 관한 합의를 이루는 데 그저 '장애물'로 간주되는 경향이 있다. 사실 현재의 추세가 계속된다면 소규모 농부들은 다음 세대에 소멸되어버릴 것이다. 농업에 응분의 가치를 부여하고, 직업으로서 농사의 지위를 높이도록 적극 노력함으로써 이러한 추세를 우리가 역전시키는 것보다 더 절박한 일은 없다. 탈중심화된 개발방식은 소규모 농업에 막대한 이익을 줄 것이다. 수출용 작물보다 지역소비용 식량생산이 강조된다면, 그들의 생산물이 보조금을 받은 수송체계를 통해 멀리에서 실려 온 생산물들과 경쟁하지 않아도 된다면, 그리고 대규모 농장과 기업농에 맞는 자본집약적인 농업시설이 아니라 지역의 조건에 적합한 농업기술의 개발이 지원을 받는다면, 소규모 농부들의 형편이 더 좋아질 것이다. 그리고 살충제와 화학비료의 사용이 아니라 생태적으로 더 건전한 방법이 권장된다면 역시 농부들에게 혜택이 돌아갈 것이다.

이러한 변화가 이미 많이 진행되고 있다. 생산자와 소비자의 거리를 줄이는 농민시장이 생겨나고 있고, 전세계적으로 수많은 개인과 단체들이 이미 증명된 전통적인 농업체계의 성공에 고무되어 지역에 기초를 둔 지속가능한 대안들을 탐구하고 있다. 그러나 공식적인 지원은 아직 크게 뒤떨어져 있다. 유기농업으로의 전환이 필요하다는 것을 정부들이 인정하고 있다는 고무적인 징후가 있기는 하지만 경제적 인센티브는 여전히 생명공학과 대규모 기업농쪽에 주어지고 있다. 우리는 소규모의 다품종 농업에 대한 국가적 지원을 무엇보다 우선적으로 긴급히 시행하지 않으면 안 된다.

탈중심화된 개발방식은 필경 여성의 지위를 강화할 것이고, 남성적 가치와 여성적 가치 사이의 균형을 회복시키는 데 기여할 것이다. 산업문화에서 권력은 거의 배타적으로 남자들에게 부여된다. 산업문화의 초석이라고 할 수 있는 과학, 기술, 경제학은 그 발단에서부터 남성들이 주도해왔다. 남자들이 임금을 받는 일자리를 찾아 도시로 떠나버림에 따라 개발을 통해 여자들은—비유적으로나 문자 그대로나—뒤처지는 결과가 되었다. 그리고 농사에 있어서도 기계화로 말미암아 전반적으로 여자들은 주변으로 밀려나버렸다. 탈중심화된 경제는 지역의 결속을 강화함으로써 여성의 목소리가 더 잘 들리도록 할 것이다. 그렇게 되면 여자들은 결정과 경제활동의 주변부에 머물지 않고 그 중심에 있게 될 것이다.

헬레나 노르베리-호지, 『오래된 미래』

--- **b-2** ---

현대 산업 제도는 개인을 발전시켰으나, 동시에 개인을 더욱 무력하게 만들었다. 또한 그것은 자유를 증대시켰지만, 새로운 종류의 의존심을 만들어냈다. 이처럼 현대 사회의 구조는 두 가지 방법으로 인간에게 영향을 미치고 있다. 즉, 인간은 보다 더 독립적, 자율적, 비판적으로 되었고, 동시에 보다 더 고립되고 격리되고 공포에 떨게 되었다는 점이다.

근대사에서의 자유를 위한 싸움에서는 권위의 낡은 형태와 속박에 대항하여 싸우는 데에 주의가 집중되어 왔기 때문에, 이런 속박들이 제거되면 제거될수록 인간은 더욱 많은 자유를 얻게 된다고 느꼈다. 그러나 인간은 자유의 낡은 적으로부터는 해방되었지만 그것과는 다른 성질을 가진 새로운 적이 출현했다는 사실은 충분히 인식하지 못하고 있다. 그 새로운 적은 본질적으로 외부적인 속박이 아니라 개성(personality)의 자유를 충분히 실현하는 일을 방해하는 내적인 요소이다. 예를 들면, 우리는 신앙의 자유가 자유의 궁극적인 승리라고 믿는다. 그러한 신앙의 자유는 사람들이 자기의 양심에 따라서 신앙을 갖는 것을 허용치 않았던 교회와 국가 권력에 대한 승리이긴 하나, 현대인은, 자연 과학적 방법으로 증명되지 않는 사실을 믿는 내면적(內面的)인 능력이 크게 상실되었다는 점은 제대로 이해하지 못하고 있다.

또 하나의 예를 들어보자. 우리는 언론의 자유가 자유의 최후 단계라고 생각한다. 비록 언론의 자유가 낡은 속박에 대한 싸움에서 가장 중요한 승리이긴 하지만, 현대인은 자기가 생각하고 말하고 있는 것의 대부분이, 다른 사람들도 생각하고 말할 수 있는 것에 지나지 않는다는 사실을 흔히 잊고 있다. 현대인은, 언론의 자유에 대한 필요성에 의미를 부여해 줄 수 있는 독창적으로 생각하는 능력, 즉 다시 말하면, 자기 스스로 생각하는 능력을 상실하고 있는 것이다. 또한 우리는 인간이 자기 자신의 삶을 영위하는 데 있어서 자신이 무엇을 해야하고, 무엇을 해서는 안 된다고 지시하는 외적 권위로부터 해방되어 자유롭게 행동하게 되었다는 것을 자랑으로 여긴다. 그러나 우리는 여론과 상식 같은 익명의 권위가 가지는 역할을 경시하고 있는 것이다. 우리는 다른 사람들의 기대에 순응하기 위해 깊은 배려를 하는가 하면 그러한 기대에 어긋나는 것을 심히 두려워하기 때문에, 그 여론과 상식의 힘은 극히 강력한 것이다. 바꿔 말하면, 우리는 외부에 있는 권력으로부터 한층 더 자유롭게 되는 데 열중하여 내부에 있는 속박과 강제와 공포에 종속되어 가는 것을 의식하지 못하고 있다.

(중략)

지난 몇 십 년 사이에 고객의 위상에 상당한 변화가 생겼다. 소매 상점에서는 찾아오는 고객을 개인적으로 친절하게 대했다. 고객은 중요한 사람으로 대접받았고, 그의 일상까지도 상점의 주인과 함께 의논할 수 있었다. 물건을 사는 행위 그 자체에서 고객은 자기의 중요함과 품위를 느낄 수 있었다.

오늘날 백화점의 경우, 고객은 우선 거대한 건물과 수많은 점원들과 잔뜩 진열된 상품에 의해 압도된다. 이 모든 것에 비해 그는 자기가 얼마나 보잘 것 없는 존재인가를 느끼게 된다. 백화점의 입장에서 보면, 인간으로서의 그는 아무런 중요성을 갖고 있지 않으며, 단지 '한 사람'의 고객일 뿐이다. 백화점은 고객을 놓치지 않으려고 하지만, 그는 단지 추상적인 고객으로서 대접받을 뿐이지 구체적인 고객으로서 중요시되지 않는다.

이런 상태는 현대의 광고 방법에도 잘 드러난다. 거대한 현대 광고는 상품의 효용성을 강조하여 합리적으로 소비자를 설득하기보다는 감성에 호소하거나 호기심을 자극한다. 즉 같은 일을 몇 번이고 반복하거나, 사교계의 부인과 유명한 권투선수에게 특정 상표의 담배를 붙여 물게 함으로써 권위 있는 이미지를 생기게 한다든가, 아름다운 소녀의 성적인 자극을 내세워 비판력을 마비시키려고 한다든가, 어떤 셔츠나 비누를 삼으로써 뭔가 전 생애가 갑자기 변화하는 듯한 그런 공상을 자극하기도 한다.

에릭 프롬, 『자유로부터의 도피』

—————————————— c-1 ——————————————

북극 바다에 고기가 있는데 그 이름을 곤(鯤)이라 하였다. 곤의 길이는 몇천 리나 되는지 알 수가 없다. 그것이 변하여 새가 되면 그 이름을 붕(鵬)이라 하는데, 붕의 등도 길이가 몇천 리나 되는지 알 수가 없다. 붕이 떨치고 날아오르면 그 날개는 하늘에 드리운 구름과도 같았다. 이 새는 태풍이 바다 위에 불면 비로소 남극 바다로 옮아갈 수 있게 된다. 남극 바다란 바로 천지인 것이다. 『제해(齊諧)』에 적혀 있기를 "붕이 남극 바다로 옮아갈 적에는 물을 쳐서 삼천 리나 튀게 하고, 빙빙 돌며 회오리바람을 타고 구만 리나 올라가며, 육 개월을 날아가서야 쉬게 된다."고 하였다.

아지랑이나 먼지는 생물의 숨결에도 날린다. 하늘이 파란 것은 멀어서 끝이 없기 때문이다. 그곳에서 아래를 내려다보아도 역시 이와 같을 따름일 것이다. 또한 물의 깊이가 깊지 않다면 큰 배를 띄울 만한 힘이 없을 것이다. 한 잔의 물을 웅덩이에 부어 놓으면 곧 지푸라기가 그곳에서 배가 되어 뜨지만, 잔을 놓으면 땅에 붙어 버릴 것이다. 물은 얕은데 배가 크기 때문이다. 바람의 쌓임이 두껍지 않다면 거기에 큰 날개를 띄울 힘이 없을 것이다. 그러므로 구만 리나 올라가면 바람이 그만큼 아래에 있게 되어 그렇게 된 다음에야 이제 바람을 탈 수 있게 된다. 푸른 하늘을 등짐으로써 아무런 거리낌이 없게 된 다음에야 이제 남쪽

날 수 있게 되는 것이다.

매미가 그것을 보고 빙그레 웃으면서 말하였다.

"우리는 펄쩍 날아 느릅나무 가지에 올라가 머문다. 때로는 거기에도 이르지 못하고 땅에 떨어지는 수도 있다. 무엇 때문에 구만 리나 높이 올라 남극까지 가는가?"

가까운 교외에 갔던 사람은 세 끼니의 밥을 먹고 돌아온다 해도 배는 그대로 부를 것이다. 백리 길을 가려는 사람은 전날 밤에 양식을 찧어 준비한다. 천리 길을 가려는 사람은 석 달 동안 양식을 모아 준비한다. 이 벌레는 무언가를 아는 것이다.

장자, 『장자』

---

c-2

우리 국가 자체도 수많은 내부적 개선에도 불구하고 걷잡을 수 없이 비대해진 조직체가 되어 있다. 이 조직체는 지금 가구가 어지럽게 널려 있고, 자기가 쳐 놓은 덫에 자기가 걸린 상태에 있으며, 사치와 무모한 낭비, 그리고 치밀한 계산과 보람된 목적의 결여로 파산 상태에까지 와 있다. (중략) 지금 우리의 국가는 너무 서두르고 있다. 사람들도 국가가 사업하고 얼음을 수출하고 전신으로 통신하며 한 시간에 30마일을 달리는 것이 꼭 필요한 일이라고 생각하며, 그에 대해 아무런 의아심도 품지 않는다. 그러면서 그들은 인간이 원숭이처럼 살아야 하는지, 또는 인간답게 살아야 하는지의 문제에 대해서는 잘 알지 못하고 있다. "하지만 우리가 침목을 잘라 오고 쇠를 불려 레일을 만들며 밤낮으로 일에 몰두하는 것을 중지하고, 우리의 인생을 개선한답시고 인생을 주물럭거리고만 있으면, 누가 철도를 건설할 겁니까? 그리고 만약 철도가 건설되어 있지 않다면, 때가 왔을 때 어떻게 우리가 천국에 갈 수 있겠습니까?"

하긴 그렇다. 그러나 우리가 집에 앉아 우리 일에만 전념한다면 누가 철도를 필요로 하겠는가? 사람이 철로 위를 달리는 것이 아니다. 실은 철로가 사람 위를 달리는 것이다. 철로 밑에 깔린 침목이 무엇인지를 당신은 생각해 본 적이 있는가? 침목 하나하나가 사람인 것이다. 아일랜드인이든 미국 토박이이든 사람인 것이다. 이 사람들 위에 레일을 깔고 모래를 덮은 다음 기차는 미끄러지듯 그 위를 달린다. 그들은 정말 좋은 침목이다. 그리고 몇 년마다 한 번씩 새로운 침목이 깔리고 기차는 계속 그 위를 달린다. 그러므로 어떤 사람이 철로 위를 달리는 즐거움을 맛본다면 다른 사람은 그 밑에 깔리는 불운을 당하게 되는 것이다.

왜 우리는 이렇게 쫓기듯이 인생을 낭비해 가면서 살아야 하는가? 우리는 배가 고프기도 전에 굶어 죽을 각오를 하고 있다. 사람은 제때의 한 바늘이 나중에 아홉 바늘의 수고를 막아 준다고 하면서 오늘 천 바늘을 꿰매고 있다. 일, 일, 하지만 우리는 이렇다 할 중요한 일 하나 하고 있지 않다.

헨리 데이비드 소로, 「월든」

———————————————— c-3 ————————————————

지고의 즐거움을 누리기 위해서는 마음이 평화로워야 하며, 주변 환경과 합일하고 그에 적응할 준비를 해야만 한다. 절대적인 고요함이나 지나친 격정 대신, 일관성 있는 적정한 수준의 움직임이 지속적으로 유지되어야 한다. 이런 움직임이 없는 삶이란 죽음과 다름없다. 또한 움직임이 지나치게 불규칙하거나 격동적이라면 우리의 몽상을 방해함으로써 운명과 세상의 굴레로 우리를 내몰고 불행의 감정을 불러일으킬 것이다. 우리에게는 행복한 상상이 필요한데, 어떤 사람들은 이러한 능력을 타고나기도 한다. 따라서 삶의 움직임은 외부로부터 주어지는 것이 아니라 우리 자신의 내부에서 느껴지는 것이다. 우리 자신을 돌이켜보면서 모든 불행을 잊어버릴 수 있으리라. 이런 몽상은 고요함을 추구할 수 있는 어느 곳에서나 가능하다. 나는 바스티유에서건, 또는 어두컴컴한 지하 감옥에서건 즐거운 마음으로 이런 몽상을 할 수 있다고 생각했다. 그렇지만 세상과 동떨어져 있고 자연으로 둘러싸인 풍요롭고 고독한 섬에서 이런 몽상이 더 달콤하다는 사실을 고백해야겠다. 이곳에서는 모든 것이 미소를 자아내고 슬픔 따위는 잊어버리게 만든다. 나는 이곳에서 하루 종일 아무 방해도 받지 않고 신경 쓸 일도 없이 느긋하게 몽상에 탐닉할 수 있다. 평화롭고 긴 몽상에서 깨어나 나 자신이 꽃과 새, 푸른 초목으로 둘러싸여 맑고 넓은 호수와 저 먼 곳의 꿈같은 호숫가를 바라보며 내 허구에 그 모든 상냥한 대상들을 동화시킴으로써, 종국에는 나를 둘러싼 것에 나 자신을 환원시킴으로써 허구와 현실의 세계를 구분할 수 없는 지경에 이르렀다. 그리하여 그 모든 것들이 하나 되어 내가 섬에 머물렀던 동안 소중하고 즐거운 추억을 만들어주었다. 아, 그때로 다시 돌아갈 수 있다면!

장 자크 루소, 『고독한 산책자의 몽상』

---

c-4

이렇게 멀리 떨어져서 보면, 지구는 하나의 점이다. 저 점, 그것은 바로 여기, 우리 집, 우리 자신인 것이다. 우리가 사랑하는 사람들, 아는 사람들, 당신이 들어본 적 있는 사람들, 존재하며 삶을 살았던 그 모든 인간들은 저 위에 있었다.

우리의 기쁨과 슬픔, 굳게 믿고 있는 수천 종의 종교들, 이데올로기, 경제이론, 사냥꾼과 약탈자, 영웅과 비겁자, 문명의 창조자와 파괴자, 왕과 미천한 농민, 서로 사랑하는 연인들, 엄마와 아빠들, 꿈 많은 아이들, 발명가와 개척자, 도덕을 가르친 선생님들, 부패한 정치가들, 수퍼스타, 위대한 지도자, 성자와 죄인들, 그 모두가 저 햇빛 속에 떠도는 먼지와 같은 작은 점 위에 살았던 것이다.

우주라는 광대한 스타디움에서 지구는 아주 작은 무대에 불과하다. 인류 역사 속의 무수한 장군과 황제들이 저 작은 점의 극히 일부를, 그것도 아주 잠깐 동안 차지하는 영광과 승리를 누리기 위해 죽였던 사람들이 흘린 피의 강물을 한번 생각해 보라. 저 작은 점의 한쪽 구석에서 온 사람들이 같은 점의 다른 쪽에 있는, 겉모습이 거의 분간도 안 되는 사람들에게 저지른 셀 수 없는 만행을 생각해 보라. 얼마나 잦은 오해가 있었는지, 얼마나 서로를 죽이려고 했는지, 그리고 그런 그들의 증오가 얼마나 강했는지 생각해 보라. 위대한 척하는 우리의 몸짓, 스스로 대단한 존재가 될 수 있다고 생각하는 우리의 믿음은 저 창백한 파란 불빛 하나만 봐도 그 근거를 잃는다. 우리가 사는 지구는 거대한 우주의 암흑 속에 있는 외로운 하나의 점일 뿐이다,

칼 세이건, 『창백한 푸른 점』

---

c-5

17세기 중반 과학의 제도적 기관들이 형성되고 있었을 당시에, '런던왕립학회'는 자신의 과제는 "남성적 세계관을 고양시키기 위한 것"이라고 언명하였다. 프란시스 베이컨은 "진정한 남성적 시대"의 막을 열고, 사람들을 "자연과 자연의 모든 산물들에게로 인도하여, 자연을 인간에게 봉사하도록 예속시키고, 자연을 사람의 노예로 만들어 정복하고 억누르기 위해, 즉 자연을 뿌리까지 흔들어놓기 위해서" 새로운 실험적 세계관을 이용할 것을 주장하였다. 심지어 아리스토텔레스조차도 여성적인 것을 "하나의 기형 혹은 불구"로 생각했다. 그는 '남성'과 '여성'이라는 용어를 우주에까지 확장하여, 영원불변의 하늘을 남성으로, 변화무쌍하게 생성하는 땅을 여성으로 보았다.

그러니까 서구과학의 시초부터, 여성적으로 분류된 특성들은 과학에는 무관계한 것 - 심지어는 위험한 것 - 으로 여겨졌다. 20세기 미국에서, 잡지 《과학교육》에 실린 논문들은 과학자들에게 "의도적으로 모든 감정과 욕망을 포기하고" "차갑게 생각하며" "객관적이고 냉정하게, 철저히 자기통제된 사고를 할 것을" 촉구해왔다.

우리가 우리의 인간성, 우리의 세계, 우리의 현실의 여성적 측면을 중요하게 여기지 않는다면, 우리가 느낌, 보살핌, 수용성, 협력, 직관을 무시한다면, 우리는 무엇을 놓치게 되는가? 바바라 맥클린톡은 이른바 '도약 유전자'로 알려져 있는 이동성 유전 요소들을 발견하여 1983년에 노벨상을 받았다. 이 발견은 환경이 유전인자를 변화시킬 수 있다는 사실을 증명하는 것이었다. 그런데 이것은 유전자가 유기체를 절대적으로 결정한다는 유전학의 핵심교리를 거스르는 것이었기 때문에 그녀는 거의 지원을 받지 못한 채 30년 동안이나 사실상 고립상태에서 연구를 수행하였다.

그런데 그녀는 연구대상으로부터 자신을 감정적으로 분리시키지 않고, 오히려 자신의 옥수수들과 밀접한 관계를 맺고 있었다. 자신의 연구를 설명할 때, 그녀가 사용하는 언어는 전투와 싸움이 아니라, 애정과 친밀함과 공감이 담겨있는 말들이었다. "나는 이 밭에 심겨져 있는 옥수수 하나하나를 모두 식별할 수 있습니다. 나는 그것들을 아주 친밀하게 알고 있습니다만, 그렇다는 사실이 매우 기쁩니다."

맥클린톡에게, 과학은 주체와 객체 사이의 구분에 바탕을 둔 것이 아니라, 일종의 사랑이라고 해야 할 주의집중에 기초하고 있었다. 다른 많은 유전학자들이 통계와 확률에 의존하고 있는 반면에, 맥클린톡은 식물 하나하나를 이해하고자 했다. 맥클린톡의 "생물에 대한 느낌"은 그녀의 연구를 손상시키거나 방해하기는커녕, 자신이 연구하고 있던 염색체들과 그녀가 더욱 가까워지도록 만들었다. 그것은 과학자로서의 그녀의 능력을 강화시켰다. 그녀는 이렇게 말했다. "나는 내가 염색체들과 함께 일하면 할수록 그 염색체들이 더 커지는 것을 발견했습니다 … 나는 염색체의 내부구조를 눈으로 볼 수 있게 되었습니다 … 나는 실제로 마치 내가 바로 거기서 그 염색체들이 마치 내 친구들인 것처럼 느껴져서 놀랐습니다 … 이런 것을 관찰하고 있으면 마침내 그것들은 내 자신의 일부가 됩니다. 그리고는 나는 자신을 잊어버리게 됩니다."

이런 식으로 자연과 연결되면 연구결과에 대해서도 염려하는 마음을 갖게 되는 것이다.

린다 진 세퍼드, 『과학의 여성적 얼굴』

--------------------------------- **d-1** ---------------------------------

노인, 즉 전성기를 지난 사람의 성격이란 젊은이의 성격과 정반대되는 것들로 이루어져 있는 법이다. 그들은 여러 해를 살았고, 사는 동안 속은 적도 많고 실수도 많이 저질렀으며, 살아온 삶을 돌이켜 보면 만사가 뒤죽박죽 별로 만족스럽지 않다. 그 결과 노인들은 그 어떤 것에 대해서도 확신이 없으며 모든 일을 끝까지 수행하지 못한다. 그들은 '생각'은 하지만 '인식'은 하지 못하고, 늘 미적거리다 보니 '아마도', '그럴지도 모른다'는 단서를 달면서 그 어떤 것도 분명하게 주장하지 않는다. 노인들은 냉소적이다. 다시 말해서 모든 일의 가장 나쁜 점만을 보는 것이다. 게다가 노인들의 인생 경험은 남들을 믿지 못하게 하고, 남을 못 믿으니 의심이 많다. 따라서 그들은 열렬히 사랑하지도 심하게 증오하지도 않으며, 편견이 이끄는 대로 언젠가는 증오할 것처럼 사랑하며 언젠가는 사랑할 것처럼 증오한다. 노인들은 인생살이 앞에 무릎을 꿇었기에 속이 좁고, 그들의 욕망은 그저 그들을 살아남게 하는 것보다 더 고매하거나 더 비범한 것을 겨냥하는 법이 없다. 노인들에게 돈은 꼭 갖고 있어야 하는 것이고 돈이란 것이 얼마나 벌기 어렵고 써버리기 쉬운지를 경험을 통해 깨달았기 때문에, 이들은 돈에 관한

한 인색하다. 노인들은 겁쟁이들이고 늘 미리 걱정하며 산다. 혈기왕성한 젊은이들과는 달리 그들의 기질은 차디차다. 노년이 비겁함에 이르는 길을 열어주니, 이들은 두려움으로 차갑게 얼어 있는 것이다. 노인들은 삶을 사랑한다. 모든 욕망의 대상이란 갖고 있지 않은 것이게 마련이고, 우리는 우리에게 가장 절박하게 필요한 것들을 갈구하는 바, 노인들은 살 날이 얼마 안 남았기에, 삶을 더욱 사랑하는 것이다

아리스토텔레스, 『수사학』

─────────────── **d-2** ───────────────

"노년은 우리를 활동할 수 없게 만든다."라고 했던가. 어떤 활동을 이르는 말인가? 그것은 아마도 젊음과 체력이 필요한 활동이 아닐까? 그렇다면 몸은 비록 허약하지만 정신력으로 할 수 있는 노년의 활동은 아무것도 없단 말인가? 그렇다면 퀸투스 막시무스와 내 아들의 장인이자 자네 부친으로, 탁월한 인물이었던 루키우스 파울루스는 아무 일도 하지 않았단 말인가? 그리고 파브리키우스와 쿠리우스와 코룬카니우스 같은 다른 노인들도 조언과 권위로 나라를 수호했는데, 이들이 아무 일도 하지 않았단 말인가?

그러므로 노년에는 활동할 수 없다고 주장하는 자들은 근거를 대지 못하고 있는 셈이네. 그들이야말로 다른 사람들은 더러는 돛대에 오르고 더러는 배안의 통로를 돌아다니고 또 더러는 용골에 괸 더러운 물을 퍼내는데, 키잡이는 고물에 가만히 앉아 키를 잡고 있다고 해서 항해하는 데 그가 아무것도 하는 일이 없다고 주장하는 자들과도 같네. 젊은 선원들이 하는 일을 하지는 않지만, 키잡이가 하는 일은 더 중요하고 의미 있는 일이라네. 큰일은 체력이나 민첩성이나 신체의 기민성이 아니라, 계획과 명망과 판단력에 의하여 이루어진다네. 그리고 이러한 자질들은 노년이 되면 대개 줄어드는 것이 아니라 더 늘어난다네. 나는 병사로서, 연대장으로서, 장군으로서, 사령관으로서 온갖 전쟁을 수행했지만 지금은 전쟁을 하고 있지 않으니 자네들에게는 쉬고 있는 것처럼 보일 테지. 하지만 지금도 나는 어떤 전쟁을 어떻게 해야 할 것인지 원로원에 조언해 주고 있다네.

(중략)

이 세상을 떠난 후에 비참해지지 않거나 행복할 것이라면 무엇이 두렵겠는가? 제아무리 앞날이 창창한 젊은이라고 해도, 오늘 저녁까지도 멀쩡할 거라고 확신할 정도로 어리석은 자가 어디 있을까? 오히려 노인들보다 젊을수록 비명횡사할 가능성이 높은 법이다. 젊은 나이에는 쉽게 병에 노출되고, 더욱 심하게 앓으며, 완치되기도 힘든 법이다. 때문에 그들 중에서도 지극히 소수만이 노년기까지 살아남는다. 만약 그런 일이 일어나지 않는다면 더 현명하고 나은 삶을 살 수 있을 텐데! 이성적이고 분별력이 있고 현명한 조언을 하는 것은 온전히 노인들의 몫이기 때문이다. 만약 노인들이 없다면 국가는 제대로 존립할 수 없을 것이다.

죽음의 문제는 비단 노인들에게만 국한된 것이 아니다. 다들 알다시피 죽음의 문제는 젊은이들에게도 똑같이 존재한다. 죽음은 나이를 가리지 않고 찾아온다. 젊은 사람들은 앞으로 살아갈 희망이 남아 있지만 노인들에게는 희망이 없다고 말할 것이다. 하지만 그것은 헛된 희망에 불과하다. 노인들은 달리 바라는 것이 없다고들 말한다. 오히려 노인들이 젊은이들보다 좋은 위치를 차지하고 있다. 젊은이들이 바라는 것들을 이미 얻었으니 말이다. 누구나 오래 살고 싶어 하지만 노인은 이미 오랜 세월을 버텨온 사람들이다. 수명이 더 길다고 슬퍼할 이유는 없다. 따스한 봄날이 가고 여름과 가을이 왔다고 해서 농부가 슬퍼할 필요는 없지 않은가? 봄은 젊음의 계절이고 앞으로 결실의 시기가 다가올 것을 약속하지만, 이어지는 여름과 가을은 그동안 맺은 결실을 수확하기에 좋은 계절이기 때문이다. 노년기의 결실이란 지금까지 행했던 미덕을 회상할 수 있는 무궁무진한 기회를 뜻한다.

자연과 조화를 이루는 모든 것들은 미덕으로 여겨야 마땅하다. 그렇다면 나이가 들어서 죽음을 맞이하는 것보다 조화로운 일이 어디 있을까? 때로는 젊은이들도 이른 나이에 죽음을 맞지만, 그때마다 자연이 거세게 반항을 한다. 때문에 젊은이들이 죽으면 거센 물살이 뜨거운 불길을 단숨에 꺼버리는 것처럼 보인다. 하지만 살 만큼 산 노인이 죽음을 맞으면 오랫동안 타오르던 불꽃이 서서히 꺼지는 것처럼 자연스럽다. 과일이 제대로 익지 않았을 때는 수확하는 것조차 힘들다. 하지만 농익은 과일은 저절로 바닥에 떨어지듯이 젊은이들의 목숨을 앗아가는 것은 폭력이요, 노인들의 목숨을 앗아가는 것은 원숙함이다. 나로서는 그런 원숙함을 떠올리는 것만으로도 행복하다.

키케로, 『노년에 대하여』

--------------------- **d-3** ---------------------

노인이란 '사회의 규범에서 밀려난 사람'이라고 생각할 수 있습니다. 왜냐하면 정년을 맞이해서 무직이 되면 더 이상 '사회인'이 아니기 때문입니다. 비(非)노동인구로서 생산 활동 구조에서 벗어나게 되는 것이지요. 전철 무임승차와 같은 각종 할인, 다양한 시설의 노인 무료입장 등의 우대가 있음을 생각해 보면 적극적 소비자도 아닙니다. 왠지 모르게 '미성년자는 무죄'와 비슷한 자유로운 상태가 됩니다. 그런 고령자가 지금 대량으로 세상에 몰려오고 있습니다.

과거에 노인이 지니고 있던 힘은 사회의 폭주를 막아주는 안전판이라고 생각했습니다. 그러나 오늘날 우리 세대가 좀 더 나이를 먹는다고 해도 사회의 안전판 역할을 하지는 못할 것입니다. '노인은 권위에 의지한다.'라든지 '노인은 보수적이다.'라고 하지만 앞으로 그 말을 적용하지 못할 가능성이 높습니다. 즉 과거보다 '분별없는' 노인이 늘었다는 것입니다.

따라서 앞으로 누군가 나에게 요즘 시대 '노인의 힘'이 무엇이냐고 물으면 '교란하는 힘'이라고 대답하겠습니다. 아이는 점점 줄어들고 있는데 노인은 점점 늘어나고 있습니다. 그렇기에 이 사회는 자칫하면 무정부 상태로 흘러갈지도 모르겠다는 생각도 조금씩 듭니다. 물론 나쁜 의미에서 말하는 것은 아닙니다. 노인의 교란하는 힘은 생산성이나 효율성, 젊음과 유용성을 중심으로 하는 지금까지의 사회를 바꿀 수 있는 힘이 될 것이라고 생각하기 때문입니다. '젊은이가 문화를 만든다.'고 말하는 사람이 많습니다. 젊음을 선험적으로 귀하다고 생각하는 가치관이 뿌리 깊게 남아 있어서입니다. 그러나 젊음에 우월한 가치를 두는 생각은 전복될 가능성이 큽니다. 과거처럼 젊은 사람들이 다수를 차지하고 있다면 모를까, 요즘의 상황은 분명히 다르기 때문입니다. 이제는 고령자가 문화를 만들어야 하는 시대입니다. 이렇게 생각하지 않으면 5명 가운데 1

명이 예순다섯 살 이상이 되는 사회의 미래는 사라집니다.

인간에게 가장 궁극적인 공포는 바로 죽음입니다. 그렇기 때문에 노인의 힘은 '죽음을 받아들이는 힘'이 될 수 있지 않을까요? 노인이 소수였던 과거의 피라미드 형태로 구성된 사회와는 달리 오늘날과 같은 고령화 사회에서 죽음은 아주 흔한 것으로 바뀌어 특별한 의미를 가질 수가 없습니다. 그래서 죽음을 가볍게 여기는 것은 아닙니다만, 나는 죽음이 두렵기 때문에 이런 저런 의미를 부여하는 것과 반대로 각오하고 있는 그대로 받아들이면 그만이라고 생각합니다. 죽음에서 멀리 떨어져 있어 죽음에 대한 두려움이 없는 아이들처럼 되면 됩니다.

그러나 두렵지 않은 상태라고 해도 아이처럼 모르기 때문에 두렵지 않은 것이 아니라 적어도 죽음에 대해 다양하게 고민하고 마음의 준비를 갖춘 상태에서 두렵지 않아야 한다는 것을 강조하고 싶습니다. 그것을 위해서는 자기 인생에 대해 깊게 고민할 필요가 있습니다. 고민을 피한다면 끝없이 두려움에 떨어야겠지요. 나는 그 경험 덕분에 과거보다 대담해졌고 좀 과장해서 말하면 '활이든 대포든 얼마든지 덤벼라.'라는 기분이 들 때도 있습니다. 이런 이유로 나는 나이 드는 것에 대해 '쇠퇴'의 이미지를 갖고 있지 않습니다. 그리고 두려울 것은 없다, 이렇게 단언하기는 어렵지만 그것이 이를테면 '자기 규제를 하지 않는다.'는 의미로 쓰인다면 무턱대고 이런저런 일에 도전해 볼 수 있지 않을까 생각합니다.

강상중, 『고민하는 힘』

다음 글의 등장인물들을 통해 현대사회의 가치에 대해 논하라.

보름쯤 지나서 주인이 나를 불렀다. 고구마가 많이 축난다는 것이다. 가마니째 달아 본 무게와 소매로 판 고구마의 무게가 많이 차이 난다고 했다. 그러니 앞으로는 덤을 너무 많이 주지 말라고 했다. 나는 그렇게 하겠다고 대답을 했지만 내가 기록하고 있는 매상 장부를 보면 고구마는 갑절이 넘는 이윤이 나오고 있었다. 한 주일 뒤에 주인이 또 불렀다. 이번에는 고구마를 저울질할 때 요령껏 하라는 것이다. 그러면서 시범을 보여 주었다. 한 관씩 표시를 해 둔 작은 막대 저울로 고구마를 달 때 손잡이를 잡고 새끼손 가락 끝으로 약간만 고구마가 얹힌 쪽으로 누르면 된다는 것이다.(중략)

아무리 시대가 바뀌고 신분의 차이가 없었다지만 역시 인간 사회에는 계급이 있기 마련이다. 가난은 양심을 지키지 못하게 하며 거짓을 강요받게 만든다. (중략)돈의 힘 이란 바로 이런 것이다. 돈은 돈만 벌지 않고 악을 낳고 퍼뜨리는 악마다. 나는 그래서 그 돈에 복종했고 내 조그만 양심을 속이게 되었다.

나에게 고구마를 사러 오는 사람들은 모두 가난한 이들이었다. 날고구마를 한두 관 씩 사다가 쪄서 파는 고구마 장수들, 한 끼니를 잇기 위해 한 관씩 사 가는 사람들이 대부분이다. 그런 사람들에게 무게를 속여야 했다. 고구마 두세개씩은 속이게 되었다. 그렇게 작은 고구마라면 다섯 개도 속일 수 있었다. 처음 얼마 동안은 두렵고 떨리며 괴로웠지만 차츰 아무렇지 않게 되었다. 나도 악마들의 세상에 길들여진 것이다.(중략)

아무리 훌륭한 일도 정신을 잃고 맹목적으로 끌려가면 모두 악마로 둔갑해 버린 다. 사람은 무엇을 하든지 어디를 가든지 항상 깨어 있어야 한다. 내가 고구마 파는 데 만 정신을 쏟고 있는데 한번은 시골 어느 아주머니가 찾아왔다. 꼬깃꼬깃 접힌 돈을 꺼내더니,

"학상, 아래 장날에 고구마를 사 갔는데, 글쎄 정신도 없제. 돈도 안 주고 그냥 가 뿌

릿잖아. 얼매나 미안튼지 어서 갖다 줘야 된다 된다 하면서도 이렇게 늦어 부렸대이.”

　　하며 고구마 한 관 값을 내어 주는 것이었다. 세상이란 또 이렇기도 했다. 돈은 돈을 낳고 그 돈이 쌓이면 악을 낳는데, 가난한 사람들은 그러지 못한다.

　　장날이면 고구마 가게가 무척 붐빈다. 그러면 서로가 정신을 잃고 사는 쪽도 파는 쪽도 돈을 주고받는 걸 잊을 때가 있다. 나는 까맣게 모르고 있었고 수많은 사람을 속이면서도 아무렇지 않았는데 이 아주머니는 고구마 한 관 값 때문에 이렇게 며칠 동안 괴로워했다니 참으로 바보스러웠다. 그까짓 거 모른 척 지나가 버려도 되고 그렇게 하는 것이 살아가는 데 이득이 될 텐데, 왜 이런 바보짓을 하는지 모르겠다.

권정생, 『열여섯 살의 겨울』

실전 논술 독해 및 답안 작성 요령

01
논제 분석

a. 논술에서 질문은 다른 사람의 의견을
   묻는 것이다.
b. 논제는 제시문을 독해하는 방향을 제시한다.
c. 논제에 따라 답안을 작성해야 한다.

[논제의 유형]
요약하기, 비교하기, 설명하기, 자료해석,
비판하기, 평가하기, 견해제시

02
제시문 독해

d. 논제가 요구하는 바에 따라 독해한다.
e. 제시문을 읽을 때 글쓴이가 이 글을 왜 썼는가
   를 생각하면서 읽는다.
f. 첫 독해에는 글쓴이의 주장만 찾아서 밑줄을
   치며 독해한다.
g. 밑줄을 모아 핵심 주장을 작성한다.
h. 근거를 포함한 나머지 문장들은 답안 작성 과
   정에만 포함한다.

03
답안 작성

i. 논제가 요구하는 대로 답안의 순서를 정한다.
j. 논제의 요구를 답안에 그대로 옮겨 적는다.
k. 제시문의 내용을 같은 뜻의 다른 표현으로
   써야 한다.

아래의 제시문을 읽고 논제에 답하시오.

Ⅰ. (2)의 관점에서 (1)의 (가), (나)를 논평하고, (2)와 (3)의 차이에 주목하여 '상품화'에 대한 자신의 생각을 논술하시오.

(1) (가) 곤장을 맞게 된 이가 돈을 걸고 대신 매 맞을 사람을 구할 때마다 나서서 매품을 팔아 살아가던 사내가 있었다. 이 사내가 어느 무더운 여름날 백 대 매품을 하루에 두 차례나 팔고 비틀비틀 자기 집을 찾아갔다. 그 아내가 또 백 대 매품 한 건을 선불로 받아놓고 사내를 보자 기쁘게 이 소식을 전했다. 사내는 상을 찌푸리고, "내가 오늘 죽을 똥을 쌌어. 세 번은 못 하겠네." 아내는 돈이 아까워서, "여보, 잠깐 고통을 참으면 여러 날 편히 배불릴 수 있잖수. 그럼 얼마나 좋우. 돈이 천행으로 굴러온 걸 당신은 왜 굳이 마다 허우?" 하고 술과 고기를 장만하여 대접하는 것이었다. 사내는 취해서 자기 볼기를 쓰다듬으며 허허 웃고, "그럽시다."하고 나갔다. 가서 다시 곤장을 맞다가 그 자리에서 즉사(卽死)하고 말았다.

(나) 내게 '결혼식 하객 도우미' 아르바이트가 생겼다. 거기서 내가 맡은 역할은 신랑 아버지의 친구다. 결혼식 장소는 ○○이고, 도우미들은 토요일 1시 반에 집합하기로 되어 있다. 회사 측에서는 친구도 몇 명 데리고 오면 더 좋다고 한다. 일당 1만 5천 원에 7만 원짜리 점심도 대접한단다. 신랑 측은 도우미 회사에 내는 돈까지 해서 나 같은 짝퉁 하객 한 명당 돈 10만 원씩을 부담하는 셈이다.

　토요일 약속시간에 지하철 ○○역에 도착하자 60살은 넘어 보이는 사람들이 양복을 빼입고 모여 있었다. 도우미 회사 직원은 인원 점검을 한 뒤 축의금으로 낼 돈 봉투를 나눠줬다. 그날 동원 인력은 총 백 명이라고 했다. 결혼식은 2시 반에 시작됐다. 신랑은 잘났고 신부는 고왔다. 신랑 아버지도 풍채 좋고 돈도 있어 보였다. 그런데도 신랑 측이 짝퉁 하객 백 명에 돈 천만 원을 쓰면서 신부 측에 과시할 일이 무엇인지 궁금했다. 하기야 이렇게 부질없는 허세에 헛돈을 쓰더라도 행복하기만 하면 된다는 모양인데 내가 무슨 말을 할까?

(2) 지금 우리는 거의 무엇이든 사고팔 수 있는 시대에 살고 있다. 사고판다는 논리가 더 이상 물질적 재화에만 적용되지 않고 점차 현대인의 삶 전체를 지배하기 시작했다. 이러한 상황에서 우리는 시장의 본분이 무엇인지에 대해서 공적으로 논의해 볼 필요가 있다. 그러려면 시장이 지닌 도덕적 한계를 곰곰이 생각해 보아야 한다.

시장의 도덕적 한계와 관련해서는 공정성과 가치 훼손의 문제를 분명하게 이해하는 것이 필요하다. 공정성과 가치 훼손의 문제는 돈으로 사고팔 수 있는 것과 사고팔지 말아야 할 것을 결정할 때 중요하기 때문이다. 먼저 공정성의 문제는 사람들이 불리한 조건이나 경제적 필요성의 긴박한 정도에 따라 물건을 사고팔 때 생겨날 수 있는 불평등에 관한 것이다. 공정성의 측면에서 보면 시장을 적극적으로 옹호하는 사람들이 말하는 것만큼 시장 교환이 항상 자발적으로 이루어지는 것은 아니다. 사실상 어쩔 수 없는 상황에 몰려 시장 교환을 불공정하게 강요받을 수도 있기 때문이다.

한편, 가치 훼손의 문제는 시장이 손상시키거나 변질시킬 수 있는 태도 및 규범에 관한 것이다. 어떤 도덕적·시민적 재화는 사고파는 경우에 그 가치가 감소하거나 변질될 수 있다. 가치 훼손 문제는 공정한 거래 계약 조건이 성립됐다고 해서 해결되는 것은 아니다. 왜냐하면 이는 평등한 조건에서든 불평등한 조건에서든 모두 발생할 수 있기 때문이다.

어떤 사람이 굶주리는 가족을 먹여 살리려고 자신의 신장을 파는 경우를 생각해 보자. 이 사람은 자신의 신장을 팔겠다고 결정할 수 있지만, 이 결정이 정말 자발적인 것은 아닐 수 있다. 동시에 이러한 신장 거래 시장은 인간을 여러 부속이 합쳐진 존재로 보는, 변질되고 객체화된 인간관이 만연하는 것을 부추길 수 있다.

(3) 사회와 독립된 자기조정 시장이라는 아이디어는 완전히 유토피아적이다. 현실의

시장은 상품을 매개로 사회의 다양한 요소들과 맞물린다. 경험적으로 정의하면 상품은 판매하기 위해 생산된 물건이며, 시장은 판매자와 구매자의 실제 접촉이다.

노동, 토지, 화폐는 산업의 필수 요소이며, 시장에서 조직되어야 한다. 그런데 이 세 가지는 본래 판매를 위해 생산된 것이 아니기 때문에 결코 상품화될 수 없다. 노동이란 인간 활동의 다른 이름일 뿐이다. 인간 활동은 인간의 생명과 분리될 수 없기 때문에 판매를 위해 생산될 수 없다. 게다가 노동은 비축할 수도, 사람 자신과 분리하여 동원할 수도 없다. 토지란 자연의 일부여서 인간이 생산할 수 있는 게 아니다. 마지막으로 화폐는 그저 구매력의 징표일 뿐인데, 이는 은행업이나 국가금융의 메커니즘에서 생겨나는 것이지 생산되지 않는다. 그러므로 노동, 토지, 화폐를 상품으로 간주하는 것은 전적으로 허구이다.

그럼에도 불구하고 현실에서는 노동, 토지, 화폐가 거래되는 시장들이 바로 그러한 허구의 도움으로 조직된다. 이것들은 시장에서 실제로 판매되거나 구매되고 있으며, 수요량과 공급량도 현실에 존재한다. 자기조정 시장을 옹호하는 사람들에 따르면 이런 요소 시장이 형성되는 것을 억제하는 법령이나 정책은 시장 체제의 자기조정을 위태롭게 만들기 때문에 허용되어서는 안 된다.

그러나 인간과 자연환경의 운명이 시장 메커니즘에 좌우된다면 결국 사회는 황폐해질 것이다. 그리고 인간들은 문화 제도의 보호막이 모두 벗겨진 채 사회 문제의 희생양이 될 것이다.

01. 논제 분석

① (2)의 관점에서[a,b] ②(1)의 (가), (나)를 논평하고[b], ③ (2)와 (3)의 차이에 주목하여[b] ④'상품화'에 대한 자신의 생각을 논술하시오.[a]

02. 제시문 독해

① (2)의 관점에서[d]

(2) 지금 우리는 거의 <u>무엇이든 사고팔 수 있는 시대</u>에 살고 있다. <u>사고판다는 논리</u>가 더 이상 물질적 재화에만 적용되지 않고 점차 <u>현대인의 삶 전체를 지배</u>하기 시작했다. 이러한 상황에서 우리는 <u>시장의 본분이 무엇인지</u>에 대해서 공적으로 <u>논의해 볼 필요</u>가 있다. 그러려면 <u>시장이 지닌 도덕적 한계를</u> 곰곰이 <u>생각해 보아야</u> 한다.

시장의 도덕적 한계와 관련해서는 <u>공정성과 가치 훼손의 문제</u>를 분명하게 이해하는 것이 필요하다. 공정성과 가치 훼손의 문제는 <u>돈으로 사고팔 수 있는 것과 사고팔지 말 아야 할 것을 결정할 때 중요</u>하기 때문이다. 먼저 <u>공정성의 문제</u>는 사람들이 불리한 조건이나 경제적 필요성의 <u>긴박한 정도에 따라 물건을 사고팔 때 생겨날 수 있는 불평등에 관한 것</u>이다. 공정성의 측면에서 보면 시장을 적극적으로 옹호하는 사람들이 말하는 것만큼 시장 교환이 항상 자발적으로 이루어지는 것은 아니다. 사실상 <u>어쩔 수 없는 상황에 몰려 시장 교환을 불공정하게 강요받을 수도 있기 때문</u>이다. 한편, <u>가치 훼손의 문제는 시장이 손상시키거나 변질시킬 수 있는 태도 및 규범에 관한 것</u>이다. 어떤 <u>도덕적·시민적 재화는 사고파는 경우에 그 가치가 감소하거나 변질될 수 있다</u>[f]. 가치 훼손 문제는 공정한 거래 계약 조건이 성립됐다고 해서 해결되는 것은 아니다. 왜냐하면 이는 평등한 조건에서든 불평등한 조건에서든 모두 발생할 수 있기 때문이다.

[예시]어떤 사람이 굶주리는 가족을 먹여 살리려고 자신의 신장을 파는 경우를 생각해 보자. 이 사람은 자신의 신장을 팔겠다고 결정할 수 있지만, 이 결정이 정말 자발적인 것은 아닐 수 있다. 동시에 이러한 신장 거래 시장은 인간을 여러 부속이 합쳐진 존재로 보는, 변질되고 객체화된 인간관이 만연하는 것을 부추길 수 있다.

(2)의 관점(핵심주장)[g]: 시장에서 사고파는 것에 대한 공정성과 가치훼손이라는 도덕적 한계를 분명히 해야 한다[1].

근거 및 부연: 공정성의 측면에서 어쩔 수 없는 상황에서 불공정한 거래를 강요받을 수 있기 때문에[2], 가치훼손의 측면에서 시장에 의해 재화의 가치가 변질되거나 감소할 수 있기 때문에[3], 시장에 대한 도덕적 한계가 분명해야 한다.

01. 논제 분석

① (2)의 관점에서 ②(1)의 (가), (나)를 논평하고[d],

(2)의 관점은 시장에서 공정성과 가치훼손이라는 도덕적 한계를 분명히 해야 한다는 것이다.

도덕적 한계의 기준으로 제시한 공정성과 가치훼손에 맞추어 (가)와 (나)의 거래를 논평하는 논제이다.

02. 제시문 독해

(가)와 (나)의 거래를 이러한 (2)의 관점에서 재구성해서 읽어야 한다[d].

먼저, 무엇이 거래되고 있는지를[d],

공정성의 문제는 어쩔 수 없는 상황에서 강요된 거래인지 자발적 거래인지를[d],

가치훼손의 문제는 재화의 어떤 가치를 훼손하고 있는지를 따져 보아야 한다[d].

(가) 곤장을 맞게 된 이가 돈을 걸고 대신 매 맞을 사람을 구할 때마다 나서서 매품을 팔아 살아가던 사내가 있었다. 이 사내가 어느 무더운 여름날 백 대 매품을 하루에 두 차례나 팔고 비틀비틀 자기 집을 찾아갔다. 그 아내가 또 백 대 매품 한 건을 선불로 받아놓고 사내를 보자 기쁘게 이 소식을 전했다. 사내는 상을 찌푸리고, "내가 오늘 죽을

똥을 쌌어. 세 번은 못 하겠네." 아내는 돈이 아까워서, "여보, 잠깐 고통을 참으면 여러 편히 배불릴 수 있잖수. 그럼 얼마나 좋우. 돈이 천행으로 굴러온 걸 당신은 왜 군이 마다 허우?" 하고 술과 고기를 장만하여 대접하는 것이었다. 사내는 취해서 자기 볼기를 쓰다듬으며 허허 웃고, "그럽시다."하고 나갔다. 가서 다시 곤장을 맞다가 그 자리에서 즉사(卽死)하고 말았다.

논제에 따른 독해[d]
(가)의 내용: 매품을 팔아 사는 사내가 하루에 세 번이나 매품을 팔다가 결국 죽고 말았다[4].
무엇이 거래되고 있는가?[5]
공정한(자발적인) 거래인가?[6]
가치훼손은 없었는지? 있었다면, 어떤 가치가 훼손되었는가?[7]

01. 논제 분석

(나) 내게 '결혼식 하객 도우미' 아르바이트가 생겼다. 거기서 내가 맡은 역할은 신랑 아버지의 친구다. 결혼식 장소는 ○○이고, 도우미들은 토요일 1시 반에 집합하기로 되어 있다. 회사 측에서는 친구도 몇 명 데리고 오면 더 좋다고 한다. 일당 1만 5천 원에 7만 원짜리 점심도 대접한단다. 신랑 측은 도우미 회사에 내는 돈까지 해서 나 같은 짝퉁 하객 한 명당 돈 10만 원씩을 부담하는 셈이다.

토요일 약속시간에 지하철 ○○역에 도착하자 60살은 넘어 보이는 사람들이 양복을 빼입고 모여 있었다. 도우미 회사 직원은 인원 점검을 한 뒤 축의금으로 낼 돈 봉투를 나눠줬다. 그날 동원 인력은 총 백 명이라고 했다. 결혼식은 2시 반에 시작됐다. 신랑은 잘났고 신부는 고왔다. 신랑 아버지도 풍채 좋고 돈도 있어 보였다. 그런데도 신랑 측이 짝퉁 하객 백 명에 돈 천만 원을 쓰면서 신부 측에 과시할 일이 무엇인지 궁금했다. 하기야 이렇게 부질없는 허세에 헛돈을 쓰더라도 행복하기만 하면 된다는 모양인데 내가 무슨 말을 할까?

논제에 따른 독해[d]

(나)의 내용: 결혼식 하객 도우미를 온 사람이 고용한 신랑 측이 부질없는 허세를 부려 과시하고 싶은 것이 무엇인지 묻는다[8].

무엇이 거래되고 있는가?[9]

공정한(자발적인) 거래인가?[10]

가치훼손은 없었는지? 있었다면, 어떤 가치가 훼손되었는가?[11]

---

03. 답안작성

(2)는 시장거래에서 공정성과 가치훼손이라는 도덕적 한계를 분명히 해야 한다고 주장한다[1]. 자발적인 거래가 아닌 경우에 불공정한 거래를 강요받을 수 있기 때문에 공정성이 문제가 되고[2], 거래가 재화의 가치를 변질시켜 본래적 가치를 훼손시킬 수 있기 때문이다[3]. 이러한 관점에서 (1)의 (가)와 (나)는 공정성과 가치 훼손이라는 시장의 도덕적 한계를 보여준다[j]. 먼저, (가)에서 매품을 팔아야하는 사내의 선택은 다른 생계수단이 없는 처지에서 강요된 것이다[4]. 이는 시장에서 재화의 거래가 자발적이지 못하다는 점에서 불평등한 불공정 거래로 볼 수 있다[2,6]. 또한 형벌이 거래 대상이 되며[5], 신체

가 상품으로 취급되는 것은 거래 행위로 인해 인간의 본질적 가치가 훼손된 것이다[7]. 이러한 가치의 훼손은 (나)의 하객 도우미에도 나타난다[8]. 하객 도우미는 자발적 선택이므로 공정한 거래라고 할 수 있다[10]. 하지만 인간관계[9]에 기반 해야 하는 결혼식 하객이 금전적 거래를 통해 동원됨으로써 인간관계라는 정신적 가치[9]가 시장에 의해 훼손된 것으로 볼 수 있다[11].

● ③ (2)와 (3)의 차이에 주목하여[i]

(2)와 (3)은 모두 상품화가 제한적으로 이루어져야 한다고 본다. (2)는 상품화에 대한 윤리적 기준이 필요하다는 입장이고, (3)은 토지, 노동, 화폐를 상품화의 대상에서 제외시켜야 한다는 입장이다.

● ④ '상품화'에 대한 자신의 생각을 논술하시오.[a]

상품화는 효율적이고 편리하지만, 과도한 상품화는 문제가 될 수 있다. 모든 가치를 시장가치로 환원하여 편리와 효율성만을 고려할 경우 (2)에서 지적하듯이 가치의 훼손이나 불공정한 거래가 나타날 수 있다. 이런 점에서 상품허구를 근거로 시장의 본질적 한계를 지적하는 (3)의 주장은 설득력을 갖는다. 노동, 토지, 화폐에 대한 상품화는 인간의 존엄이나 생명의 가치까지도 거래되는 비윤리적 문제를 초래할 수 있다. 그러나 토지와 화폐의 경우처럼 이미 상품화가 진행된 현실에서 거래를 중지하기에 어려움이 있다. 따라서 (2)에서 주장한 것처럼 상품화는 도덕적인 보완을 통해 그 문제점을 최소화하는 것이 필요하다. 거래될 수 있는 상품에 대한 사회적 합의, 돈으로 살 수 없는 것이 존재한다는 도덕적 판단을 통해, 상품화는 사회적 자원을 효율적으로 분배하는 유용한 경제적 도구가 될 수 있다. *(1090자)*

Ⅰ. '공감' 개념을 실마리로 삼아 제시문 (가), (나), (다)를 읽을 수 있다. (가)의 아이히만 및 (나)의 시적 화자의 태도와 비교하여 (다)의 아킬레우스가 뤼카온에 대해 보이는 태도의 특징들 중 가장 두드러진 점을 지적하고, 그렇게 생각하는 근거를 제시하시오.*(1,000자 안팎)*

*'공감'(sympathy)이란 그리스어에서 나온 말로, 본래'타자의 감정이나 상태를 자기 것으로 받아들인다'는 뜻이다.

(가) 수백만 명의 유태인을 학살한 책임자인 아이히만이 아르헨티나에 숨어 살다가 이스라엘 비밀 정보기관에 의해 납치되어 예루살렘의 법정에 서게 되었다.

검　사: 피고인의 본명은 칼 아돌프 아이히만, 1939년에서 1945년까지 나치스 계획의 집행 책임자로서 유태인 학살을 지휘했습니다. 피고인에 대한 증인의 견해는 어떻습니까?

증　인: 제가 본 피고인은 유태인을 미워하지 않았으며, 심지어 유태인 이민자들을 위해 직업학교도 세우는 등 개인적으로 선량한 사람이었습니다만……

검　사: 그렇다면 왜 유태인 학살을 지휘했습니까?

아이히만: 저는 단지 국가의 명령에 따랐을 뿐입니다. 그것은 저의 임무였으며, 저는 그 책임을 다하기 위해 성실히 노력했을 뿐 입니다.

검　사: 수백만 명의 아이들과 남녀를 죽음으로 몰아간 책임자로서 양심의 가책을 느끼지 않나요?

아이히만: 제가 만약 명령받은 일을 하지 않았거나 소홀히 했다면 양심의 가책을 느꼈을 것입니다.

(나) 포스터 속에 들어 앉아

비둘기는 자꾸만 곁눈질을 한다.

포스터 속에 오래 들어 앉아 있으면

비둘기의 습성(習性)도 왠만치는 변한다.

비둘기가 노니던 한때의 지붕마루를

나는 알고 있는데

정말이지 알고 있는데

지금은 비어 버린 집통만

비바람에 털럭이며 삭고 있을 뿐이다.

포스터 속에는

비둘기가 날아 볼 하늘이 없다.

마셔 볼 공기(空氣)가 없다.

답답하면 주리도 틀어 보지만

그저 열없는 일

그의 몸을 짓구겨

누가 찢어 보아도

피 한 방울 나지 않는다.

불 속에 던져 살라 보아도

잿가루 하나 남지 않는다.

그는 찍어낸 포스터

수많은 복사(複寫) 속에

다친 데 하나 없이 들어 앉아 있으니

차라리 죽지 못해 탈이다.

(다) (트로이아의 왕 프리아모스의 아들 뤼카온은 아킬레우스에게 사로잡힌 뒤 살려

달라고 애원한다. 그에게 아킬레우스가 이렇게 말한다.)

"자. 친구여, 그대도 죽을지어다. 왜 이렇게 비탄에 빠져 있는가?

그대보다 훨씬 훌륭한 파트로클로스*도 죽었다.

그대는 보지 못하는가, 나 또한 얼마나 잘 생기고 큰지?

나의 아버지는 훌륭한 분이시고, 나를 낳아 주신 어머니는 여신이시다.

하지만 내 위에도 죽음과 강력한 운명이 걸려 있다.

누군가가 창이나 또는 시위를 떠난 화살로

나를 맞혀 싸움터에서 나의 목숨을 빼앗아 갈

아침이나 저녁이나 한낮이 다가오고 있단 말이다."

이렇게 말하자 뤼카온은 무릎과 심장이 풀어져

잡았던 창을 놓고 두 팔을 벌리며 주저앉았다.

그러자 아킬레우스가 날카로운 칼을 빼어

목 옆 쇄골을 내리쳤다.

……[중략]……

검은 피가 흘러내려 대지를 적셨다.

　*파트로클로스: 아킬레우스의 절친한 친구. 트로이아의 영웅인 헥토르에게 살해
당했다.

01. 논제 분석

①'공감'개념을 실마리로 삼아 제시문 (가), (나), (다)를 읽을 수 있다. ②(가)의 아이히만 및 (나)의 시적 화자의 태도와 비교하여 ③(다)의 아킬레우스가 뤼카온에 대해 보이는 태도의 특징들 중 가장 두드러진 점을 지적하고, ④그렇게 생각하는 근거를 제시하시오.

(1,000자 안팎)

* '공감'(sympathy)이란 그리스어에서 나온 말로, 본래 '타자의 감정이나 상태를 자기 것으로 받아들인다'는 뜻이다.

02. 제시문 독해

공감'개념을 실마리로 삼아 제시문 (가), (나), (다)를 읽을 수 있다. ②(가)의 아이히만 및 (나)의 시적 화자의 태도와 비교하여

(가) 수백만 명의 유태인을 학살한 책임자인 아이히만이 아르헨티나에 숨어 살다가 이스라엘 비밀 정보기관에 의해 납치되어 예루살렘의 법정에 서게 되었다.

검   사: 피고인의 본명은 칼 아돌프 아이히만, 1939년에서 1945년까지 나치스 계획의 집행 책임자로서 유태인 학살을 지휘했습니다. 피고인에 대한 증인의 견해는 어떻습니까?

증   인: 제가 본 피고인은 유태인을 미워하지 않았으며, 심지어 유태인 이민자들을 위해 직업학교도 세우는 등 개인적으로 선량한 사람이었습니다만…….

검   사: 그렇다면 왜 유태인 학살을 지휘했습니까?

아이히만: 저는 단지 국가의 명령에 따랐을 뿐입니다. 그것은 저의 임무였으며, 저는 그 책임을 다하기 위해 성실히 노력했을 뿐 입니다.

검   사: 수백만 명의 아이들과 남녀를 죽음으로 몰아간 책임자로서 양심의 가책을 느끼지 않나요?

아이히만: 제가 만약 명령받은 일을 하지 않았거나 소홀히 했다면 양심의 가책을 느꼈

을 것입니다.

공감을 '타자의 감정이나 상태를 자기 것으로 받아들이는 것'으로 이해할 때[1],
(가)의 아이히만의 태도: 아이히만은 유태인을 공감하지 않았다[2]. 아이히만이 유태인
을 위한 직업학교를 만들고 그들을 미워했다는 증언은 아이히만에 따르면 자신의
사회적 책임이었을 뿐이다[3]. 유태인 학살에 대한 책임을 국가의 명령이었다는 이유
로 부정하는 것에서 그가 유태인에 공감하지 않았다는 사실을 알 수 있다[4].

(나) 포스터 속에 들어 앉아
비둘기는 자꾸만 곁눈질을 한다.
포스터 속에 오래 들어 앉아 있으면
비둘기의 습성(習性)도 웬만치는 변한다.
비둘기가 노니던 한때의 지붕마루를
나는 알고 있는데
정말이지 알고 있는데
지금은 비어 버린 집통만
비바람에 털럭이며 삭고 있을 뿐이다.
포스터 속에는
비둘기가 날아 볼 하늘이 없다.
마셔 볼 공기(空氣)가 없다.

답답하면 주리도 틀어 보지만
그저 열없는 일
그의 몸을 짓구겨
누가 찢어 보아도
피 한 방울 나지 않는다.
불 속에 던져 살라 보아도
잿가루 하나 남지 않는다.
그는 찍어낸 포스터
수많은 복사(複寫) 속에
다친 데 하나 없이 들어 앉아 있으니
차라리 죽지 못해 탈이다.

공감을 '타자의 감정이나 상태를 자기 것으로 받아들이는 것'으로 이해할 때,

(나)의 시적화자의 태도: (나)의 시적 화자는 시적 대상에 대한 공감을 이루고 있다[5]. 화자에게 포스터 속에 갇힌 비둘기는 자신의 무기력함과 답답함을 공유하는 감정 이입의 대상이다[6].

(가)와 (나)를 비교해 보면,

(가)의 아이히만은 유태인이라는 타인에 대해서 공감 하지 않은 반면, (나)는 시적 대상 비둘기에 대해 공감을 하지 않는 차이가 있다[7]. 그러나 (나)의 시적화자의 태도 는 대상 자체의 감정이나 상태보다 자기중심적인 판단을 하고 있다는 점에서 (가) 의 아이히만의 태도와 유사한 측면이 있다. 자신의 기분이나 상태를 대상에게 그대 로 투영하고 있는 것이다[8].

---

02. 제시문 독해   ③(다)의 아킬레우스가 뤼카온에 대해 보이는 태도의 특징들 중 가장 두드러진 점을 지적하고,

(다) (트로이아의 왕 프리아모스의 아들 뤼카온은 아킬레우스에게 사로잡힌 뒤 살려달 라고 애원한다. 그에게 아킬레우스가 이렇게 말한다.)

"자. 친구여, 그대도 죽을지어다. 왜 이렇게 비탄에 빠져 있는가?

그대보다 훨씬 훌륭한 파트로클로스*도 죽었다.

그대는 보지 못하는가, 나 또한 얼마나 잘 생기고 큰지?

나의 아버지는 훌륭한 분이시고, 나를 낳아 주신 어머니는 여신이시다.

하지만 내 위에도 죽음과 강력한 운명이 걸려 있다.

누군가가 창이나 또는 시위를 떠난 화살로

나를 맞혀 싸움터에서 나의 목숨을 빼앗아 갈

아침이나 저녁이나 한낮이 다가오고 있단 말이다."

이렇게 말하자 뤼카온은 무릎과 심장이 풀려져

잡았던 창을 놓고 두 팔을 벌리며 주저앉았다.

그러자 아킬레우스가 날카로운 칼을 빼어

목 옆 쇄골을 내리쳤다.

……[중략]……

검은 피가 흘러내려 대지를 적셨다.

　*파트로클로스: 아킬레우스의 절친한 친구. 트로이아의 영웅인 헥토르에게 살해당

했다.

(가)와 (나)에서 공감을 통한 비교를 바탕으로[9],

(다)의 아킬레우스가 뤼카온에게 보이는 태도의 특징: 파트로클로스의 죽음과 아

　　킬레우스 자신의 죽음 가능성을 언급하며 죽음을 두려워하는 뤼카온을 질타하고

　　있다[10]. 보편적 판단을 근거로 인간적인 동의를 요구한다는 점에서 공감으로 이해

　　할 수 있다11. 뤼키온 역시 아킬레우스의 주장에 공감하여 죽음을 받아들인다[12].

03. 답안작성

①'공감'개념을 실마리로 삼아 제시문 (가), (나), (다)를 읽을 수 있다. ②(가)의 아

이히만 및 (나)의 시적 화자의 태도와 비교하여

공감이 '타자의 감정이나 상태를 자기 것으로 받아들이는 것'이라고 할 때[1] 제시문 (가)

는 공감의 부재로 인한 행위의 문제점을 보여준다[2]. 아이히만이 유태인을 위한 직업학교도 만들었던 것은 유태인의 감정과 상태에 대한 이해와 수용 때문이 아니라 자신의 사회적 역할에 대한 책임감 때문이다[3]. 이는 수백만 명의 유태인 학살의 책임을 국가의 명령이라는 이유로 부정하는 논리에서 확인할 수 있다[4]. 이와 달리 제시문 (나)의 시적 화자는 시적 대상에 대한 공감을 이루고 있다[5]. 화자에게 포스터 속에 갇힌 비둘기는 자신의 무기력함과 답답함을 공유하는 감정이입의 대상이다[6]. 그러나 (나)의 시적화자의 태도는 대상 자체의 감정이나 상태보다 자기중심적인 판단을 하고 있다는 점에서 (가)의 아이히만의 태도와 유사한 측면이 있다[7]. 자신의 기분이나 상태를 대상에게 그대로 투영하고 있는 것이다[8].

③(다)의 아킬레우스가 뤼카온에 대해 보이는 태도의 특징들 중 가장 두드러진 점을 지적하고,

제시문 (다)의 아킬레우스가 뤼카온에 대해 보이는 태도는 대상에 대한 이해와 객관적이며 보편적 판단에 입각한 공감의 모습을 보여준다. 이는 제시문 (가)에 나타난 대상에 대한 공감의 부재와 (나)의 대상에 대한 지나친 의미부여에 의한 동일시의 문제점과 구별된다[9]. 특히, 아킬레우스의 태도는 상대의 공감을 이끌어 냈다는 점에서 (가), (나)와 다르다[9].

④그렇게 생각하는 근거를 제시하시오. *(1,000자 안팎)*

살려달라고 애원하는 뤼카온을 죽인 아킬레우스의 행위는 유태인을 학살한 아이히만의 태도와 같이 공감의 부재를 보여주는 것으로 볼 수도 있을 것이다. 그러나 파트로클로스의 죽음과 아킬레우스 자신의 죽음 가능성을 언급하며 죽음을 두려워하는 뤼카온을 질타하는 모습은 대상의 존재와 가치를 무시한 일방적 판단으로 볼 수 없다[10].

대상의 감정이나 상태에 동조하지 않고, 보편적 가치와 판단에 입각한 인간적 동의를 요구한다는 점에서 진정한 공감의 형태라 할 수 있다[11]. 뤼카온이 살려달라는 애원을 포기하고 창을 놓고 두 팔을 벌리며 주저앉은 것은 이러한 아킬레우스의 주장에 공감한 결과로 볼 수 있다[12].*(962자)*

종합 논술 기출 100選

초판 1쇄 인쇄 2021년 8월 10일
초판 1쇄 발행 2021년 8월 23일

엮은이 필리아 논구술연구소

펴낸이 신민식, 신지원
편집 디자인 여백커뮤니케이션

펴낸곳 도서출판 지식여행
출판등록 제 2010-000113호

주소 서울시 마포구 토정로 222 한국출판컨텐츠센터 419호
전화 02-333-1122
팩스 02-332-4111
이메일 theorigin1971@gmail.com
홈페이지 www.sirubooks.com

인쇄 제본 한국학술정보

ISBN 978-89-6109-522-8(53000)
정가 29,000원